Manual prático
de arquitetura para
clínicas e laboratórios

Ronald de Góes

Manual prático de arquitetura para clínicas e laboratórios

2ª edição revista e ampliada

Manual prático de arquitetura para clínicas e laboratórios
© 2010 Ronald de Góes
2ª edição – 2010
4ª reimpressão – 2021
Editora Edgard Blücher Ltda.

Blucher

Rua Pedroso Alvarenga, 1245, 4º andar
04531-934 – São Paulo – SP – Brasil
Tel.: 55 11 3078-5366
contato@blucher.com.br
www.blucher.com.br

Segundo Novo Acordo Ortográfico, conforme 5. ed.
do *Vocabulário Ortográfico da Língua Portuguesa*,
Academia Brasileira de Letras, março de 2009.

FICHA CATALOGRÁFICA

Góes, Ronald de
   Manual prático de arquitetura para clínicas e
laboratórios / Ronald de Góes – 2ª ed. rev. e ampl. –
São Paulo: Blucher, 2010

   Bibliografia

   ISBN 978-85-212-0507-4

   1. Arquitetura 2. Clínicas 3. Laboratórios I. Título.

09-10070   CDD-725.5

Índices para catálogo sistemático:
1. Arquitetura: Clínicas e laboratórios   725.5
2. Clínicas e laboratórios: Arquitetura   725.5
3. Laboratórios e clínicas: Arquitetura   725.5

Apresentação

O presente trabalho dá sequência a um processo continuado de ensino, pesquisa e prática profissional na vivência acadêmica e prática de 36 anos buscando contribuir com o planejamento e o projeto de edificações em geral e da área de saúde em particular.

Entre a 1ª e a presente 2ª edição, os avanços foram enormes na ciência e na tecnologia, trazendo novas formas de abordagem dos problemas inerentes à construção civil e nos temas específicos da construção de edifícios voltados para a saúde.

Os novos desafios colocados pela sociedade, como a questão dos idosos, das drogas e consequente escalada da violência nos grandes centros urbanos, da internacionalização dos costumes ou a irreversível presença da informática, exige de nós arquitetos, e planejadores em geral, uma constante atualização de conhecimentos e a capacidade multifacetada para interagir com as mais diversas e complexas tencologias, fazendo frente às diferentes demandas programáticas que nos são diariamente colocadas.

Esperamos que este trabalho possa, de maneira eficiente, ser um apoio para aqueles que se dedicam ou são convocados para trabalhar no apaixonante campo dos edifícios destinados às ações de saúde

O Autor

Agradecimentos

À

Lissa Leonardo,

Monalyza Avelino e

Reginaldo Bezerra, arquitetos

na composição gráfica deste livro

Em memória do Dr. Jarbas Karman,
pela importante contribuição à
Arquitetura Hospitalar Brasileira

Conteúdo

Prefácio à 2.ª edição

Ao escrever esse prefácio à 2.ª edição, o principal foco foi explicar as modificações ocorridas no livro em relação à 1.ª edição: a evolução da medicina, seja nos procedimentos do atendimento seja no surgimento de novos equipamentos, apresentam uma constante atualização nos espaços que deverão abrigar essas ações de saúde. Como exemplo maior, a *questão dos idosos*, desafio que a sociedade brasileira deverá enfrentar nos próximos anos. Por esse motivo, nesta edição um capítulo abordando o tema foi adicionado.

Na área de saúde mental, introduzimos o tema do *Autismo* e das *Residências Terapêuticas* onde formulamos programas arquitetônicos e procuramos estabelecer parâmetros para auxiliar nos projetos desses equipamentos, a partir de experiências, próprias, realizadas e em comparação com outras intituições semelhantes.

A respeito da *Fisioterapia*, em que tecnologias de base eletrônica apoiadas na informática, substituem antigos equipamentos de base mecânica, optamos por introduzir apenas algumas mudanças em decorrência de que, devido aos custos dos novos equipamentos, grande parte das clínicas de fisioterapia, no país, estão fazendo essa transição tecnológica de forma considerada lenta pelos especialistas.

A grande modificação foi no capítulo referente a *Laboratórios* onde procuramos atender diversas solicitações no sentido de formular *conceitos* e *metodologias* para auxiliar no projeto arquitetônico desses equipamentos, além de novos programas arquitetônicos.

Ressaltamos que a crise no atendimento de saúde, no Brasil, aumentou, trazendo novos desafios para todos que trabalham no setor, pessoal do corpo médico e, no nosso caso específico, profissionais que planejam e projetam edifícios para atendimento de saúde

O Autor

Introdução

A crise que assola a Rede de Saúde Pública do Brasil tem levado a população a procurar alternativas no atendimento privado, por meio de planos/seguros de saúde. Os profissionais da saúde, médicos, paramédicos etc., por um lado, em face da baixa remuneração no serviço público e por outro, em face das péssimas condições de trabalho, pela inadequação ou obsolescência da infraestrutura física e/ou equipamentos, procuram se organizar em clínicas especializadas, onde possam atender de forma adequada os seus pacientes.

Na nossa prática profissional como professor e consultor, em contato com profissionais de todo o país, com frequência somos solicitados a indicar rumos e definir parâmetros para conceituar, organizar e dimensionar essas novas estruturas, geralmente carentes de normas para sua implantação.

A Norma RDC 50 – ANVISA de 21 de fevereiro de 2002 e suas antecessoras tratam do edifício hospitalar só a partir dos 50 leitos e, em geral, fornecem indicações pontuais para alguns estabelecimentos que demandam maiores exigências de ordem operacional para serem implantadas, como é o caso de clínicas de hemodiálise. Ficam para os estados e municípios e suas COVISAS a responsabilidade de legislar e fiscalizar, muitas vezes à luz da legislação federal, as unidades de saúde não contempladas na lei.

Frequentemente as clínicas e laboratórios são normatizadas pelos planos diretores e posturas municipais que, muitas vezes, não atentam para a especificidade dessas edificações.

Não é a intenção deste trabalho esgotar o assunto. Procura-se aqui fornecer indicações, com exemplos práticos e de forma comparativa com os edifícios da rede pública no seu aspecto normativo (postos, centros, ambulatórios e unidades mistas), que orientem a construção dessas estruturas.

Não deve ser esquecido que grande parte da população não tem acesso aos atendimentos da rede privada, sendo igualmente importante uma reformulação completa na estrutura física da rede pública, não só pelo sucateamento verificado atualmente, como também pelos novos desafios postos pela evolução da medicina, pelas novas formas de atendimento, como por exemplo, na área da psiquiatria com os CAPS (Centros de Atenção Psicossocial), NAPS (Núcleos de Atenção Psicossocial) e Residências Terapêuticas, substitutos dos hospitais psiquiátricos, que pela Lei 10.216, de 6 de abril de 2001 (Lei Paulo Delgado), serão desmobilizados.

Atualmente, essas estruturas funcionam em instalações improvisadas, totalmente inadequadas, não atendendo, de forma conveniente, aqueles que delas necessitam.

A questão dos doentes mentais, notadamente com o seu incremento provocado pelo elevado consumo de drogas, é um capítulo à parte da triste novela da saúde pública no Brasil. 70% dos nossos doentes mentais são pobres e/ou pretos, fato que aponta para um sério problema não apenas médico, mas também social.

O Autor

Capítulo 1

Rede pública de saúde no Brasil

1 – Equipamentos públicos de saúde

A Lei 8.080, de 19 de setembro de 1990, criou o SUS – Sistema Unificado de Saúde, cuja ação tem o objetivo de atender 100% da população brasileira. Ali foram estabelecidas diretrizes para, pela articulação das várias instituições públicas ou privadas, implementar ações de atendimento, cabendo ao setor público as ações básicas de saúde.

Estabeleceram-se três princípios básicos: universalidade, equidade e integralidade, em cuja aplicação, ainda segundo a disposição contida na lei, objetivam-se a proteção e recuperação da saúde, a organização e o funcionamento dos respectivos serviços, considerando-se os seguintes aspectos:

- Municipalização;
- Níveis de atendimento;
- Tipos de Estabelecimentos de Saúde.

1.1 – O conceito de municipalização

Partindo da premissa de que o homem mora no município, zona rural ou urbana, e não no estado ou país, foram estabelecidas ações para o atendimento primário da saúde. Inspiradas ainda na Conferência de Alma Ata, elas contemplam educação, nutrição, atenção à família, imunização, saneamento básico, controle de endemias, tratamento de doenças comuns e previsão de medicamentos essenciais.

1.2 – Níveis de atendimento

Conforme a Resolução 03, de 25 de março de 1981, da Comissão Interministerial de Planejamento e Coordenação – Ciplan e Portaria Interministerial 05, de 11 de janeiro de 1980, são três as categorias dos níveis de atendimento:

Nível primário

Atividade caracterizada por ações de promoção, proteção e recuperação, no nível ambulatorial, por meio de pessoal elementar médio, clínicas gerais e odontólogos. Nesse nível, são três as atividades:

1. Saúde;
2. Saneamento;
3. Diagnóstico Simplificado.

A estrutura física para esse nível são os Postos e Centros de Saúde.

Nível secundário

Desenvolve atividades de apoio ao nível primário e possui atendimento nas quatro clínicas básicas:

1. Clínica Médica;
2. Clínica Cirúrgica;
3. Clínica Ginecológica e Obstétrica;
4. Clínica Pediátrica.

Trata-se de atendimentos feitos no nível ambulatorial, além de outros com internações de curta duração, urgências e reabilitação.

A estrutura física para esse nível são os Ambulatórios Gerais, Unidades Mistas, Hospitais Locais e Hospitais Regionais. Recomenda-se a organização de Distritos Sanitários, formados a partir de um conjunto de municípios. Estes, por meio de suas comunidades, se integrarão ao nível regional, possibilitando o atendimento de acordo com a sua complexidade em cada nível, num intercâmbio de recursos humanos e financeiros, levando em consideração as particularidades de cada região.

O apoio ao diagnóstico é composto por laboratório de patologia clínica de nível 01(pequeno porte) no município e de nível 02 (médio porte) no município-sede do distrito, onde fica também o equipamento básico de Raios X.

Nível terciário

Aqui são tratados os casos mais complexos do sistema, com atenções de nível ambulatorial, urgência e internação.

A estrutura física para esse nível compreende ambulatórios, hospitais regionais e especializados.

Os tipos de estabelecimento devem ser planejados para o atendimento, numa rede integrada e hierarquizada, a 100% da população do pais.

I.3 – Tipos de estabelecimentos do nível primário

Posto de saúde

Para agrupamentos populacionais entre 500 e 2.000 habitantes.

Nas cidades do interior, o posto de saúde conta com médicos ou pessoal auxiliar devidamente treinado. Nas capitais, com médicos e pessoal auxiliar.

Serviços prestados por ele à população:

Imunização, educação sanitária, atendimento de enfermagem (primeiros socorros), aplicação de injeção (sob prescrição médica), curativos, atendimentos a gestantes, a crianças e população adulta em geral. Cuidados odontológicos preventivos e curativos, pesquisa de albumina para gestantes, orientação e controle de parteiras leigas, encaminhamento de pacientes às unidades de apoio — Centros de Saúde e Hospitais, coleta de materiais para exames laboratoriais e seu encaminhamento às unidades de apoio (quando não houver no próprio posto), registro de dados bioestatísticos às unidades de apoio, controle e notificação de doenças transmissíveis, mobilização comunitária para ações de saúde e saneamento, inspeção de saneamento básico, orientação à construção de privadas higiênicas e preservação do meio ambiente.

Centros de saúde

Para agrupamentos populacionais entre 2.000 e 10.000 habitantes.

Os Centros de Saúde prestam os mesmos serviços dos Postos de Saúde e mais:

Assistência médica e odontológica, análise laboratorial, educação sanitária, suplementação alimentar, atendimento de enfermagem, controle de doenças infectocontagiosas, serviços auxiliares de enfermagem, saneamento básico, atendimento aos pacientes encaminhados pelos postos de saúde, treinamento de pessoal, supervisão de postos de saúde da sua área de jurisdição e fiscalização sanitária.

1.4 – Tipos de estabelecimentos do nível secundário

Ambulatório geral

Estrutura física de referência para postos e centros de saúde. Para o seu dimensionamento tem que se levar em conta a região e a população consideradas. Basicamente, sua atuação está caracterizada pelo atendimento às quatro clínicas básicas. Entretanto, quando aumenta a sua área de influência, todas as especialidades clínicas são contempladas. O ambulatório geral conta ainda com exames como endoscopias, mamografia, raios X, sistema de avaliação cardiológica, ultrassonografia, entre outros. Os ambulatórios gerais possuem também Centro Cirúrgico Ambulatorial para pequenas cirurgias e leitos de observação.

São dimensionados para atender agrupamentos populacionais, no nível local, entre 6.000 e 10.000 habitantes e, entre 50.000 e 80.000, na sua área de referência. Nas grandes cidades, eles podem ser subdivididos para facilitar o deslocamento da população na sua região de atendimento.

Unidade mista

Para agrupamentos populacionais entre 10.000 e 20.000 habitantes. Sua implantação é recomendada em regiões onde a referência centro de saúde-hospital regional é difícil e onerosa.

Seu atendimento caracteriza-se por ações ambulatoriais nas quatro clínicas básicas e internação, principalmente para parturientes de parto normal e permanência máxima de 24 horas. A unidade mista contempla até 16 leitos.

Possui ainda laboratório de patologia clínica e equipamento básico de rádiodiagnóstico.

Quando é referência para agrupamentos populacionais de até 50.000 habitantes pode contar ainda com serviço de urgência, laboratório de patologia clínica, serviço de radiodiagnóstico, lavanderia, serviço de nutrição e dietética, centro de material esterilizado. Além do mais, o centro cirúrgico pode ser unificado com o centro obstétrico.

1.5 – Tipos de estabelecimentos do nível terciário

Como o presente trabalho pretende estabelecer um paralelo entre o atendimento primário e secundário com as clínicas privadas (atendimento a uma demanda oriunda dos planos/seguros de saúde e convênios com o SUS em algumas especialidades), apenas será feita uma descrição sucinta das estruturas de atendimento no nível terciário.

Hospital local – 50 leitos

Para agrupamentos populacionais de até 50.000 habitantes.

O hospital local tem uma estrutura semelhante à de Unidade Mista, mas contando com 50 leitos. Oferece serviços de Urgência e Emergência, o Centro Cirúrgico deve ser independente do Centro Obstétrico e sua área industrial (Lavanderia, Nutrição e Dietética e Centro de Material Esterilizado possuem uma maior complexidade), além de comportar, às vezes, um tomógrafo.

Hospital regional – 50 a 150 leitos

Para agrupamentos populacionais entre 50.000 e 150.000 habitantes.

O hospital regional presta serviços de Urgência e Emergência, clínicas básicas e internações em várias especialidades consideradas necessárias na sua área de referência. Também dá apoio aos programas de saúde da localidade.

A partir de 100 leitos pode comportar uma UTI de seis leitos, Laboratório de Patologia Clínica de Nível III (Grande Porte – Desenho n° 61), área de diagnóstico com aparelhos mais sofisticados e área industrial de certa complexidade.

Hospital de base ou de referência – 151 a 200 leitos

Hospital não vinculado a agrupamentos populacionais.

Esses hospitais geralmente são localizados nos grandes centros urbanos e servem de referência mais ampla à sua área de influência.

Caracterizam-se por um elevado índice profissional e tecnológico. Atuam em várias especialidades médico-cirúrgicas num complexo sistema de atendimento de urgência, emergência, apoio ao diagnóstico e tratamento, internação e UTI de, no mínimo, seis leitos e CTI de até 24 leitos (quatro especialidades: geral, pediátrica, cardiológica e queimados).

Sua estrutura exige uma complexa área industrial e uma variedade de equipamentos de imagem mais sofisticada.

Hospital especializado

Há uma controvérsia sobre a existência desses hospitais. O Ministério da Saúde defende a tese de que todos os atendimentos de saúde devem ser feitos em hospitais gerais. Já foi iniciado, como já vimos, um programa de eliminação de hospitais psiquiátricos. Entretanto, doenças como a AIDS, a recidiva de doenças tecnicamente eliminadas, como as de origem infectocontagiosas, mantêm estas estruturas em funcionamento.

Considera-se, internacionalmente, que os avanços na ciência, na medicina e nos procedimentos permitirá a permanência de apenas dois tipos de hospitais: os Oncológicos e os Geriátricos.

São considerados hospitais especializados:

Hospitais de doenças infectocontagiosas, hospitais geriátricos, hospitais oncológicos, hospitais pediátricos, hospitais psiquiátricos e hospitais universitários.

Por atendimentos específicos consideram-se os hospitais militares e os manicômios judiciários/penitenciários.

As unidades para maternidade não são mais consideradas como hospital.

2 — Primárias e secundárias
Aspectos urbanísticos e arquitetônicos

A necessidade de estruturar uma rede pública de atendimento de saúde, integrada e hierarquizada, é uma preocupação antiga. Oswaldo Cruz, no início do século 20, na administração do prefeito Pereira Passos, Rio de Janeiro, introduziu no Brasil o conceito de arquitetura hospitalar e sanitária. Através do arquiteto Luis Morais Júnior, Oswaldo Cruz incorpora parâmetros dos mais avançados existentes na Europa, com o objetivo de ajustar as unidades de saúde, notadamente o hospital, ao espaço urbano buscando eficácia terapêutica no espaço interno.

Cruz, no âmbito da arquitetura sanitária, responsável pela concepção das unidades de saúde pública (atual rede primária e secundária, formada por postos de saúde, centros de saúde e unidades mistas), tinha como objetivo edificar desinfectórios, com as atribuições de cuidar do "isolamento das vítimas de doenças infecciosas, do serviço de exterminação de ratos e da desinfecção do doente, de sua casa e pertences. " (Fiocruz, 1990, pág. 187).

"À arquitetura começa a ser atribuída a função de criar um espaço técnico, inteiramente funcional, capaz de canalizar a circulação desordenada de fluidos, objetos e corpos que constituíam os suportes físicos do contágio indiscriminado." (Fiocruz, 1990, pág. 191).

Hoje, a situação sanitária brasileira beira o colapso. A urbanização desenfreada, aliada aos problemas decorrentes da crise financeira provocada pelo endividamento externo, relegando a segundo plano questões como a saúde, a educação e a habitação, entre tantas outras demandas sociais reprimidas, mostra, como recentemente, 100 anos depois, no mesmo Rio de Janeiro de Oswaldo Cruz, uma crise que só se ampliou, malgrado os avanços da economia brasileira em outros setores.

De um modo geral, as unidades públicas de saúde dificilmente seguem um padrão definido. Muda-se de governo a governo, mas não há continuidade das ações. E não é levado em consideração o fato de que um espaço adequado, bem dimensionado e esteticamente concebido, é suporte fundamental em qualquer política pública de saúde.

As nossas unidades de saúde, com as devidas exceções, são de uma mediocridade gritante. Quando não superdimensionadas, pecam pela exiguidade de espaço, não dotando o usuário de qualquer conforto. Acabamentos de péssima qualidade, não integrados adequadamente ao espaço urbano, são desprovidas de qualquer forma que identifique, numa visão externa, as reais ações desenvolvidas no seu interior. Não há coordenação dos trabalhos.

Não existe ambientação externa nem interna, o seu mobiliário não tem unidade de forma ou função e, no mais das vezes, prejudica a configuração do espaço interno e as suas ações.

Um espaço assim estabelecido não chama à produção os que aí trabalham nem gera a confiança necessária aos que precisam de seus serviços. Não cria saúde, produz doenças.

Uma rede de saúde ou mesmo uma clínica ou hospital devem ser pensados, enquanto equipamento, num modo de se adequarem a determinadas fórmulas de implantação condizente com a salubridade das cidades, correspondendo à demanda, precisamente quantificável, de cuidados médicos à população.

Cuidados mínimos podem ser elencados, no urbanismo e na arquitetura, para orientar os projetistas e gestores de saúde na programação e concepção dessas unidades, à luz das normas sanitárias e códigos de obras, não se esquecendo a liberdade necessária para a sua criação.

Entre esses cuidados podemos listar:

No urbanismo

- Criação de uma rede que racionalize os deslocamentos da população.
- Transporte Público de boa qualidade (a maioria dos usuários dessa rede é de baixa renda), prevendo inclusive pontos de ônibus, cobertos, quando não no próprio local ou no local mais próximo possível.
- Implantação adequada que permita um bom agenciamento na integração entre o espaço urbano e a edificação e igualmente uma boa orientação.
- Permitir a existência de áreas verdes (atuais ou projetadas), passeios públicos bem dimensionados e áreas de expansão para o equipamento.
- Infraestrutura adequada (pavimentação, água, esgoto ou outro sistema de tratamento de resíduos, eletricidade e telefonia).
- Boa sinalização urbana, inclusive topomínia.
- Estacionamento para pessoal médico e ambulâncias.
- Acessibilidade que permita a utilização plena do espaço por pacientes portadores de dificuldade ou deficiência de locomoção, idosos e gestantes, entre outros.
- Iluminação externa que traga segurança e permita boa vigilância no período noturno.
- Comunicação visual, inclusive para portadores de deficiência visual.

Na arquitetura

- Edificação que permita compatibilidade, contiguidade, expansibilidade, flexibilidade e valência.
- Espaços bem dimensionados, principalmente áreas de espera (geralmente sacrificadas), adotando-se pés-direitos duplos, e ambientação humanizada.
- Espaços complementares para farmácia, lanchonete, sanitários e telefones públicos, por exemplo. Organizar o espaço para que eventuais filas não atrapalhem o fluxo de pacientes.
- Uso de sistema de informação que agilize e facilite o atendimento, inclusive analfabetos, com o uso de cores, por exemplo, definindo-se para cada especialidade médica uma cor diferente:

Cartão de consulta azul/cadeiras da espera azuis/porta do consultório azul e assim sucessivamente.

- Materiais adequados contemplando durabilidade, facilidade de limpeza e manutenção, com conservação do aspecto estético.

- Boa orientação, aproveitando ao máximo iluminação e ventilação naturais e as condições locais de terreno e fornecimento de materiais.

- Mobiliário compatível com a tipologia arquitetônica.

- Equipamentos médicos compatíveis, na medida do possível, com a tipologia arquitetônica.

- Sempre que possível, usar edificações térreas.

- Desembarque de médicos e, principalmente, chegada de ambulâncias, sempre protegida.

Histograma conceitual

Unidades primárias e secundárias de saúde

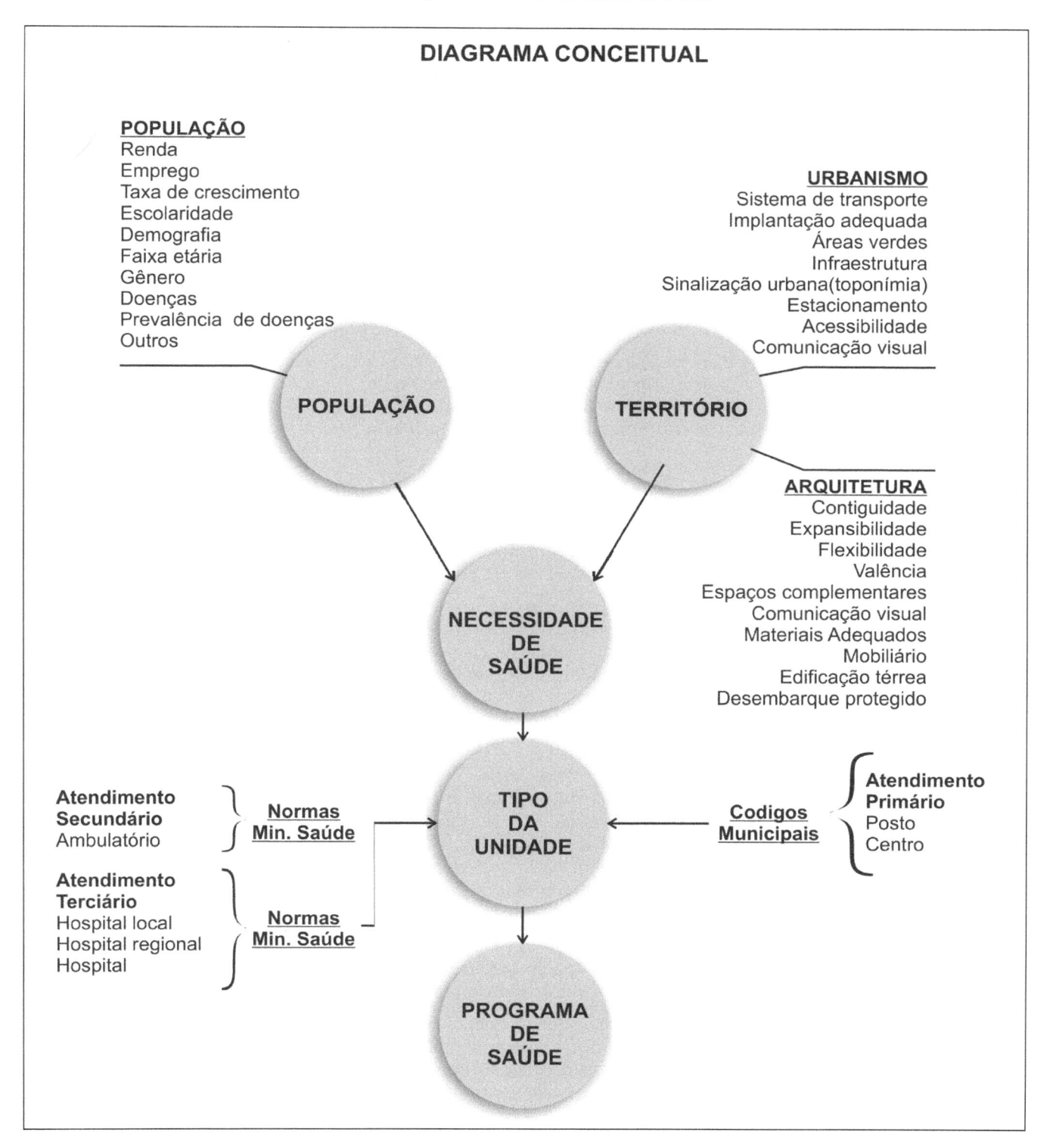

DIAGRAMA CONCEITUAL

POPULAÇÃO
Renda
Emprego
Taxa de crescimento
Escolaridade
Demografia
Faixa etária
Gênero
Doenças
Prevalência de doenças
Outros

URBANISMO
Sistema de transporte
Implantação adequada
Áreas verdes
Infraestrutura
Sinalização urbana(toponímia)
Estacionamento
Acessibilidade
Comunicação visual

POPULAÇÃO

TERRITÓRIO

ARQUITETURA
Contiguidade
Expansibilidade
Flexibilidade
Valência
Espaços complementares
Comunicação visual
Materiais Adequados
Mobiliário
Edificação térrea
Desembarque protegido

NECESSIDADE DE SAÚDE

Atendimento Secundário
Ambulatório

Normas Min. Saúde

Atendimento Terciário
Hospital local
Hospital regional
Hospital

Normas Min. Saúde

TIPO DA UNIDADE

Codigos Municipais

Atendimento Primário
Posto
Centro

PROGRAMA DE SAÚDE

3 — Metodologia para o planejamento

Unidades públicas de saúde

A partir da regulamentação das Leis Federais 8.666/93 e 8883/94, que estabelecem os critérios para Licitações de obras e serviços públicos na área de arquitetura e engenharia, abriu-se uma discussão bastante acirrada sobre o assunto.

Em primeiro lugar, os arquitetos, através de seus órgãos de classe, são contrários à livre contratação de serviços pelo estado, por prejudicar a livre concorrência entre profissionais.

Em segundo lugar, são contrários à permissão, pela lei, de se efetuar orçamentos e licitações com base em projetos básicos.

Procura-se, até hoje, uma forma de se contratar projetos de arquitetura que substituam os Concursos Públicos ou Concursos de Ideias, defendidos pelos arquitetos, mas considerados dispendiosos pelos gestores públicos em função do tempo que exigem para serem realizados, da premiação etc.

Entende-se que o problema é mais do estado brasileiro e da sua crônica incapacidade de planejar a longo prazo, principalmente com o processo de sucateamento que sofreu nas últimas décadas. Em decorrência, deve-se estabelecer políticas públicas que contemplem um mínimo de racionalidade e continuidade nas suas ações.

O sucateamento do estado brasileiro trouxe, além de outras mazelas, a incapacidade de formular as políticas acima referidas, ao destruir a sua massa crítica tanto pela não reposição dos quadros que foram se aposentando, como pelo achatamento salarial. Estes fatores fizeram o Estado perder os seus melhores quadros para a iniciativa privada, na forma de empresas de consultoria, por exemplo.

Curiosamente, são essas empresas que reclamam uma maior presença do estado para pôr um pouco de ordem no setor, tal a concorrência predatória existente hoje. Além disso, há dificuldade dos consultores em prestar os seus serviços a um estado sem políticas definidas e que, no mais das vezes, nos solicita fórmulas mágicas.

O arquiteto Cézar Galla Bergström Lourenço, Diretor de Urbanismo do Sindicato Nacional das Empresas de Arquitetura e Engenharia Consultiva – SINAENCO – alerta para o problema, em artigo intitulado "Projetos Baratos, obras caras" *Revista Construção mercado* (São Paulo, Editora Pini, n. 58). Ali, didaticamente, ele expõe uma metodologia onde parece querer orientar os atuais gestores públicos do estado brasileiro sobre a forma de encaminhar, corretamente, a execução de uma obra pública. Quem trabalha, ou já trabalhou com o poder público, entende a sua preocupação.

O seu ótimo texto, sintetizado no diagrama da página 22, é um bom caminho. A sua utilidade é muito evidente em face dos desencontros provocados por um estado que abdicou da sua capacidade de pensar a longo prazo.

Entendemos, porém, ser o problema mais sério do que realmente aparenta ser. Expõe uma crise profunda no contexto político e sócioeconômico brasileiro, na formação profissional e ética, mazelas da herança de um passado autoritário mas também reflexo perverso de um novo contexto histórico, a chamada globalização, que muito destrói e pouco constrói.

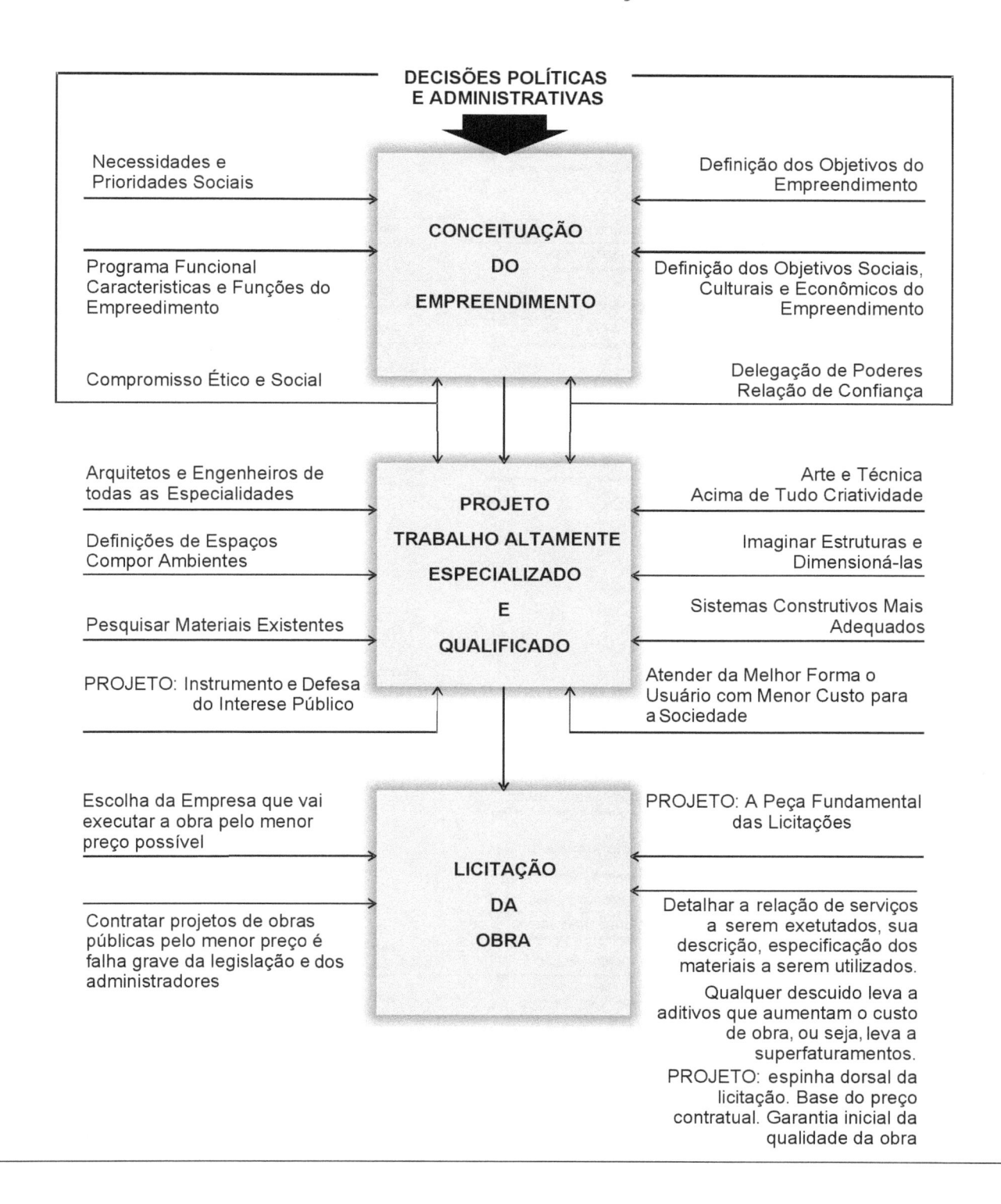

DIAGRAMA DE PLANEJAMENTO
PROJETOS E OBRAS NO SERVIÇO PÚBLICO

DECISÕES POLÍTICAS E ADMINISTRATIVAS

Necessidades e Prioridades Sociais → **CONCEITUAÇÃO DO EMPREENDIMENTO** ← Definição dos Objetivos do Empreendimento

Programa Funcional Caracteristicas e Funções do Empreedimento → ← Definição dos Objetivos Sociais, Culturais e Econômicos do Empreendimento

Compromisso Ético e Social — Delegação de Poderes Relação de Confiança

Arquitetos e Engenheiros de todas as Especialidades → **PROJETO TRABALHO ALTAMENTE ESPECIALIZADO E QUALIFICADO** ← Arte e Técnica Acima de Tudo Criatividade

Definições de Espaços Compor Ambientes → ← Imaginar Estruturas e Dimensioná-las

Pesquisar Materiais Existentes → ← Sistemas Construtivos Mais Adequados

PROJETO: Instrumento e Defesa do Interese Público — Atender da Melhor Forma o Usuário com Menor Custo para a Sociedade

Escolha da Empresa que vai executar a obra pelo menor preço possível → **LICITAÇÃO DA OBRA** ← PROJETO: A Peça Fundamental das Licitações

Contratar projetos de obras públicas pelo menor preço é falha grave da legislação e dos administradores → ← Detalhar a relação de serviços a serem exetutados, sua descrição, especificação dos materiais a serem utilizados.

Qualquer descuido leva a aditivos que aumentam o custo de obra, ou seja, leva a superfaturamentos.

PROJETO: espinha dorsal da licitação. Base do preço contratual. Garantia inicial da qualidade da obra

DIAGRAMA DE PROJETO

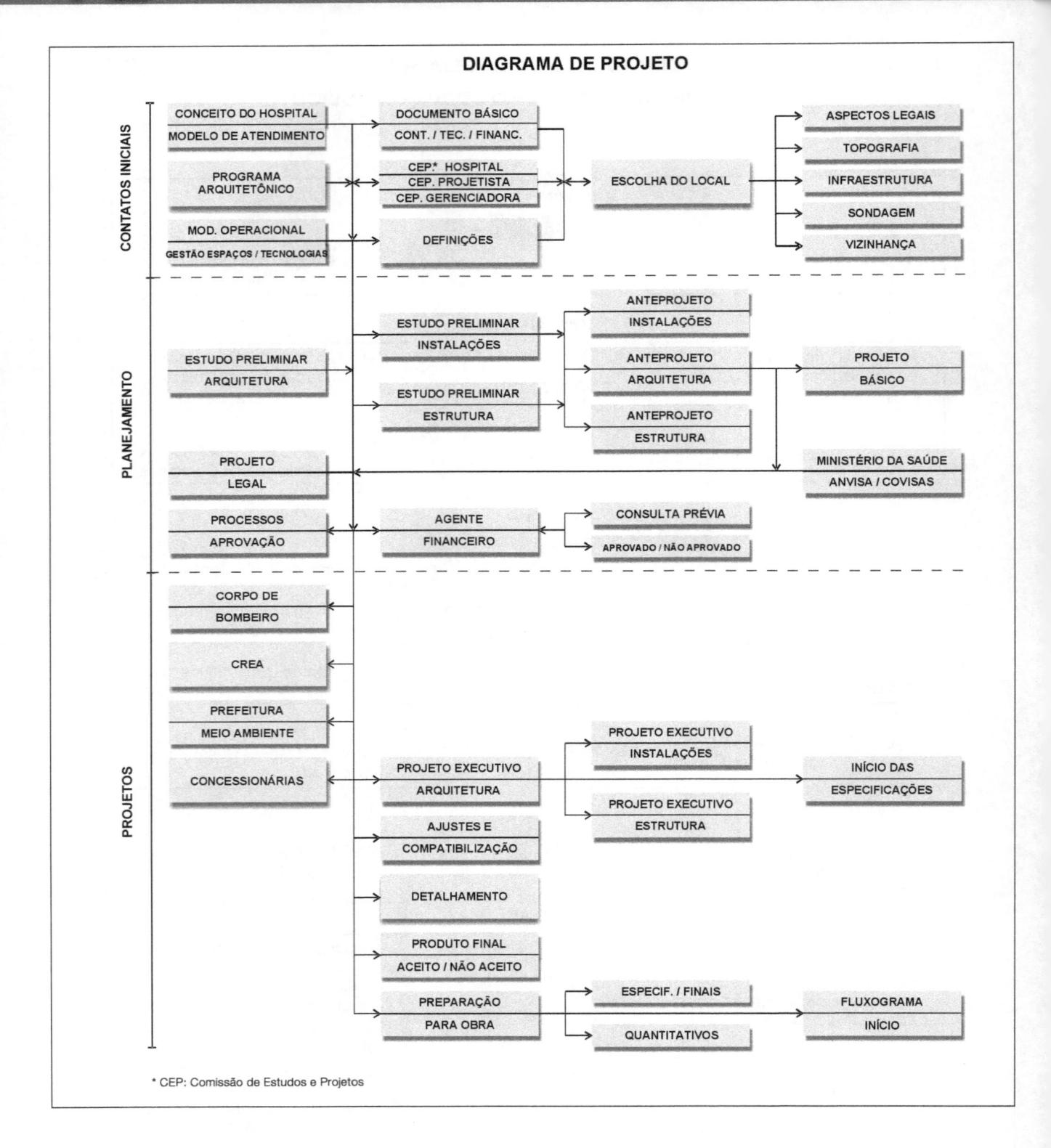

* CEP: Comissão de Estudos e Projetos

Capítulo 2

I – Posto de saúde

Unidade básica da rede primária de saúde no Brasil

Área: 300 a 400 m^2 para o programa relacionado a seguir:

Posto de Saúde é o tipo de programa que pede uma estrutura modular e pré-fabricada ou industrializada, utilizando estrutura de concreto ou metálica com vedações externas em blocos de concreto ou tijolos cerâmicos. Internamente uma boa solução é o tijolo de gesso de 0,60 × 0,60 ou o gesso acartonado. Caso haja um programa em escala, como programa de governo e uma estrutura de produção, pode-se optar pela argamassa armada. A construção pelo método convencional não pode ser descartada, mas exige-se uma boa dose de racionalização para manter o padrão e, acima de tudo, a redução de custos.

Programa:

Área, dimensões mínimas, instalações e observações

Recomendações Gerais

Área mínima:
* Conforme indicado acima ou de acordo com programação físico-funcional.

Área mínima de ventilação e iluminação:
* De acordo com Plano Diretor e Códigos de Obras da localidade.

Vão livre de portas:
* Portaria RDC 50 do MS, de 21 de fevereiro de 2002.

Nível de iluminação:
* ABNT/NBB 5413.

Instalações:
* ABNT e Portaria RDC 50 do MS, de 21 de fevereiro de 2002.

Revestimentos: (Alternativas). Ver Portaria do MS "Manual de Controle de Infecção Hospitalar".

Piso:
- Granilite, granítico, matesica (sintético industrial) cerâmico com dureza PEI 5, vinílicos.

Paredes internas:
- Áreas molhadas: cerâmicas vitrificadas, epóxi.
- Áreas secas: pode ser utilizado gesso acartonado (chapa ou tijolo de 0,60 × 0,60), preparado para receber pintura lavável de PVA ou epóxi.

Paredes externas:
- Alvenaria de tijolos cerâmicos, painéis ou blocos de concreto.

Tetos: laje de forro ou gesso acartonado.

Esquadrias: alumínio, ferro, madeira ou PVC.

Bancadas: granito, aço inox austenítico, corian ou cimentado preparado para receber epóxi.

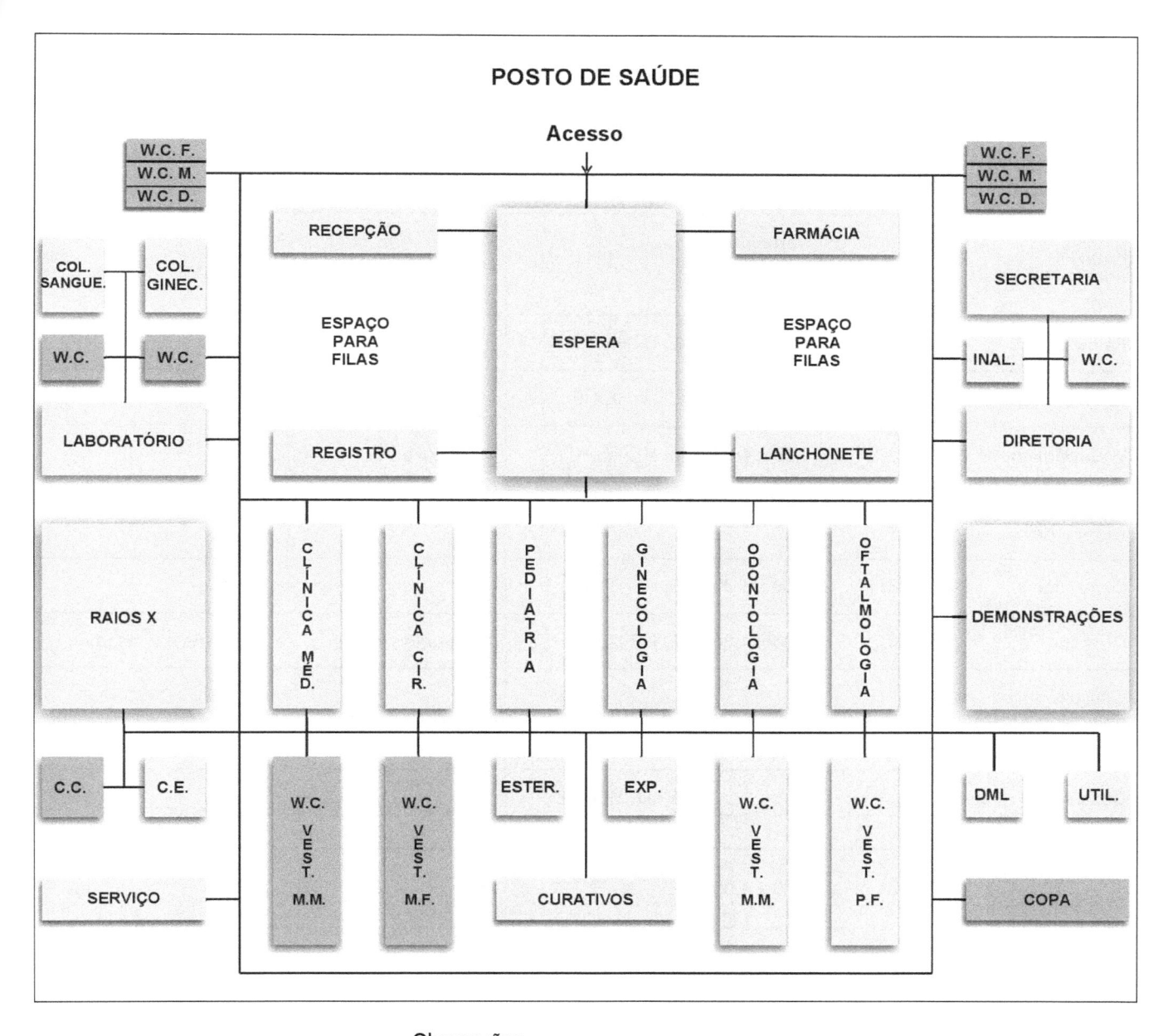

POSTO DE SAÚDE

Observações:

Para um Centro de Saúde, acrescentar:

1. Consultórios de outras especialidades (todas possíveis de acordo com a demanda);
2. Mamógrafo
3. Ultrassonografia
4. Laboratório de Patologia Clínica, médio porte
5. Sala de observação
6. Inaloterapia
7. Imunização
8. Hidratação

Nome da Unidade: Posto de Saúde

AMBIENTE	ÁREA M²	DIM. MÍN.	INSTALAÇÕES	OBSERVAÇÕES
Espera geral	40,32	4,80 x 8,40	IE, HF,TV, IT	
Registro e recepção		Depende do n.º de guichês	IE, IT	Deixar espaço para filas
Farmácia	12,96	3,60 x 3,60	IE, IT, HF	
Lanchonete	12,96	3,60 x 3,60	IE, IT, HF, HE	
W.C. público	17,28	3,60 x 4,80	IE, HF, HE	1 por sexo
Local para macas e cadeira de rodas	12,96	3,60 x 3,60	IE	
Secretaria	17,28	3,60 x 4,80	IE, HF, IT, AC	
Diretoria	17,28	3,60 x 4,80	IE, HF, IT, AC	1 sanitário privativo para secretaria e diretoria
Consultório ginecologia e obstetrícia	12,00	3,00 x 4,00	IE, HF, HQ, HE, IT, AC	Com W.C. anexo
Consultório clínica médica	12,00	3,00 x 4,00	IE, HF, HQ, HE, IT, AC	Prever acesso para médicos, independente
Consultório clínica cirúrgica	12,00	3,00 x 4,00	IE, HF, HQ, HE, IT, AC	Idem
Consultório de pediatria	12,00	3,00 x 4,00	IE, HF, HQ. HE. IT, AC	Idem
Consultório de odontologia	12,00	3,00 x 4,00	IE, HF, HQ, HE, IT, AC	Idem. É opcional para Posto de Saúde. Obrigatório no Centro de Saúde
Consultório de oftalmologia	18,00	3,00 x 6,00	IE, HF, HQ. HE. IT AC	Idem. Existindo o consultório oftalmológico, este deverá ter profundidade máxima de 6,00 m
Demonstrações	21,60	3,60 x 6,00	IE, HF, IT	Treinamento e orientação sanitária à comunicade local a que atende
Laboratório de análises clínicas	–	–	ADE	Laboratório de pequeno porte de acordo com histograma pertinente

(continua)

Nome da Unidade: **Posto de Saúde** (*continuação*)

AMBIENTE	ÁREA M²	DIM. MÍN	INSTALAÇÕES	OBSERVAÇÕES
Coleta/sangue	3,60	1,80 x 2,00	IE, HF	Verificar o número de boxes para as coletas
Coleta ginecológica	5,76	2,40 x 2,40	IE, HF	
W.C./Vestiário pessoal	17,28	3,60 x 4,80	IE, HF, HQ. HE	1 por sexo. Prever locais para banho, vestiário com escaninhos para guarda de roupa. Sanitários no feminino. Sanitários e mictórios no masculino
Copa	5,76	2,40 x 2,40	IE, HF, HQ, IT	
DML	5,76	2,40 x 2,40	Idem	
Utilidades	5,76	2,40 x 2,40	Idem	
Raios X	ADE	ADE		Blindagem: piso, paredes e teto com barita. Vidros plumbíferos. Portas revestidas com chapas de chumbo. Indicação interna/externa de equipamento em uso. Evitar materiais que reflitam a luz
Câmara clara	5,76	2,40 x 2,40	IE, HF, ED, AC	
Câmara escura	5,76	2,40 x 2,40	IE, HF, ED, AC	
Inaloterapia	21,60	3,60 x 4,80	IE, HF, FA(M)	Ralo com fecho hídrico. Ver desenho
Reidratação	21,60	3,60 x 4,80	IE, HF	Ralo com fecho hídrico. Ver desenho
Vacinação	21,60	3,60 x 4,80	IE, HF	

DML: Depósito Material Limpeza.

2 – Centro de saúde

Unidade de segundo nível da rede primária de saúde no Brasil

Área: 400 a 600 m² para o programa relacionado a seguir.

O Centro de Saúde difere do Posto de Saúde por conter no seu programa atendimento, além das clínicas básicas (clínica médica, clínica cirúrgica, ginecologia e pediatria/hebeatria), consultório odontológico (com escovário), laboratório de patologia clínica de nível II, serviço de rádiodiagnóstico (raios X) e consultórios de algumas especialidades médicas em função da demanda do local.

No aspecto construtivo, o Centro de Saúde incorpora as mesmas recomendações feitas aos postos de saúde.

Programa:

O programa Físico-funcional de um Centro de Saúde, suas áreas, instalações e equipamentos são semelhantes aos de um Posto de Saúde. Podem ser acrescentados um mamógrafo e uma ultrassonografia. Separa-se, além disso, a inaloterapia da imunização e da reidratação que, no Posto de Saúde, funcionam em sala de atendimento único.

Recomendações gerais

Área mínima:
- Conforme indicado acima ou de acordo com programação físico-funcional.

Área mínima de ventilação e iluminação:
- De acordo com Plano Diretor e Códigos de Obras da localidade.

Vão livre de portas:
- Portaria RDC 50 do MS, de 21 de fevereiro de 2002.

Nível de iluminação:
- ABNT/NBB 5413.

Instalações:
- ABNT e Portaria RDC 50 do MS, de 21 de fevereiro de 2002.

Revestimentos: (Alternativas). Ver Portaria do MS "Manual de Controle de Infecção Hospitalar".

Piso:
- Granilite, granítico, matesica (sintético industrial) cerâmico com dureza PEI 5, vinílicos.

Paredes internas:
- Áreas molhadas: cerâmicas vitrificadas, epóxi.
- Áreas secas: pode ser utilizado gesso acartonado (chapa ou tijolo de 0,60 × 0,60), preparado para receber pintura lavável de PVA ou epóxi.

Paredes externas:
- Alvenaria de tijolos cerâmicos, painéis ou blocos de concreto.

Tetos: laje de forro ou gesso acartonado.

Esquadrias: alumínio, ferro, madeira ou PVC.

Bancadas: granito, aço inox austenítico, corian ou cimentado preparado para receber epóxi.

3 – *Ambulatórios gerais*

Unidade de terceiro nível da rede primária de saúde no Brasil

Área: 700 a 1.000 m^2 mais áreas variáveis, tais como área de espera, laboratório, conforto clínico, sala de estar de clínicos, área de guichês para marcação de consulta, espaço para fila e sala de estar de familiares no Centro Cirúrgico Ambulatorial.

Ambulatório contém as seguintes especialidades clínicas, com consultórios padrão (ver desenho n° 12):

Angiologia, dermatologia, endocrinologia, gastroenterologia, geriatria, hebeatria, infectologia, nefrologia, neurologia, otorrinolaringologia, oncologia, ortopedia, pediatria, pneumologia, proctologia, psicologia, psiquiatria, reumatologia.

Especialidades com consultórios diferenciados (ver desenhos n°s 11, 14, 15, 32):

Cardiologia, ginecologia, oftalmologia e urologia.

Consultórios de clínica cirúrgica:

Cardiológica, Cirurgia Geral, Cirurgia Plástica, Ortopédica, Neurocirurgia, Vascular.

No aspecto construtivo, convém verificar com cuidado as observações referentes à pré-fabricação ou industralização. No entanto, deve-se incorporar processos de racionalização já a partir do projeto de arquitetura.

Programa:

Área, Dimensões Mínimas, Instalações e Observações.

Recomendações gerais

Área mínima:
* Conforme indicado acima ou de acordo com programação físico-funcional.

Área mínima de ventilação e iluminação:
* De acordo com Plano Diretor e Códigos de Obras da localidade.

Vão livre de portas:
* Portaria RDC 50 do MS, de 21 de fevereiro de 2002.

Nível de iluminação:
* ABNT/NBB 5413.

Instalações:
- ABNT e Portaria RDC 50 MS, de 21 de fevereiro de 2002.

Revestimentos: (Alternativas). Ver Portaria do MS "Manual de Controle de Infecção Hospitalar".

Piso:
- Granilite, granítico, matesica (sintético industrial) cerâmico com dureza PEI 5, vinílicos.

Paredes internas:
- Áreas molhadas: cerâmicas vitrificadas, epóxi.
- Áreas secas: pode ser utilizado gesso acartonado (chapa ou tijolo de 0,60 × 0,60), preparado para receber pintura lavável de PVA ou epóxi.

Paredes externas:
- Alvenaria de tijolos cerâmicos, painéis ou blocos de concreto.

Tetos: laje de forro ou gesso acartonado.

Esquadrias: alumínio, ferro, madeira ou PVC.

Bancadas: granito, aço inox austenítico, corian ou cimentado preparado para receber epóxi.

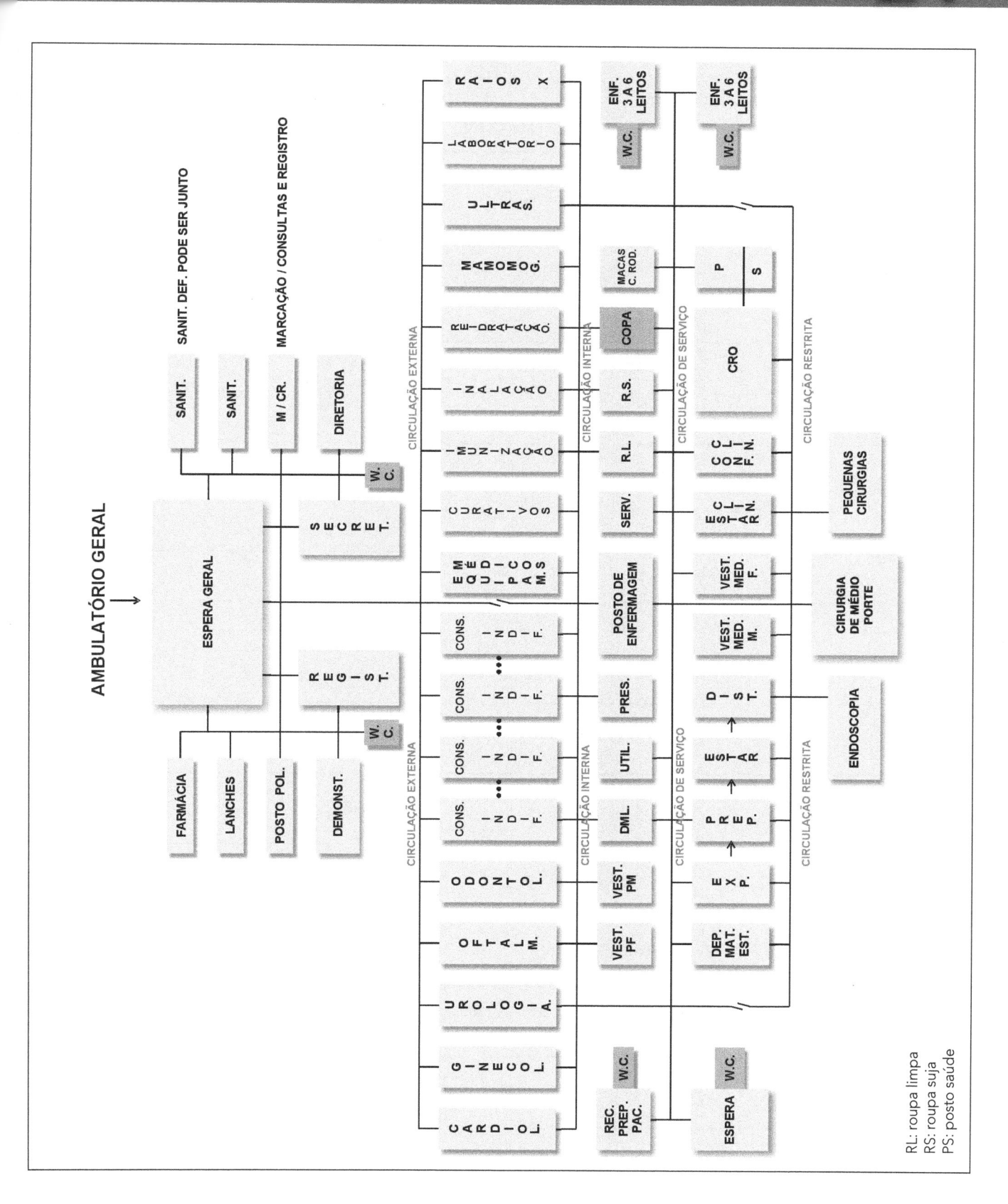

RL: roupa limpa
RS: roupa suja
PS: posto saúde

Ambulatório: **Rede Pública de Saúde**

AMBIENTE	ÁREA M^2	DIM. MÍN.	INSTALAÇÕES	OBSERVAÇÕES
Espera Geral	A depender do tamanho do ambiente	A depender do tamanho do ambiente	IE, HF, IT, TV	1,50 m^2 por usuário + circulação
Sanitários públicos	11,52	2,40 x 4,80	IE, HF	1 por sexo
Lanchonete	23,04	4,80 x 4,80	IE, HF	
Farmácia	23,04	4,80 x 4,80	IE, HF, IT	
Posto policial	5,76	2,40 x 2,40	IE, HF	
Marcação de consulta Registro	Box 1,44 m^2 a Dep. do n°s de Box	1,20 x 1,20	IE, HF, IT, AC	Ver espaço para filas
Secretaria	40,32	4,80 x 8,40	IE, HF, IT, AC	
Demonstração	40,32	4,80 x 8,40	IE, HF, AC	
Diretoria	17,28	3,60 x 4,80	Idem secretaria	Prever W.C. exclusivo
Consultório de cardiologia	12,00	3,00 x 4,00	IE, HF, HQ, AC, IT	Saída independente da entrada do consultório
Consultório de ginecologia	12,00	3,00 x 4,00	Idem	W.C. anexo.
Consultório de urologia	12,00	3,00 x 4,00	Idem	W.C. anexo
Consultório de oftalmologia	18,00	3,00 x 6,00	Idem	Profundidade de 6,00 m
Consultório de odontologia	12,00	3,00 x 4,00	IE, ED, FAM, AC, HF,	Padrões ergonômicos. Desenho n° 39
Consultório indiferenciado	12,00	3,00 x 4,00	ID, ED, AC	Número a depender do porte do ambulatório

Aparelhagem, Equipamentos Médicos

AMBIENTE	ÁREA M²	DIM. MÍN.	INSTALAÇÕES	OBSERVAÇÕES
Curativos	21,60	3,60 x 6,00	IE, HF, HQ, EXAUSTÃO RALO C/FECHO HÍDRICO	
Imunização	17,28	2,60 x 4,80	IE, HF, EE	
Inalação	17,28	3,60 x 4,80	IE, HF, FA (M) RALO C/FECHO HÍDRICO	
Reidratação	17,28	3,60 x 4,80	IE, HF, RALO C/ FECHO HÍDRICO	
Mamografia	12,00	3,00 x 4,00	IE, ED, AC, INDIC. EXTER. EQUIP. EM USO	Blindagem para piso, parede e teto com barita. Portas de chapas de chumbo. Acabamento não deve refletir a luz
Ultrassonografia	12,00	3,00 x 4,00	IE, ED, AC	Proteção contra interferência eletromagnética. (EMI) 2345. Evitar lâmpadas fluorecentes
Densitometria	12,00	3,00 x 4,00	Idem	
Raios X	25,00	5,00 x 5,00	IE, ED, AC	Blindagem, idem mamografia. Vidro plumbífero com sala de comando
Laboratório	Variável	Variável	HF, IE, ED, EE, AC, FG, HE, D	Grande porte: prover exaustão
Posto de enfermagem	8,64	3,60 x 2,40	IE, HF, HQ, IT	
Prescrição	8,64	3,60 x 2,40	IE, HF, HW, IT	
Serviços	8,64	3,60 x 2,40	IE, HF, HQ	
Vestiário pessoal	17,28	3,60 x 4,80	IE, HF, HE	1 por sexo
DML	5,76	2.40 x 2,40	IE, HF, HQ, HE	
Utilidades	5,76	2,40 x 2,40	IE, HF	
Roupa suja	5,76	2,40 x 2,40	IE	
Roupa limpa	5,76	2.40 x 2,40	IE	
Copa	5,76	2,40 x 2,40	IE, HF, HQ, HE	
Macas de cadeiras de rodas	8,64	2,40 x 3,60	IE	

Centro Cirúrgico Ambulatorial

AMBIENTE	ÁREA M²	DIM. MÍN.	INSTALAÇÕES	OBSERVAÇÕES
Espera de familiares		4,80 x 4,80	IE, HF, IT, TV, AC	
Preparação do paciente	8,64	2,40 x 3,60	IE, HF, HQ, HE	
Vestiário médico	23,04	3,60 x 4,80	IE, HF, HQ, IT, HE	1 por sexo
Lavabo	4,32	1,20 x 3,60	IE, HF	
Salas cirúrgicas	27,60 21,46	4,60 x 6,00 4,60 x 4,60	FA, FO, FN, AC, IE, ED, EE, RALO C/ FECHO HÍDRI-CO	Pequena e média sala de endoscopia
Expurgo	11,52	4,80 x 2,40	IE, HF, HQ	
Preparo	2,96	3,60 x 3,60	IE, HF, HQ	
Esterilização	12,96	3,60 x 3,60	IE, HF, HQ, ED	Prever local para manutenção das autoclaves
Estocagem e distribuição	12,96	3,60 x 3,60	IE, IT	
Estar clínico	Variável	Variável	IE, HF, TV, IT, AC	As dimensões dependem do porte do ambulatório
Conforto clínico	Variável	Variável	Idem	Idem
CRO + posto de enfermagem	12,96 5,76	3,60 x 6,00 2,40 x 2,40	Idem sala cirúrgica	
Enfermaria: 6 leitos + W.C.	43,20 5,76	6,00 x 7,20 2,40 x 2,40	IE, HF, HQ, FO, FAM, EE, ED	Número de leitos a depender das dimensões do ambulatóorio
Enfermaria: 3 leitos + W.C.	21,60 5,76	3,60 x 6,00 2,40 x 2,40	Idem	Idem
Almoxarifado	17,28	3,60 x 4,80	IE, HF, IT	
A. serviços	17,28	3,60 x 4,80	IE, HF, HQ, HE	

4 – Unidades mistas

Unidade de quarto nível da rede primária de saúde no Brasil

Área: 1.000 a 1.500 m^2 para o programa a seguir mais áreas referentes à incorporação do posto ou centro de saúde.

A Unidade Mista é um equipamento que, além do atendimento primário, pode realizar partos normais e tem capacidade de internação por 24 horas em até 12 leitos. Alguns casos permitem atendimento de urgência. É uma estrutura que deve ser projetada com critérios de expansibilidade para se tornar um hospital de 50 leitos (local), onde Centro Cirúrgico e Centro Obstétrico possam constituir uma só unidade. Seu dimensionamento deve ser em função do local, onde será implantada.

Programa:

Área, Dimensões Mínimas, Instalações e Observações.

Recomendações Gerais

Área mínima:
- Conforme indicado acima ou de acordo com programação físico-funcional.

Área mínima de ventilação e iluminação:
- De acordo com Plano Diretor e Códigos de Obras da localidade.

Vão livre de portas:
- Portaria RDC 50 do MS, de 21 de fevereiro de 2002.

Nível de iluminação:
- ABNT/NBB 5413.

Instalações:
- ABNT e Portaria RDC 50 do MS, de 21 de fevereiro de 2002.

Revestimentos: (Alternativas). Ver Portaria do MS "Manual de Controle de Infecção Hospitalar".

Piso:
- Granilite, granítico, matesica (sintético industrial) cerâmico com dureza PEI 5, vinílicos.

Paredes internas:
- Áreas molhadas: cerâmicas vitrificadas, epóxi.
- Áreas secas: pode ser utilizado gesso acartonado (chapa ou tijolo de 0,60 × 0,60), preparado para receber pintura lavável de PVA ou epóxi.

Paredes externas:
- Alvenaria de tijolos cerâmicos, painéis ou blocos de concreto
- Tetos: laje de forro ou gesso acartonado.

Esquadrias: alumínio, ferro, madeira ou PVC.

Bancadas: granito, aço inox austenítico, corian ou cimentado preparado para receber epóxi.

Na Sala de Parto utilizar pisos com capacidade de dissipar eletricidade estática.

Na internação, utilizar pisos em mantas ou placas vinílicas que, além de absorverem ruídos, são mais quentes e permitem cores e paginações variadas.

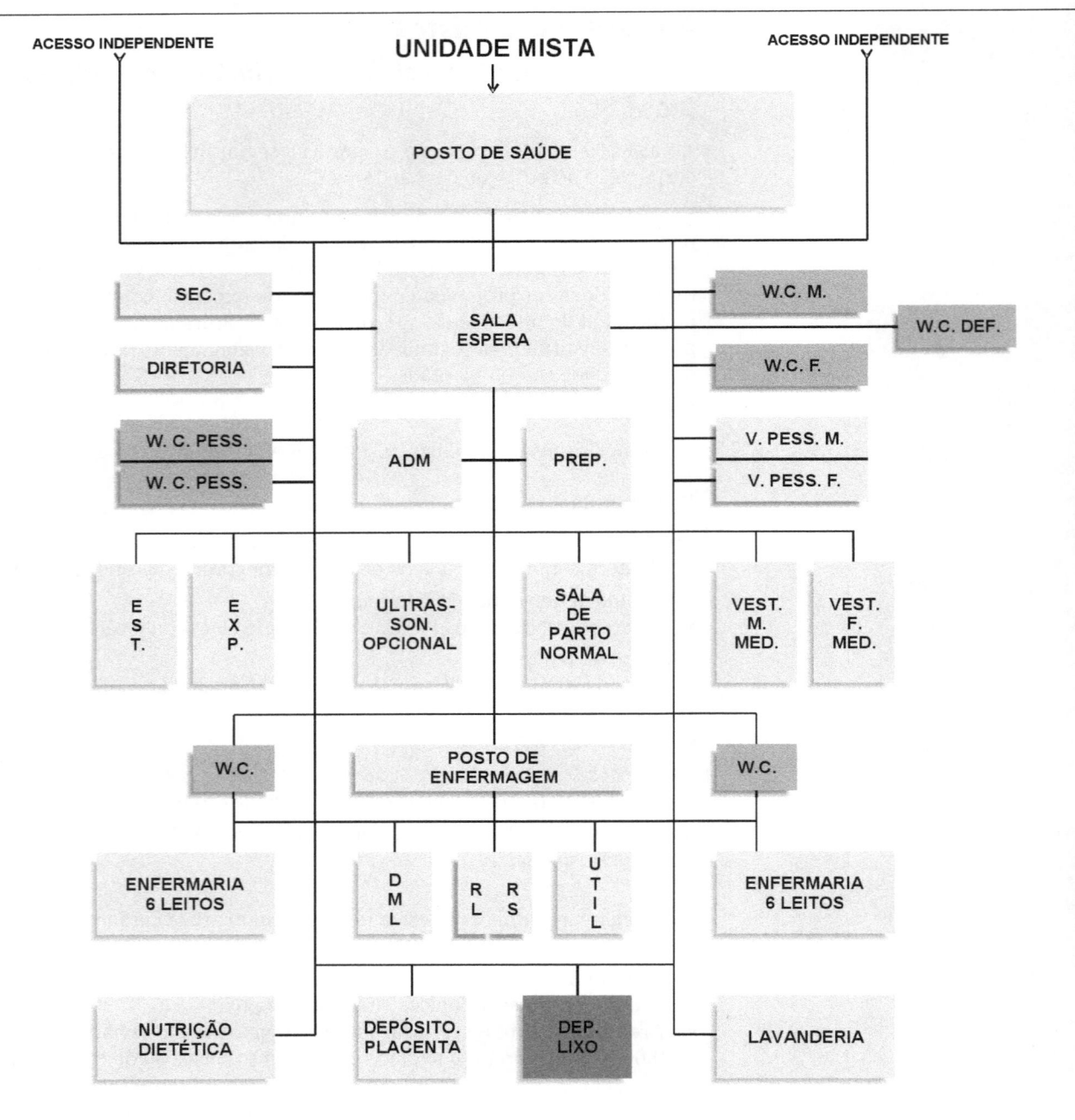

Observações:

1. Eliminar duplicidade de espaços e equipamentos
2. Lavanderia pode ser terceirizada ou se utilizar a da rede à qual pertence o posto e/ou a U.M.
3. O mesmo da Nutrição/Dietética
4. Pode ser acrescentado ao atendimento de urgência
5. Pode ser acrescentada ao atendimento de urgência

Unidade mista: **Rede Pública de Saúde**

AMBIENTE	ÁREA M²	DIM. MÍN.	INSTALAÇÕES	OBSERVAÇÕES
Sala de espera	40,32	4,80 x 8,40	IE, IT	
W.C. públlico	17,28	3,60 x 4,80	IE, HF, HE	1 por sexo
W.C. diferenciado	17,28	3,60 x 4,80	IE, HF, HE	Prever para portador de deficiência
Admissão	8,64	2,40 x 3,60	IE, HF	
Preparo de parturiente	5,76	2,40 x 2,40	IE, HF, HE	Prever W.C.
Ultrassonografia	9,00	3,00 x 3,00	IE, ED, AC	Proteção contra interferência eletromagnética (EMI). Evitar lâmpadas fluorescentes
Sala de parto normal	23,04	4,80 x 4,80	IE, HF, HQ, AC, FA, FO, FN, CD, EM, RALO	Prever espaço anexo para RN
Vestiário médico	17,28	3,60 x 4,80	IE, HF	1 por sexo
Expurgo e esterilização	5,76 5,76	2,40 x 2,40 2,40 x 2,40	IE, HF, HQ, ED	Autoclave
Posto de enfermagem	11,52	2,40 x 4,80	IE, HF, HQ, IT, IS	
Enfermarias de 6 leitos	21,60	3,60 x 6,00	IE, HF, HQ, FO, FAM, EE, ED	2 unidades
W.C.	5,76	2,40 x 2,40	IE, HF, HQ	
Roupa suja	5,76	2,40 x 2,40	IE, HF, HQ	
Roupa limpa	5,76	2,40 x 2,40	IE, HF, HQ	
DML	5,76	2,40 x 2,40	IE, HF, HQ	
Utilidades	2,88	1,20 x 2,40	IE, HF, HQ	
Nutrição e dietética	–	ADE	ADE	Pode ser terceirizada ou utilizar N & D de um hospital da rede
Lavanderia	–	ADE	ADE	Pode ser terceirizada ou utilizar a lavanderia de um hospital da rede
Serviços	25,00	5,00 x 5,00	HF, HQ, HE, IE	Depósito de lixo, depósito de placenta e apoio

5 – CAPS e NAPS

NAPS (Núcleos de Atenção Psicossocial) e CAPS (Centros de Atenção Psicossocial)

Estas são unidades em implantação no país para atendimento básico na área de psiquiatria em função da Lei 10.216, de 6 de abril de 2001 (Lei Paulo Delgado), que estabelece uma progressiva eliminação dos hospitais psiquiátricos. Estão previstas também as Residências Terapêuticas para abrigar casos onde haja necessidade de internação.

Área: o programa abaixo e suas respectivas áreas e equipamentos estão sendo apresentados em função de levantamento efetuado pelo autor em algumas estruturas já implantadas, geralmente prédios adaptados. Nestes, foram observados não só as necessidades espaciais do local como também as deficiências encontradas nessas mesmas estruturas. São ainda muito vagas, ou inexistentes, as normas para essas edificações.

Programa:

Área, Dimensões Mínimas, Instalações e Observações.

Considerações importantes

CAPS I

A ser implantado em comunidades com população acima de 70.000 habitantes.

CAPS II

A ser implantado em comunidades com população acima de 100.000 habitantes.

CAPS III

Comporta leitos de curta permanência.

CAPS AD

Para o atendimento a pacientes portadores de patologias com origem no álcool e nas drogas.

CAPS Infantil

Para atendimento pediátrico até 12 anos de idade.

Casas terapêuticas

Estruturas implantadas para fazer a transição de pacientes, não completamente adaptados ao convívio social, entre o hospital psiquiátrico e a residência da família.

NAPS

Estruturas mais simples para o atendimento do tipo ambulatorial.

As equipes de atendimento são multidisciplinares, contando com psicólogo, psiquiatra, nutricionista, farmacêutico, enfermeiro, educador físico e educador artístico.

Os pacientes são classificados em três tipos: intensivo, semi-intensivo, não intensivo.

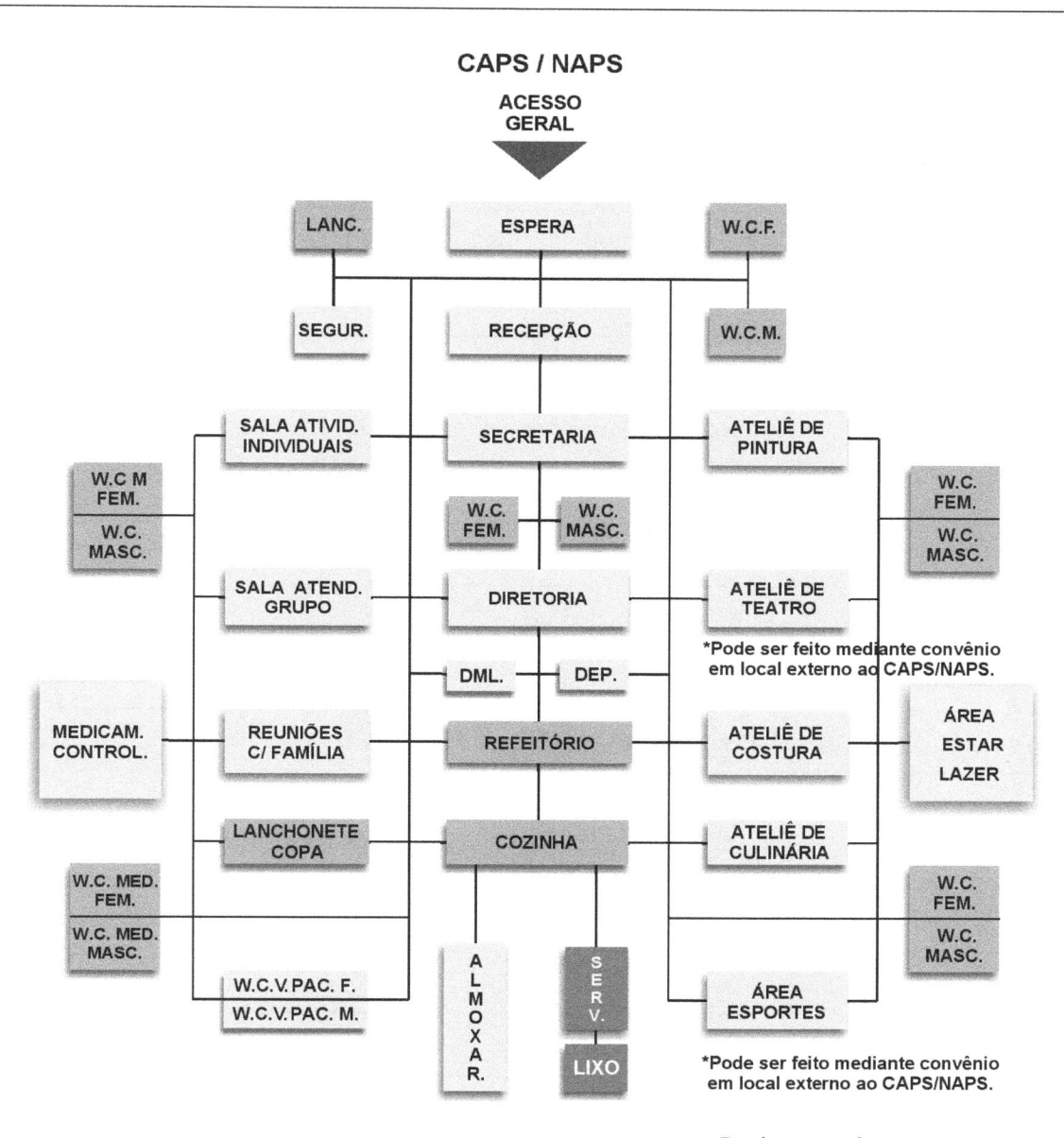

CAPS / NAPS

ACESSO GERAL

*Pode ser feito mediante convênio em local externo ao CAPS/NAPS.

*Pode ser feito mediante convênio em local externo ao CAPS/NAPS.

CAPS I
Acima de 70.000 hab.

CAPS II
Acima de 100.000 hab.

CAPS III
Leitos de curta permanência

CAPS AD
Álcool e drogas

CAPS Infantil
até 12 anos

Casas terapêuticas
(transição entre o hospital e família)

Equipe multidisciplinar
Psicólogo
Psiquiatra
Nutricionista
Farmacêutica
Enfermeira
Educador físico
Educador artístico

Pacientes: tipos
intensivo, semi-intensivo, não intensivo

CAPS/NAPS

AMBIENTE	ÁREA M²	DIM. MÍN.	INSTALAÇÕES	OBSERVAÇÕES
Espera geral	40,32	4,80 x 4,80	IE, HF, TV, IT	
Recepção	8,64	1,80 x 4,80	IE, IT	
Sanitário público	5,76	2,40 x 2,40	IE, HF, HE	1 por sexo
Lanchonete	5,76	2,40 x 2,40	IE, HF, HE	
Segurança	5,76	2,40 x 2,40	IE	
Secretaria	17,28	3,60 x 4,80	IE, HF, IT, AC	
W.C. sec./dir.	5,76	2,40 x 2,40	IE, HF, HE	
Diretoria	17,28	3,60 x 4,80	IE, HF, IT, AC	
DML	5,76	2,40 x 2,40	IE, HF, HQ	
Depósito geral	8,64	2,40 x 3,60	IE	
Refeitório	–	A depender do n. de ref.	IE, HF, HQ, TV, IT	
Cozinha	–	Idem	IE, HF, HQ, IT	
Lanchonete	5,76	2,40 x 2,40	IE, HF	
Copa	5,76	2,40 x 2,40	IE, HF, HQ, HE	
Almoxarifado	12,96	3,60 x 3,60	IE	
Serviços	12,96	3,60 x 3,60	IE, HF. HQ	
Sala de atendimento individualizado	12,00	3,00 x 4,00	IE, IT	+ W.C. (M/F)
Sala de atendimento em grupo	36,00	6,00 x 6,00	IE, IT, HF, TV	+ W.C. (M/F)
Reunião em família	26,00	6,00 x 6,00	IE, IT, TV	

(continua)

CAPS/NAPS (*continuação*)

AMBIENTE	ÁREA M²	DIM. MÍN.	INSTALAÇÕES	OBSERVAÇÕES
Medicamentos controlados	12,00	3,00 x 4,00	IE, IT	
Ateliê de pintura	28,80	4,80 x 6,00	IE, HF, HQ	+ W.C. (M/F) para 2 ateliês
Ateliê de teatro	–	–	–	Atividade pode ser desenvolvida fora de CANP/NAPS
Ateliê de costura	28,80	4,80 x 6,00	IE, AC	
Ateliê de culinária	28,80	4,80 x 6,00	IE, HF, HQ	+ W.C. (M/F) para 2 ateliês
Estar/lazer	36,00	6,00 x 6,00	IE, IT, TV, HF	Área
Esportes	–	–	–	Atividade pode ser desenvolvida fora de CAPS/NAPS
Vestiário pessoal	17,28	3,60 x 4,80	IE, HF, HQ, HE	1 por sexo
Local para veículos	36,00	6,00 x 6,00	IE	

6 – Residências terapêuticas

Unidades de saúde

Estabelecimentos criados pela Lei 10.216 de 06 de abril de 2001, que propôs a desmobilização progressiva dos hospitais psiquiátricos e sua substituição por estruturas mais humanas e tratamento adequado. As Casas Terapêuticas devem abrigar pacientes sem famílias, ou abandonados por estas, cuja permanência em hospitais psiquiátricos ultrapassou 20 anos ou mais.

Conceito:

São dois os tipos de Casas terapêuticas:

SRT I: Com foco na reintegração dos moradores na rede social com acompanhamento individualizado (de acordo com as necessidades de cada morador). O trabalho é coordenado por um cuidador (pode ser do CAPS ou do Posto de Saúde da Família, ou mesmo um trabalhador doméstico qualificado). Deve contar com um mínimo de 8 e um máximo de 12 pacientes.

SRT II: Voltado para pacientes que carecem de maiores cuidados, como idosos, doentes e dependentes físicos. Atendimento 24 horas todos os dias por pessoal qualificado.

Este, em função de utilizar equipamentos médicos especiais, poderá provocar alterações na configuração original dos dormitórios no que diz respeito ao afastamento mínimo entre camas, camas e paredes e a destinação de espaço para a colocação dos aparelhos e equipamentos (escadas, suporte de soros etc.).

Deve ser conceituado como unidades compostas por pacientes com doenças infecciosas de baixa transmissibilidade e doenças não infecciosas.

Tanto no SRT I como no SRT II, não há obrigatoriedade de separação por sexo (a não ser nos quartos ou dormitórios) ou faixa etária. A seleção dos pacientes que habitarão uma mesma casa poderá ser feita pelos próprios moradores, de preferência entre aqueles com mais afinidades.

Objetivos:

Criar hábitos saudáveis, atividades básicas da vida diária, o autocuidado, atividades instrumentais e administração do ambiente em que moram. Fundamentalmente, o objetivo é treiná-los para atividades rotineiras, cuja prática se perdeu com a doença e o longo internamento.

Provocar reunião de moradores para troca de informações relacionadas às dificuldades por eles encontradas.

Alguns estados estão implantando estas residências de forma descentralizada em cidades do interior no intuito de facilitar a integração com a comunidade, mais difícil de ser realizada em grandes cidades. Nestes casos, é importante verificar a procedência ou a origem dos pacientes e alojá-los numa comunidade que lhes seja familiar.

Considerações sobre o espaço físico

Inserção Urbana

- Devem ser implantadas próximas a serviços e estabelecimentos voltados para o lazer e serviço, tais como igrejas, cinemas, teatros, shoppings e parques, sem poluição e que incentivem o passeio dos residentes.

- A arquitetura e seu aspecto externo, de um modo geral, não devem indicar as funções da residência, evitando estigmas e preconceitos que dificultem a inserção dos moradores na comunidade.

- Proximidade, quando possível, de alguma Unidade de Saúde, tais como Postos ou Centros de Saúde, NAPS ou CAPS, para facilitar o atendimento em caso de urgência.

- Padrões de acessibilidade.

- Paisagismo.

Arquitetura

- O projeto arquitetônico deve ser elaborado de forma a proporcionar áreas de convivência, incentivando os moradores a realizar atividades em grupo e possibilitando a interação entre eles.

- A tipologia deve ser o mais próxima possível de um residência comum.

- A Taxa de Ocupação da residência deve ser de 50%.

- Cuidados especiais com os materiais, as cores, o mobiliário e todos os problemas de acessibilidade.

- O número máximo de pacientes por dormitório não deve ser superior a 3 (três).

- Evitar dormitórios individualizados, a não ser em casos extremos ou pela necessidade de algum tipo de isolamento por doença.

- Evitar grades em portas ou janelas.

- Adotar itens de segurança nas instalações elétricas e hidráulicas.

- Adotar soluções que possibilitem boa ventilação e iluminação naturais, evitando o ar-condicionado.

Programa Arquitetônico

AMBIENTE	ÁREA M²	DIM. MÍN.	INSTALAÇÕES	OBSERVAÇÕES
Hall	5,76	2,40 x 2,40	IE, IT	
Terraços	Variável	–	IE	Caso possível em toda extensão da casa
Sala de estar	51,84	7,20 x 7,20	IE, TV, IT, HF	
Lavabo para visitantes	5,76	2,40 x 2,40	HF, HQ, IE	
Sala de TV	51,84	7,20 x 7,20	IE, TV, IT	
Sala de refeições	36,00	6,00 x 6,00	IE, HF, HQ	
Copa	23,04	4,80 x 4,80	IE, HF, HQ	
Cozinha	21,60	3,60 x 6,00	IE, HF, HQ, FG	
Despensa	5,76	2,40 x 2,40	IE	
Serviço	12,96	3,60 x 3,60	IE, HF, HQ	
Rouparia	5,76	2,40 x 2,40	IE	
Depósito	5,76	2,40 x 2,40	IE	
Dormitórios (4)	21,60	3,60 x 3,60	IE, TV, IT	Banheiros anexos
Dormitório do cuidador	12,96	3,60 x 3,60	IE, TV, IT, IL	Banheiro anexo
Dependência Zelador	12,96	3,60 x 3,60	IE, TV, IT	Banheiro anexo
Garagem	51,84	7,20 x 7,20	IE, HF	

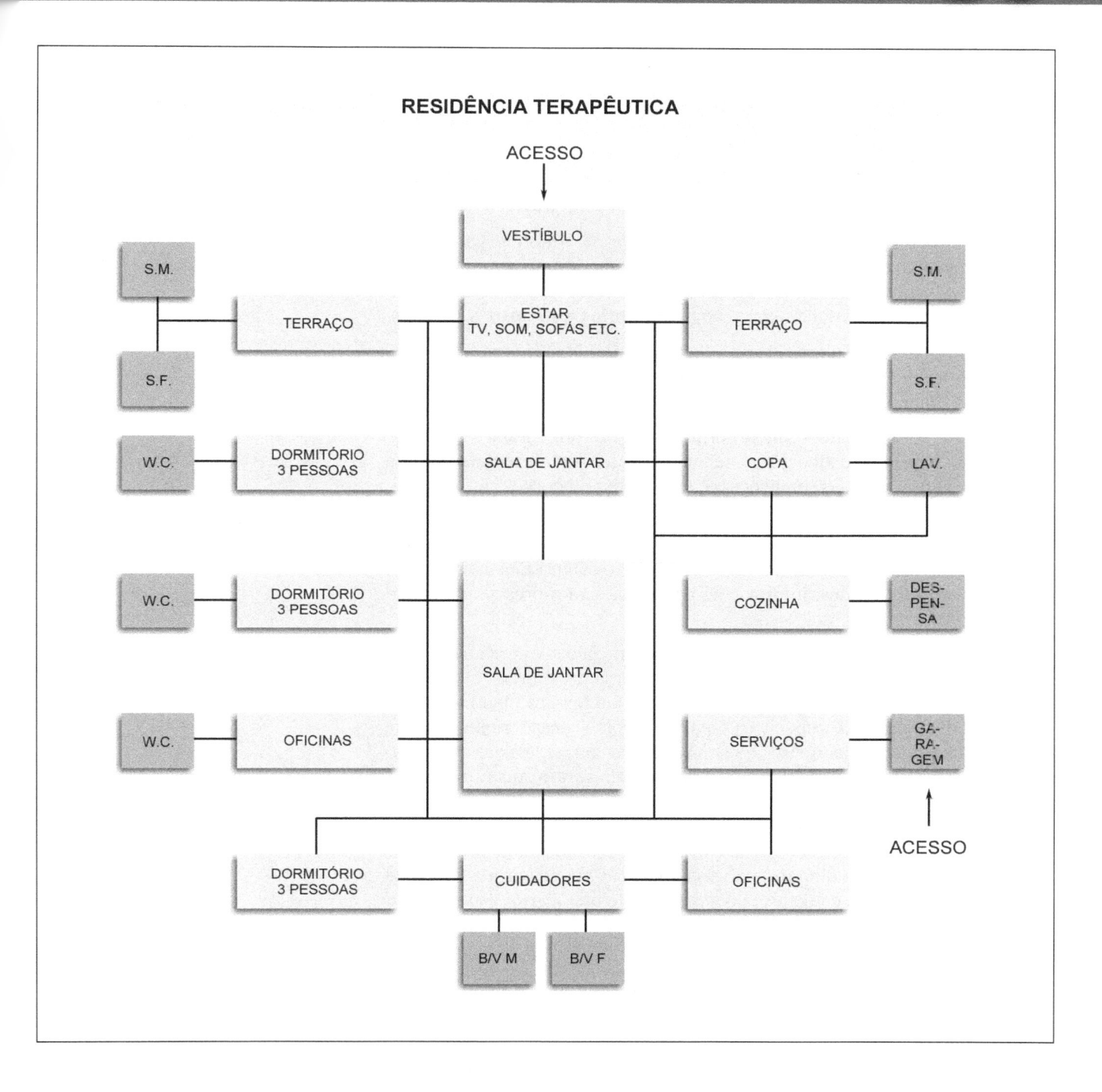

RESIDÊNCIA TERAPÊUTICA

7 — Clínica para tratamento de autismo

Autismo

Fenômeno patológico caracterizado pelo desligamento da realidade exterior e criação mental de um mundo autônomo (*Novo Dicionário Aurélio da Língua Portuguesa*, 2. ed., Rio de Janeiro, Nova Fronteira).

É um transtorno em que há um significativo atraso no desenvolvimento social, comunicativo e cognitivo. Há um padrão no comportamento, com *"insistência na mesmice"*. É caracterizado mais na sua apresentação (comprometimento da interação social, comunicação e repertório de atividades restrito).

Também pertencem a este grupo o *Autismo Atípico*, *Síndrome de Angelman*, *Síndrome de Asperger* e *Síndrome de Rett*. Retardo mental grave associado à hiperatividade e movimentos estereotipados.

Estes transtornos manifestam-se normalmente nos primeiros anos de vida, sendo critério de diagnóstico que se manifeste antes dos cinco anos. Podem estar associados a algumas condições médicas, como rubéola, esclerose tuberosa, fragilidade do cromossomo X, ou outros erros inatos ao metabolismo.

O diagnóstico é feito com base no comportamento, independente ou não, de ter uma comorbidade clínica. Como o autismo é o diagnóstico mais comum destes transtornos, algumas informações adicionais serão apresentadas sobre esta patologia.

Pesquisas efetuadas recentemente em universidades americanas e brasileiras apontam para a consanguinidade como uma das causas do autismo. Pais de autistas nos Estados Unidos e Inglaterra têm feito campanhas contra a vacina MMR (Sarampo, Rubéola e Cachumba) como causadora do autismo, por inocular nas crianças o vírus existente nas vacinas. Elevadas quantidades de anticorpos de vírus de sarampo, por exemplo, foram encontrados, nos EUA, em crianças autistas. Mas não se tem, ainda, um definição clara sobre as reais origens da doença. Na Inglaterra 1 em cada 100 crianças são autistas. Superam os 90.000 os casos de crianças com a síndrome naquele país. São diversas as opiniões, conflitantes e divergentes, mas que fogem aos objetivos deste trabalho que tem como escopo a procura de um *parâmetro espacial* para o projeto arquitetônico destas clínicas.

Autismo infantil

Manifesta-se antes dos três anos de idade, caracterizado por falhas significativas nas relações interpessoais. Por exemplo: falta de resposta para as reações de outras pessoas, ausência de gestos sociais significativos como acenar a mão, dizer adeus, sentir-se confortado no colo de alguém próximo, brincar de faz de conta e jogos sociais de imitação; falta de reciprocidade sócioemocional, a não utilização da linguagem como forma de comunicação, preferindo o isolamento, brincadeiras solitárias e repetitivas; forte resistência a mudanças, como troca de móveis de lugares ou alterações de itinerários; gestos repetitivos e estereotipados.

Também é comum a criança apresentar medos intensos, ataques de birras e agressividade (inclusive autolesão), repulsa ao toque de outras pessoas, perturbações do sono e de alimentação (aceitar apenas um tipo específico de alimento, de acordo com a textura ou a cor deste alimento).

O retardo mental está presente em cerca de 3/4 dos casos. É três vezes mais comum em meninos que meninas. Estudos efetuados indicam que a criança pode ter um início de desenvolvimento normal, que pode ser de alguns meses ou anos. Quando isto ocorre, a eclosão do quadro é secundária a alguma mudança significativa como o nascimento de um irmão, o falecimento de um ente querido ou uma mudança de cidade, por exemplo.

A perturbação comunicativa é o ponto mais problemático do autismo. 50% dos pacientes com esta síndrome não desenvolvem a linguagem. E mesmo quando a desenvolvem, apresentam *ecolalia* (repetição de sons ou palavras ouvidas). Inversão pronominal, falta de entonação apropriada, desenvolvimento semântico prejudicado, que podem melhorar em graus variados ao longo de tratamentos. As crianças autistas podem ter uma memória superior à média de outras crianças. Quanto ao comportamento, é comum o apego a determinados objetos ou mostrar sensibilidade a sons como o de aspiradores de pó e indiferença ao som de vozes dos pais. Interesse por aspectos não funcionais dos objetos, como tato ou paladar. Movimentos estereotipados são comuns, como agitar mãos, caminhar na ponta dos pés e girar objetos.

Como identificar a síndrome?

Além dos critérios usados por profissionais de saúde, algumas características são comuns em crianças autistas, mesmo que a ligação delas com o distúrbio ainda não seja comprovada pela ciência:

- A criança se incomoda com som alto?
- A criança não tem noção do perigo?
- A criança costuma se autoagredir?
- A criança parece um gênio, mas só para determinado assunto.
- A criança encara demais as pessoas?
- A criança teve otite grave quando bebê?
- A criança sofre de refluxo ou de outro problema gastrintestinal?

Síndrome de Angelman

- Anormalidades múltiplas.
- Retardo mental e transtorno do movimento.
- Espasmos infantis frequentes.
- Paroxismo do riso prolongado.
- Protrusão contínua da língua.
- Retardo motor.
- Ataxia e hipotonia muscular.
- Associação à deleções maternas do cromossomo 15q 11-R e outras anormalidade genéticas.

Síndrome de Asperger

- Dificuldade de olhar nos olhos ou não saber usar a expressão facial, a postura corporal e os gestos para comunicar seus sentimentos.
- Incapaz de fazer amizade ou manter uma conversação com pessoas da mesma idade.
- Não demonstra desejo de compartilhar situações agradáveis ou interesses (como apontar objetos, por exemplo).
- Não corresponde a aproximações sociais ou manifestações de afeto.

Síndrome de Rett

- Transtornos hereditários do desenvolvimento neurológico associado com herança ligada ao cromossomo X. Podendo ser letal no útero em homens hemizigotos. As mulheres afetadas são normais até a idade de 6 a 25 meses, quando surge a perda progressiva dos movimentos das mãos e das habilidades de comunicação.
- Ataxia.
- Ataques difusos.
- Comportamento autista.
- Hiperventilação intermitente.
- Hiperamonemia.

Formas de Tratamento

Especialistas indicam que o tratamento deve ser direcionado com o objetivo de fazer com que o paciente tenha melhor desempenho em suas atividades, sempre respeitando os seus limites e potencialidades. Incrementar o máximo de instrumentos, inclusive *vivência espacial*, para reduzir o quadro de isolamento e estabelecer significados para seus conceitos e linguagens. Considerar, sempre, programas terapêuticos diferenciados, respeitando-se cada particularidade e a existência ou não de patologias associadas, tais como retardo mental, epilepsia, déficit de atenção com ou sem hiperatividade. Considerar também a presença de deficiência auditiva, que pode ser muito difícil de diagnosticar nestes quadros.

Após esta avaliação criteriosa, ficam criadas as condições de planejar um programa terapêutico que vise uma maior autonomia para estes pacientes. Toda criança autista requer uma forma específica de educação e algumas intervenções comportamentais. Como exceção, existem autistas superdotados que conseguem acompanhar o ensino acadêmico normal. Outros precisarão de tratamento medicamentoso, mas não é a forma principal de tratamento, a não ser em casos de emergência.

É de fundamental importância, e obrigatório no tratamento, a participação dos familiares. Não só para a orientação de como lidar e participar das etapas de tratamento, como acolher a dor e a angústia enfrentadas por estes familiares. Várias são as teorias de tratamento para o autismo infantil, mas todas ainda em estudos.

Lembrar sempre que o afeto deve permear todo o tratamento, principalmente dentro da saúde mental, como o autismo infantil. É a base do sucesso de qualquer tratamento, pois a partir desta base será possível atingir, mesmo que tangencialmente, o mundo particular e desconhecido destes pequenos pacientes.

O espaço da clínica de autismo

É um grande desafio projetar uma clínica para pacientes com autismo. A própria medicina não possui, ainda, os elementos metodológicos e teóricos necessários para compreender a mente dos portadores desta patologia. Faltam parâmetros para dimensionar estes espaços e determinar as melhores condições para abrigar os portadores deste mal.

Mesmo universidades e profissionais norte-americanos e ingleses, em cujos países a incidência da doença é muito grande, por exemplo, que lidam com o problema, não têm um padrão arquitetônico que oriente a construção destas clínicas. Elas são implantadas, geralmente, tendo como referência clínicas psiquiátricas convencionais.

Os exemplos mais conhecidos, geralmente, trabalham mais sobre a metodologia do tratamento. A questão espacial nunca é enfatizada ou mesmo mencionada.

Autores como Lefebvre, Harveye Einstein trataram das questões de espaço e do tempo. Einstein, há tempos, nos ensinou que não é possível separar de modo coerente o espaço e o tempo. Existe no âmbito das ciências sociais mais do que meros indícios de que a separação entre espaço e tempo, necessária em alguns casos, pode levar a enganos (Harvey, 1996 – Parte III). Considerando o espaço e o tempo como construções sociais (rejeitando, ao mesmo tempo, as teorias absolutas de Newton e Descartes), a produção do espaço e do tempo terão que ser incorporadas ao pensamento utópico (Harvey, 2000 – Parte 9).

Do espaço, a ideia da livre disposição espacial imaginativa destinada a alcançar metas sociais e morais específicas pode ser transformada na ideia de uma experimentação aberta potencialmente infinita com as possibilidades da forma espacial. Neste caso, permite-se a exploração da uma ampla gama de potencialidades humanas (diferentes formas de vida coletiva, de relações de gênero, de produção, de estilos de consumo, de relações com a natureza etc.).

Lefebvre (1991) segue na mesma linha na sua concepção da produção do espaço, vendo-o como um meio privilegiado de exploração de estratégias alternativas e emancipatórias. Mas não aceita o utopismo da forma tradicionalmente concebida. Justamente pelo autoritarismo fechado deste. Não aceita enfrentar o problema de base: o fato de que materializar o espaço é comprometer-se com o fechamento, ainda que de forma temporária, o que constitui um ato autoritário. Todas as utopias tiveram que enfrentar esta questão.

Michel Foucault, filósofo e psiquiatra francês, procurou livrar-se dessa mesma dificuldade seguindo outro caminho. Em *As Palavras e as Coisas – Uma Arqueologia das Ciências Humanas* – publicado em 1966, ele cunhou o termo *heterotopia* para descrever a incongruência, "enigmática multiplicidade" e a desordem fundamental de que a própria linguagem é capaz:

As utopias proporcionam consolo: ainda que elas não tenham um lugar concreto há, mesmo assim, uma região fantástica imperturbada em que podem desenvolver-se; abrem-se cidades com vastas avenidas, com jardins cultivados à perfeição, países em que a vida é fácil, mesmo que seja quimérica a estrada que a ela conduz. As heterotopias são perturbadoras, é provável que devido solaparem secretamente a linguagem [...]. As utopias permitem a fábula e o discurso: estão em continuidade com o que há de característico na linguagem ... [as heterotopias] dissecam a fala, fazem com que as palavras estaquem, contestam já na fonte as próprias possibilidades da gramática; elas dissolvem nossos mitos e esterilizam o lirismo de nossas frases. Foucault, 1981 (Pág. 55).

Neste documento, a *heterotopia* é examinada apenas em relação ao discurso e à linguagem. Mais tarde Foucault empenhou-se em conferir ao termo um referente material. Em palestra no Cercle d'Etudes Architecturales (14 de março de 1967), ao tentar estabelecer um diálogo com arquitetos e teóricos da forma espacial, o filósofo mais uma vez recorreu ao conceito de *heterotopia*. A palestra nunca foi revisada para publicação (mas, antes de morrer em 1984, autorizou sua publicação). Extraída por seguidores como uma joia oculta no interior de sua extensa obra, a palestra veio ser um recurso (de particular importância no interior do cânon do pós-modernismo) mediante o qual foi possível ressuscitar o problema da *utopia* e, ao mesmo tempo fugir dele. O tema da "fuga" percorre a base do ensaio de Foucault ("o navio é a *heterotopia* por excelência", escreveu ele. "Nas civilizações sem navios, os sonhos murcham, a espionagem substitui a aventura e a polícia toma o lugar dos piratas" [1968, p. 27]). O conceito permite a Foucault fugir do "não lugar" que é uma "plácida" utopia e vir à terra em lugares particulares de práticas reais.

Mas Foucault emprega o conceito de *heterotopia*, igualmente, para fugir ao mundo de normas e estruturas que aprisionam a imaginação humana e, por meio de um estudo da história do espaço e compreensão de sua heterogeneidade, indentifica espaços nos quais a diferença, a alteridade, e o "outro" podem florescer ou (como no caso dos arquitetos) ser concretamente construídos.

Hetherington, Kevin (1997), resume o conceito de heterotopia:

Espaços de ordenação fluida. Ela organiza uma parcela do mundo social de uma maneira distinta do ambiente que a circunda. Essa ordenação flui, demarca esses espaços como outro e lhes permite ser considerados um exemplo de maneiras alternativas de fazer as coisas (...). Logo, a heterotopia revela que o processo de ordenação social é justamente processo e não coisa.

Essa formulação é atrativa em seu nível de superfície, permitindo-nos pensar em múltiplos esquemas utópicos (livres organizações espaciais) que chegam até nós em formas materializadas não mutuamente exclusivos. Estimula a ideia de uma simultaneidade de livres organizações espaciais que acentua a escolha, a diversidade e a diferença, estimulando um olhar sobre múltiplas formas de comportamento e de política desviantes e transgressoras nos espaços urbanos. Foucault inclui na sua relação de *espaços heterotópicos*, lugares como *bordéis, cemitérios, hospitais, museus, presídios* etc., edificações que ele vê como reafirmações válidas e potencialmente significantes de algum tipo de direito de moldar parcelas da cidade segundo outra imagem. Esta formulação nos obriga a reconhecer a importância de ter espaços (*o clube de jazz, o salão de danças, o jardim comunitário*) nos quais a vida é vivenciada de modo distinto. Foucault assegura que existem abundantes espaços em que a "*outridade*" a "*alteridade*" e, por conseguinte, alternativas poderiam ser exploradas não como meros produtos da imaginação, mas através do contato com processos sociais já existentes. Assinala ainda que a história desses espaços nos mostra como e em que formas espaciais poderiam vincular-se a processos sociais radicalmente distintos e, assim, disromper a homogeneidade a que a sociedade (e por extensão as utopias) se apega tipicamente.

Chegando a renegar o conceito em *Vigiar e Punir* (1977), Foucault talvez tenha sentido a dificuldade de livrar a *heterotopia* do fardo de ser uma nova utopia.

Muito embora este conceito presuma que os vínculos com a ordem social dominante são ou podem ser cortados, atenuados, ou, como no caso das prisões, totalmente invertidos. O pressuposto é o de que o poder/conhecimento é ou pode ser disperso e fragmentado em "espaços de diferença". Presume que tudo o que acontece nos espaços de "*outridade*" é interessante e de certa forma "aceitável" ou apropriado. Cemitérios, hospitais, presídios, sejam todos eles sede de maneiras alternativas de fazer as coisas e, portanto, *heterotópicas*.

O conceito de heterotopia talvez tenha influenciado o diretor da Clínica La Borde, em Paris, como visto na Capítulo referente às Clínicas Psiquiátricas (pág. 111).

Essas considerações em torno da *heterotopia* têm o objetivo de chamar a atenção dos arquitetos que trabalharem com projetos de clínicas para doentes mentais de uma forma geral, da especificidade desse programa arquitetônico.

Aí estão novos desafios na forma dos Centros de Apoio Psicossociais (CAPS), os Núcleos de Apoio Psicossociais (NAPS), Casas Terapêuticas, Casas para Idosos, os quais, com a Lei 10.216 (Lei Antimanicomial), exigem novas formas de abordagem na prática profissional do arquiteto.

Programa arquitetônico

O programa arquitetônico apresentado a seguir foi resultado de um *Seminário sobre Autismo* realizado em Natal - RN, em 2007, no auditório das Faculdades para o Desenvolvimento do RN (FARN), que contou com a participação de professores da Universidade de Washington, EUA, da Universidade de São Paulo e da Universidade Federal do Rio Grande do Norte. Colaboraram também funcionários da Associação de Pais e Amigos de Excepcionais (APAE) e do Serviço Social da Petrobras/RN.

Foram observadas também estruturas físicas que abrigam serviços de apoio ao autista como a Casa da Esperança, em Fortaleza - CE e a TreeHouse School, Londres, Inglaterra.

Pelas próprias condições dos pacientes que serão atendidos o planejamento destas unidades de saúde é um processo. A proposta aqui apresentada é um ponto de partida. O programa apresentado adiante deve ser implantado aos poucos observando, atentamente, os avanços médicos que estão sendo desenvolvidos no tratamento de autistas. Ajustes serão necessários, pois o projeto, repetimos, deve ser um processo e não uma proposta fechada.

Recomendações gerais:

01. Oferecer uma clara indicação do uso a que está destinada a edificação e projetá-la de tal forma que o seu entorno obedeça a certas semelhanças aos ambientes normalmente vivenciados pelos pacientes.

02. As distintas partes do edifício devem oferecer uma clara diferenciação visual. Neste sentido, é conveniente eliminar superfícies brilhantes que produzam reflexos em paredes, portas, tetos e pisos e que estes se diferenciem claramente mediante utilização de cores e texturas para eliminar ambiguidades e confusão.

03. Produzir lugares que favoreçam a interação social tendo em conta a distribuição de espaço, mobiliário, equipamentos etc.

04. Recomenda-se a utilização de cores distintas para diferentes atividades e espaços, medida que favorece a orientação. Cores quentes, como o roxo e o laranja se associam a atividades dinâmicas, enquanto cores relaxantes, como o verde e o azul, são mais apropriadas para ambientes destinados ao repouso e à reflexão. Evitar o branco.

05. Utilizar uma variedade de materiais que provoquem diferentes experiências visuais e táteis.

06. A Iluminação deve ajudar a definir diferentes espaços.

07. Deve-se habilitar lugares para que os pacientes possam ter contato com seus familiares, assim como espaços amplos, onde seja possível a realização de atividades coletivas.

08. Fundamental a relação visual e corporal com a natureza.

09. Deve-se programar passeios e a possibilidade dos pacientes vivenciarem outros ambientes fora do local de atendimento durante a fase de tratamento.

10. É muito importante a escolha do mobiliário e dos equipamentos, possibilitando uma boa relação ergonômica entre pacientes e estes objetos.

Clínica para Tratamento de Autismo
Setor Administrativo

AMBIENTE	ÁREA M²	DIM. MÍN.	INSTALAÇÕES	OBSERVAÇÕES
Hall principal	51,84	7,20 x 7,20	IE	
Recepção	51,84	7,20 x 7,20	IE, IT, AC, IR, IL, ACC	Contendo registro, cadastro e estatística
Espera	207,36	14,40 x 14,40	IE, HF, TV, IS, AC, ACC	Contendo jogos, brinquedos e jardins
Auditório (200 lugares)	500,00	20 x 25	IE, HF, ED, IS, AC, EE, II, IN, IL, ACC	Observar acessibilidade
Serviço social	28,80	4,80 x 6,00	IT, AC, IE, IC, TV, II, ACC	Duas salas para atendimento familiar
Sanitários (M) e (F)	23,04	4,80 x 4,80	HF, HQ, IE, AC	Observar acessibilidade
Diretoria	28,80	4,80 x 6,00	IE, IT, AC, ACC, IL	Com sanitário privativo
Secretaria	51,84	7,20 x 7,20	IE, IT, AC, ACV, IL	
Telemarketing	12,96	3,60 x 3,60	IE, IT, AC, ACC, IL	
Copa	5,76	2,40 x 2,40	IE, HQ, HF, AC	
Sanitários vestiários (M) e (F)	23,04	4,80 x 4,80	HF, HQ, IE, AC	Observar acessibilidade

Clínica para Tratamento de Autismo

Setor de Apoio Médico

AMBIENTE	ÁREA M²	DIM. MÍN.	INSTALAÇÕES	OBSERVAÇÕES
Clínica médica	12,00	3,00 x 4,00	IE, AC, ACC, IT, IN, IL	02 consultórios por especialidade básica: pediatria, psicologia, psiquiatria e neurologia
Laboratório patológico clínica	153,60	9,60 x 16,00	ADE	Para exames básicos de sangue, fezes e urina
Consultório odontologia	12,00	3,00 x 4,00	HF, IE, ED, FAM, AC, IT	02 consultórios
Sala para encefalografia	12,00	3,00 x 4,00	HF, IE, ED, FAM, AC, ACC	01 sala
Farmácia	60,40	3,60 x 16,80	ADE	

Setor de Apoio ao Tratamento

AMBIENTE	ÁREA M²	DIM. MÍN.	INSTALAÇÕES	OBSERVAÇÕES
Piscina grande	312,50	12,5 x 25	ADE	Semiolímpica
Piscina pequena	78,12	6,25 x 12,50	ADE	Área 50% da piscina grande
Vestiários (M) e (F)	23,04	4,80 x 4,80	HQ, HF, IE, ED	
Sala para estimulação sensorial	–	–	–	Área, dimensões e equipamentos a depender da orientação pedagógica
Oficinas profissionalizantes	–	–	–	Idem
Equoterapia	Variável	Variável	ADE	Local para baias de cavalos
Horta	–	–	–	Área, dimensões e equipamentos a depender da orientação pedagógica
Apiário	–	–	–	Área, dimensões e equipamentos a depender da orientação pedagógica
Quadra poliesportiva	–	–	–	Observar normas esportivas

Setor de Apoio Familiar

Hospedaria para familiares, ou cuidadores, de outras localidades, sem condições de pagar hospedagem ou solicitados a acompanhar o período de diagnóstico e tratamento.
Deve contar com apartamentos para ambos os sexos, refeitório, cozinha e serviços auxiliares, como lavanderia, por exemplo. O terreno deve ser em torno de 4HA.

Clínica para Tratamento de Autismo

Setor de Ensino Infantil: 30 alunos de 12 a 35 meses

Escola especializada com educação em Psicologia, Fisioterapia, Psicopedagogia, Terapia Ocupacional, Fonoaudiologia, Educação Física, Natação Terapêutica, Musicoterapia, Artes, Jardinagem e Lanchonete

AMBIENTE	ÁREA M²	DIM. MÍN.	INSTALAÇÕES	OBSERVAÇÕES
Berçário e creche	–	–	–	O dimensionamento será em função da demanda existente
Salas (2)	60	6,00 x 10,00	IE, IL, IT, ED, II, IR, AC, ACC, IC	As salas deverão possuir vidro espelhado para observação do tratamento ministrado
Banheiro para recem nascidos	23,04	4,80 x 4,80	HQ, HF, IE, ED	01 por sala
Sala para orientação familiar	12,96	3,60 x 3,60	IE, IL, IT, II, IR, AC, ACC, IC, TV	
Sala para familiares	51,84	7,20 x 7,20	IE, IL, IT, II, IR, AC, ACC, IC, TV	Sanitários (M) e (F) anexos
Setor de Ensino Infantil: 40 alunos de 3 anos a 5 anos e 11 meses (2 períodos)				
Salas (4)	60	6,00 x 10,00	IE, IL, IT, ED, II, IR, AC, ACC, IC	As salas deverão possuir vidro espelhado para observação do tratamento ministrado
Banheiros	23,40	4,80 x 4,80	HQ, HF, IE, ED	01 por sala
Setor de Ensino Infantil: 36 alunos de 6 anos a 10 anos e 11 meses (2 períodos)				
Salas (6)	60	6,00 x 10,00	IR, IL, IT, ED, II, IR, AC, ACC, IC	Prever ampliação, de acordo com a demanda, para pacientes com idade entre 12 anos e 17 anos e 11 meses
Banheiros	23,04	4,80 x 4,80	UQ, HF, IE, ED	01 para duas salas

Observação:
Prever uma sala especial, desprovida de qualquer equipamento ou mobiliário, mas contendo instalações de circuito interno de TV, com materiais amortecedores de impactos físicos (pisos e paredes), no sentido de proteger pacientes que, em casos de surtos agudos da doença, assumem posturas autodestrutivas. Esta sala pode ser localizada no Setor de Apoio Médico.

CLÍNICA PARA TRATAMENTO DE AUTISMO

HISTOGRAMAS

DIAGRAMA COMPOSTO

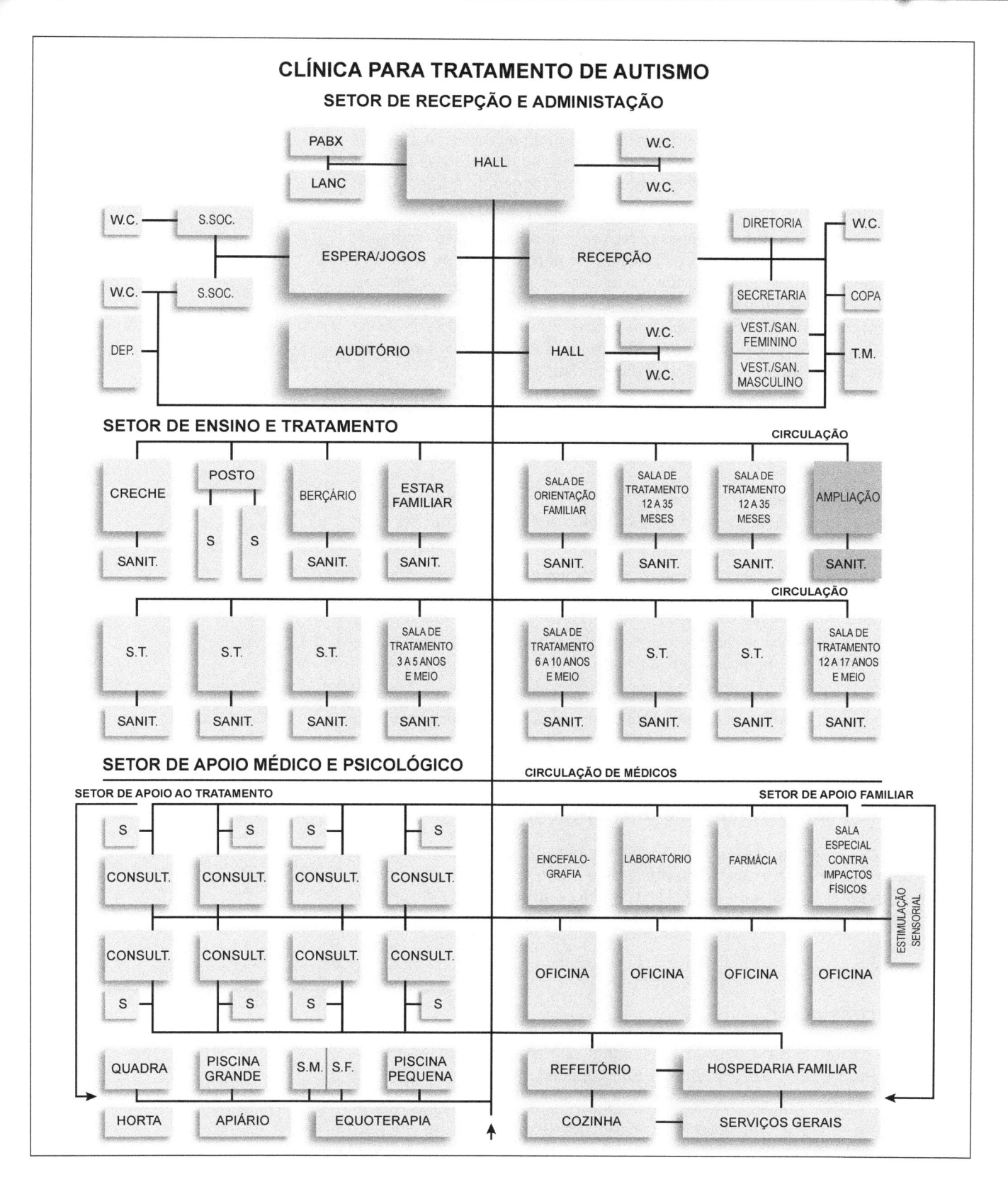

CLÍNICA PARA TRATAMENTO DE AUTISMO
SETOR DE RECEPÇÃO E ADMINISTAÇÃO

8 – Unidades de saúde, como valorizar o espaço

A importância do ambiente organizado e ordenado

É importante a **organização** do espaço em qualquer programa arquitetônico. Entende-se aí organização como a disposição no plano da correta interligação entre ambientes que formam o todo na função do edifício. Esse ponto é ainda mais importante em clínicas e hospitais.

Entretanto, o **ordenamento** é essencial, ou seja, o tratamento tridimensional do espaço, a sua fluidez, a possibilidade de permitir a quem o usufrui entendê-lo, a capacidade em "convidar" o usuário a percorrê-lo, o jogo de claro/escuro, a relação interno/externo, a aplicação correta e equilibrada das cores, a surpresa que pode ser criada com a variação na altura do pé-direito ou no tratamento adequado dos forros. São pontos importantes para criar uma atmosfera mais humana no interior das unidades de saúde.

Passamos por uma grande mudança de valores. Até há pouco tempo, o importante consistia de fachadas impressionantes, de espaços físicos superdimensionados, de monumentalidade, enfim. Hoje, procura-se o conforto, a intimidade e o bem-estar.

Nos dias de hoje, o homem, talvez esgotado por uma vida muito competitiva, violenta e conturbada, procura no seu hábitat melhores condições para sua paz de espírito.

Na arquitetura hospitalar, tais desejos são ampliados. As pessoas querem mais que um atendimento médico. Acima de tudo, desejam maior atenção e amparo. Procuram entender sua doença e como fazer para curarem-se. Essa nova forma no tratamento se reflete no ambiente hospitalar que precisa acompanhar essa evolução conceitual do tratamento.

A permanência num hospital, por si só, já é angustiante e, estando-se doente, o quadro é mais sério ainda. Assim, ampliar o cuidado, ao se projetar uma unidade de saúde, com este quadro narrado acima, é dever do arquiteto.

Mobiliário: fator de qualidade ambiental

Dotar o espaço de unidades de saúde com móveis bonitos e objetos agradáveis deixa o paciente mais à vontade e mais bem impressionado com o médico. Cuidar bem do seu espaço de trabalho é investimento de grande retorno financeiro. Afinal, passamos um terço do dia, ou mais, no ambiente de trabalho.

Pontos a considerar

- Espaços limitados: tirar partido das limitações. Procurar formas para associar beleza e conforto, sem perder a funcionalidade.

- Objetos de ambientação: deve-se evitar adquirir isoladamente objetos sem um projeto global de ambientação. É mais correto fazer o projeto e depois sair para comprá-los.

- Sofás e cadeiras: usar cores claras. Fica mais fácil compor com outros objetos, como os de arte, por exemplo. Adotar um tapete neutro. Evitar excessos com objetos, quadros etc. Lembrar que é uma clínica, não uma galeria ou loja de decoração. Móveis e objetos com quinas arredondadas. Assentos altos ajudam os pacientes com dificuldade para sentar-se.

- Obras de arte: pintura em quadros: depende muito da personalidade e da mensagem que o médico quer passar para o paciente. Melhor pecar pela falta do que pelo excesso. Como exemplos:

- Clínica pediátrica: quadros com crianças.

- Clínica ginecológica: obras com figuras femininas.

- Cuidado com o balcão de atendimento. É o primeiro contato com o paciente. Prever alturas diferentes para o trabalho em pé e sentado dos atendentes. Deixar todos os equipamentos, tais como computadores, impressoras, telefones, máquinas de leitura ótica etc., bem encaixados. Não deixar fios aparentes.

- Cuidados adicionais com pessoas portadoras de algum tipo de necessidade especial: portas, sanitários, telefones etc.

- Persianas laváveis, de PVC. Facilitam a manutenção.

- Pisos antiderrapantes. Facilidade de limpeza.

- Tapetes devem ser usados moderadamente. Antiderrapantes. Nunca usá-los nas salas de exame.

- Maçanetas nas portas e metais sanitários devem ser fáceis de manusear. Nunca usar maçanetas de bola.

- Mesas de apoio para objetos da clínica e dos pacientes.

- Sanitários apropriados para crianças. Convém utilizar brinquedos na sala de espera.

- Deixar espaço para lanchonete, mesmo pequena, fora do ambiente mas próxima da sala de espera.

- Música ambiente ou TV.

- Boa iluminação.

Iluminação

- Hospitais, clínicas médicas e consultórios devem proporcionar bem-estar e tranquilidade aos pacientes. A saúde exige ambientes arejados, limpos, luz natural, ou adequadamente iluminados. Também que sejam confortáveis, agradáveis e inteligentes. São itens que permitem o bom desempenho de profissionais, funcionários e pacientes. Diante dessas premissas, a iluminação é um componente importantíssimo.

- A iluminação representa um dos mais importantes componentes de um ambiente. Essa importância é maior nos estabelecimentos assistenciais de saúde. Uma boa iluminação valoriza e revela o ritmo do espaço: as sombras, formas, texturas, proporções e determina as sensações de bem-estar, conforto e motivação.

- A iluminação provoca reações emocionais negativas ou positivas. Ambientes com luz fria, isto é, luz branca azulada, provocam irritação, inquietação, incutindo muitas vezes o desejo de sair. A luz amarela, por outro lado, provoca a sensação de aconchego, relaxamento e desejo de permanecer no local.

- Não esquecer as Normas Técnicas. Elas ajudam a executar as tarefas e o dimensionamento dos níveis de iluminação de forma adequada.

- Projetar corretamente para que o nível de iluminação não fique abaixo do exigido, provocando cansaço e/ou fadiga visual e, em caso contrário, muito alto, provocando ofuscamento. A iluminação deve permitir que pessoas e objetos sejam vistos da forma mais natural possível.

- Outro ponto importante é definir a temperatura da cor (em graus Kelvin). Para clima aconchegante 3.000 K. Clima frio e estimulante 4.000 K. Para evitar interferência na aparência das cores a temperatura em torno de 3.500 K é neutra.

- Uma iluminação de uniformidade baixa, pontual e com alta intensidade nas paredes, executada com lâmpadas de aparência morna, provocará a sensação de relaxamento.

- Altas iluminâncias no plano horizontal e nas partes centrais do ambiente, com luz uniforme nas paredes utilizando lâmpadas de cor neutra ou fria, darão sensação de ampla claridade. Convém salientar, entretanto, que a qualidade de uma iluminação não é obtida apenas com os níveis de iluminâncias indicadas pelas normas, mas com criatividade e quando possibilita sensações positivas de agradabilidade às pessoas.

- A utilização de iluminação pontual de baixa intensidade próxima dos ocupantes e alta no entorno, seja em objetos ou quadros, sugere a sensação de intimidade. Ao contrário, a ampliação espacial é obtida com iluminação uniforme com lâmpadas de cor fria, sem contrastes.

- Não esquecer o custo da energia. Sistemas múltiplos de iluminação custam caro. Manutenção também, principalmente em ambientes que exigem longa utilização de iluminação artificial. Num período de crise energética, como o que vivenciamos ainda, é mais importante a utilização de iluminação natural.

- Controles eletrônicos para fluxos luminosos utilizados em equilíbrio com a intensidade da luz solar, sensores de presença, controle individual de luminárias, entre outros, são recursos que racionalizam o consumo de energia, o aumento da vida útil das lâmpadas e o atendimento às tarefas solicitadas pelo ambiente.

- Importante o equilíbrio de luzes e cores no ambiente. Cores escuras absorvem mais luz e cores claras devolvem a luz ao ambiente acarretando um número menor de luminárias e gastos com material. Uma boa medida é projetar um ambiente monocromático, ou todo branco, que provoque e transmita sensação de assepsia, uniformidade e leveza, onde eventuais pontos de destaque possam ser quebrados com luz quente.

- As lâmpadas mais utilizadas atualmente, quando se deseja provocar a sensação de conforto e relaxamento, são as dicróicas e as halógenas. As fluorescentes compactas e tubulares cuja aparência de cor é mais quente.

- Prever opções para luz de espera, exames, descanço e leitura.

- Nos ambientes de unidades de saúde, notadamente apartamentos e enfermarias de hospitais, onde o foco de atenção é o teto, pode-se criar pontos de interesse para ajudar o paciente a se concentrar em outra coisa que não seja a sua enfermidade. Essa importância aumenta na pediatria.

- Na sala de espera, usar luz direta, com o máximo de claridade, adicionando-se um mix de luz fria com luz amarela (incandescente ou dicróica), o que provoca um ambiente aconchegante.

- Recepção deve ser bem iluminada.

- A sala de atendimento pede uma iluminação eficiente, econômica e com o nível mínimo necessário para as tarefas a serem executadas pelo médico. ABNT e a RDC 50 indicam o nível.

- A iluminação da fachada é importante. Deve valorizar a arquitetura do prédio, estabelecer uma relação de confiança com o paciente, proporcionando uma boa imagem da unidade. Aí se dá a primeira impressão, que é a que fica. A iluminação deve "convidar" o paciente a entrar.

- Iluminação na área médica: o que evitar:

  - Lâmpadas com baixa reprodução de cores, pois alteram estas.

  - Lâmpadas com tom azulado, pois deixam o ambiente impessoal e frio.

  - Lâmpadas e luminárias que ofuscam e criam sombras e reflexos indesejáveis.

  - Reatores eletromagnéticos que fazem ruído e piscam.

  - Iluminação que não esteja integrada com a arquitetura e que prejudique a ambientação e o paisagismo.

  - Vidro colorido. Os incolores permitem melhor aproveitamento da luz natural.

  - Cortinas grossas, pois impedem a passagem da luz. Cortinas finas, ao contrário, ajudam na iluminação natural.

Tipos de lâmpadas

Os gastos com iluminação correspondem a 30% da energia consumida em uma residência. Daí a importância de, a partir do projeto, existir a preocupação de se adotar partido arquitetônico com o máximo de utilização das energias ditas passivas. Numa clínica, como num hospital, outros itens, como equipamentos, área industrial etc. demandam grandes quantidades de energia, para não falar nos ambientes que exigem climatização como centros cirúrgicos, centros obstétricos, UTI's etc. É, portanto, uma boa prática economizar onde for possível, sem prejuízo para o funcionamento da unidade de saúde. Já existem programas de computador que controlam os gastos com iluminação a partir do prazo de vida útil das lâmpadas. Estas são, ou devem ser, substituídas quando atingirem 80% da sua capacidade, sendo então substituídas e aproveitadas, nos 20% restantes, em áreas onde o seu nível de iluminação não seja exigido, ou seja, pelo menos em menor intensidade. Circulações, por exemplo.

- **Lâmpadas incandescentes**: emitem um tom de luz amarelado. Indicadas para criar um clima aconchegante, principalmente em salas de estar, jantar e dormitórios. Consomem mais energia que as fluorescentes. Podem ter sua potência reduzida, utilizando-se um dimmer. As do tipo spot são muito utilizadas na iluminação de espelhos, em camarins, closets etc. Vida útil: 750 a 1.000 horas (modelo convencional clássico).

- **Lâmpadas fluorescentes**: mais econômicas que as incandescentes. Para alguns autores em até 80%. São mais utilizadas em locais que precisem de iluminação constante: as de tom branco em cozinhas, lavanderias e escritórios. Para salas e quartos, o tom amarelado é mais indicado. Vida útil: 10.000 horas.

- **Lâmpadas halógenas**: tipo de lâmpadas incandescentes que funcionam com gases, que têm a capacidade de aumentar a durabilidade por três em relação à incandescente comum. As do tipo refletor servem para realçar objetos e detalhes arquitetônicos. O tipo palito é mais utilizado em arandelas e luminárias pequenas. Vida útil: 1.500 horas (bipino) a 3.000 horas (refletoras).

- **Dicróicas**: lâmpadas halógenas com facho de luz de abertura entre 10° e 60°. Os ângulos menores são ideais para destacar obras de arte. São revestidas de um material refletor para redução do calor. Precisam de transformador para funcionar na tensão da rede. Vida útil: 2.000 a 5.000 horas.

Cores e plantas

Em clínicas, tanto para ambientes pequenos como grandes, uma boa escolha é a utilização de tons pastel, como salmão, verde-claro, azul e lilás, na sua tonalidade mais clara.

O verde traz segurança e aumenta a concentração e o azul acalma. Dependendo do ambiente ou da especialidade médica, pode-se adotar cores mais alegres e vibrantes para alegrar o ambiente. Clínicas pediátricas e oncológicas pedem ambientes alegres. O lilás, presença de todas as cores, é muito indicado para UTIs e salas de exames. Propriedades sedativas e relaxantes. Associado ao amarelo, em proporções menores, produz uma boa combinação.

Cuidado com as portas e janelas. Devem combinar com as cores do ambiente. Para dar contraste, pode-se usar a mesma cor do ambiente, em tons mais escuros, em persianas, divisórias e cortinas com o cuidado de não esquecer que pacientes associam cores claras à ideia de limpeza.

Efeito de algumas cores sobre as pessoas

Cores quentes:

Vermelho

A cor que mais chama a atenção. Está associada à corrente sanguínea e ao desempenho físico. Estimula a agressividade.

Amarelo

Antidepressiva. A cor do intelecto. Estimula a concentração e a criatividade e tem forte influência sobre o aparelho digestivo.

Laranja

Boa para ambientes festivos. Cor da alegria e da jovialidade. Abre o apetite e aumenta a produção de leite materno na gestação.

Preto

Devido ao efeito isolante, evita os efeitos maléficos ou benéficos das cores presentes em um determinado ambiente.

Cores frias:

Verde

Equilíbrio. Acalma. Usada em excesso pode causar depressão. É cicatrizante e ajuda no tratamento da hipertensão.

Azul

Calmante, é usada em terapias de distúrbios psíquicos e agitações. Em excesso, pode levar à depressão.

Índigo

Mistura azul e vermelho. É a cor do brainstorming: estimula a atividade celebral, a criatividade e a imaginação.

Violeta

Cor da transmutação, da mudança. É bactericida e antisséptica, além de estimular a criatividade cerebral.

Lilás

Propriedades sedativas. Ajuda a pessoa a relaxar. Cor muito usada em ambientes de CTI e UTIs.

Branco

Cor neutra. Soma de todas as cores. É um caminho aberto às radiações. Quem usa branco fica mais exposto à ação de todas as cores.

Plantas

Para criar um contraste com as cores claras do ambiente, é interessante compor o local com plantas, naturais de preferência. As artificiais devem ser adotadas em casos excepcionais. Quando não houver tempo de cuidar das naturais, as artificiais são uma boa opção.

Consultórios e clínicas pediátricas não devem ser decorados com plantas tóxicas, por razões óbvias.

Flores com muito pólen ou odor muito fortes devem ser evitadas, por causarem alergias. Na possibilidade de existir um local como pergolado, por exemplo, pode-se colocar ali toda a vegetação, desde que visível para a sala de espera ou ambientes como salas de exames.

Cuidado para não pôr plantas pequenas em locais grandes e plantas grandes em locais pequenos. Enfim, o bom senso deve prevalecer.

Essas são algumas sugestões. O ideal é o estudo caso a caso, pois pode variar de região para região e até de cidade para cidade. O importante é que o tratamento de cores dado a qualquer unidade de saúde não seja isolado do conjunto, incluindo aí a vegetação.

Capítulo 3

Unidades de Saúde – Privadas

Uma abordagem preliminar

Como já foi visto, o processo de sucateamento da Rede Pública de Saúde e, paralelamente, os planos e seguros de saúde, possibilitaram o surgimento, no país todo, de uma grande quantidade de clínicas e hospitais privados para atender esta demanda.

São estruturas, muitas vezes, de um elevado nível de complexidade, exigindo um considerável aporte financeiro e uma gama variada de serviços especializados para o seu planejamento e execução.

Embora os órgãos de financiamento, como o BNDES, por exemplo, exijam uma pesquisa de mercado para aprovar a implantação, principalmente, das estruturas mais complexas, muitos empreendedores seguem caminhos aleatórios, na base do *"feeling"* para viabilizar os seus empreendimentos. Com as devidas exceções, é o caso mais comum que ocorre com as clínicas especializadas e de menor porte. É constante o fato de não existir nenhum profissional orientando a construção desses equipamentos. A improvisação é uma regra. No mais das vezes, chama-se o profissional quando o problema já está instalado e o remendo é inevitável. Chama-se, então, um "decorador" para maquiar o "defeito".

Constatamos tal fato, ao ministrar cursos de arquitetura hospitalar, clínicas e laboratórios em todo o país. Em muitos casos, as clínicas são adaptadas em edifícios, cuja destinação inicial em nada remete a uma unidade de saúde, ou então, são construídas sob o "traço" do proprietário.

É um fato típico de falta de informação. De um modo geral, projetos arquitetônicos e complementares custam, no máximo, 5% do valor da obra. Gasta-se, às vezes, mais com a comissão de um corretor, quando este é acionado para obter um terreno ou intermediar a aquisição de um imóvel onde se deseja colocar a unidade.

Desmistificando a dicotomia entre público e privado – no fundo, um falso dilema – no atendimento primário e secundário, a estrutura de um posto ou centro de saúde tem o seu equivalente, no setor privado, nessas clínicas. A diferença é que as últimas fazem um atendimento especializado, o que não pode ocorrer na rede pública, com atendimento mais universal. É o mesmo caso dos ambulatórios gerais e seu correspondente privado, os chamados Centros de Diagnóstico, tão em moda hoje em dia.

A diferença se estabelece, ao nível operacional, no atendimento seletivo e exclusivo a planos de saúde, na sofisticação de certos equipamentos e procedimentos. No plano da estrutura física, essa diferença é notada, se o edifício é projetado, já a partir do agenciamento e integração com o espaço urbano, na qualidade do material, na organização e ordenamento do espaço interno e na sofisticação do mobiliário, entre outros itens.

Basicamente, as abordagens urbanística e arquitetônica feitas no capítulo 4, para Unidades Públicas de Saúde Primárias e Secundárias, não diferem das privadas.

I – Clínica cardiológica

Cardiologia: Estudo do coração e das funções por ele desempenhadas. Parte da Medicina que se ocupa das afecções do coração e dos grandes vasos (*Novo Dicionário Aurélio da Língua Portuguesa*, 2. ed., Rio de Janeiro, Nova Fronteira).

Uma clínica cardiológica pode ser formada isoladamente por um especialista titular e alguns auxiliares, como por uma equipe de médicos da mesma especialidade, paramédicos e equipe de enfermagem, para o atendimento clínico do paciente. Atualmente, entretanto, o conceito de clínica cardiológica ampliou-se. Além do atendimento clínico, são feitas avaliações cardiológicas com suporte tecnológico extremamente sofisticado, incluindo-se desde eletrocardiógrafos de alta precisão até equipamentos de fisioterapia controlados por computadores capazes de realizar vários tipos de exames.

Este novo conceito pressupõe a existência de uma retaguarda hospitalar, com extensão da clínica ou mediante convênio, onde podem ser realizadas as intervenções mais complexas, como angioplastias, intervenções cirúrgicas ou transplantes.

Tradicionalmente, essas clínicas eram implantadas em edifícios adaptados. Geralmente, grandes residências com aposentos que se transformavam em consultórios e/ou dependências de apoio. A introdução de equipamentos de alta tecnologia para auxiliar no diagnóstico e a presença cada vez maior da informática vêm, progressivamente, exigindo o planejamento, principalmente o físico, da implantação dessas unidades de saúde.

A preocupação com estacionamento, um ambiente mais humanizado e de aspecto espacial atraente que ofereça maiores comodidades ao cliente passou a nortear exigências além das puramente médicas.

Planos e seguros privados de saúde incentivaram as construções dessas unidades de saúde.

ÁREA: 400 A 500 m^2.

Essa área pode variar em função do número de consultórios e da existência de um laboratório de patologia clínica, conforme mostrado na programação abaixo. Ver Desenho n° 11.

Programa:

Área, Dimensões Mínimas, Instalações e Observações.

Equipamentos mais usados na avaliação cardiológica:

Ecocardiógrafo, balança antropométrica, bicicleta ergométrica, esteira antropométrica, microcomputador com programa de avaliação cardiológica com sistema multicanal para acompanhamento de teste ergométrico, exames de estimulação transesofágica e avaliação de marcapasso, esfigmomanômetro de pedestal, desfribrilador, negatoscópio. Entre os fatores favoráveis, há o de implantar um ambiente o mais agradável possível colocando diante das esteiras, por exemplo, imagens de paisagens virtuais que deem a sensação, ao paciente, de que se encontra praticando o seu exercício ao ar livre.

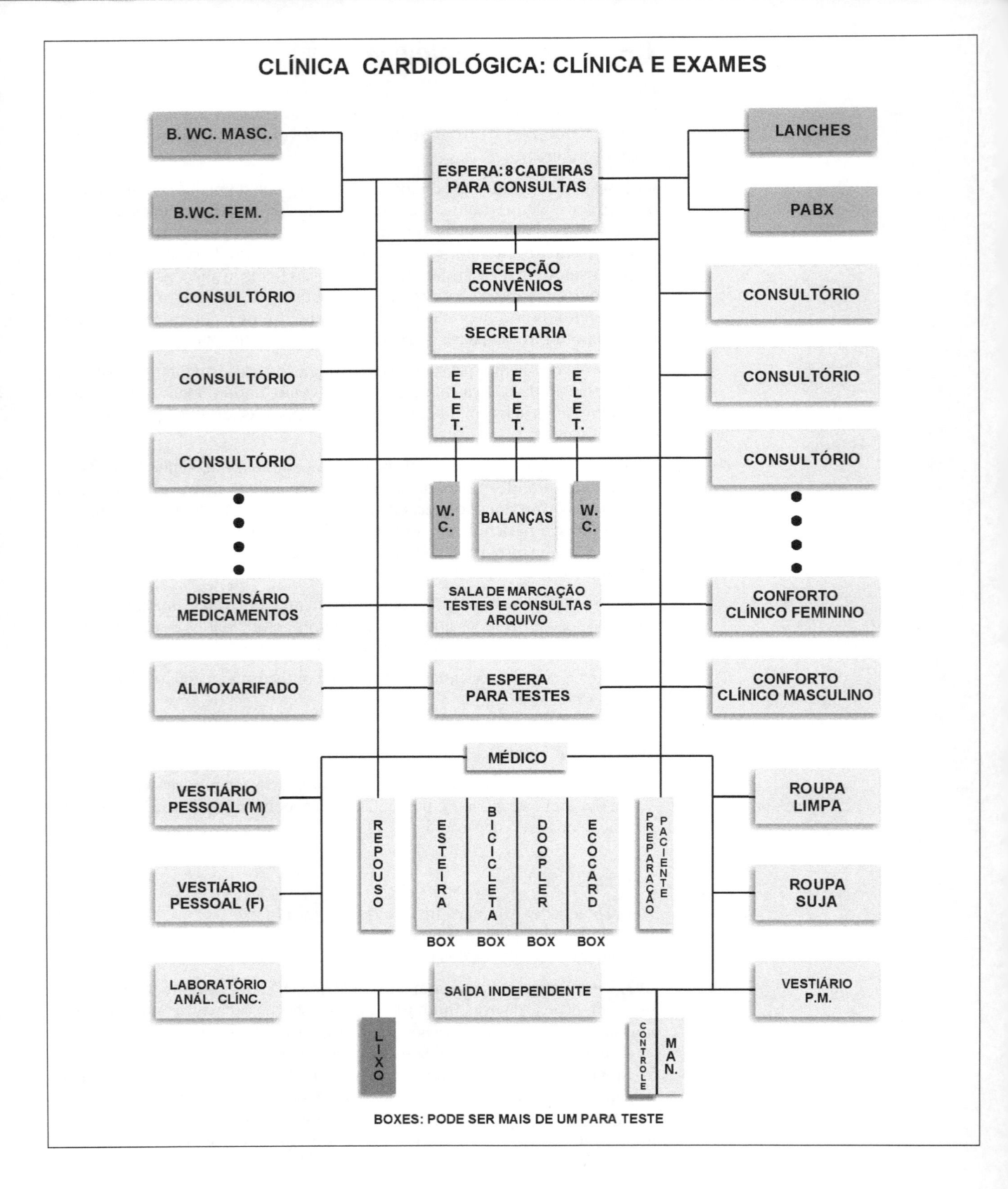

CLÍNICA CARDIOLÓGICA: CLÍNICA E EXAMES

BOXES: PODE SER MAIS DE UM PARA TESTE

Clínica Cardiológica

AMBIENTE	ÁREA M²	DIM. MÍN.	INSTALAÇÕES	OBSERVAÇÕES
Espera	36,96	4,80 x 8,40	HF, AC, TV, IE	Aproximadamente 1,50 por paciente. 4 pacientes/hora em função de 16 pacientes/ turno por consultório
Recepção Convênios	6,64	1,80 x 4,80	HF, AC, IE	
Secretaria	17,28	3,60 x 4,80	HF, AC, IE	
PABX	5,76	2,40 x 2,40	HF, AC, IE	
W.C. masculino	5,76	2,40 x 2,40	IE, HF, HE	
W.C. feminino	5,76	2,40 x 2,40	IE, HF, HE	
Box para eletrocardiógrafo	6,00	2,00 x 3,00	IE, ED, AC	1 para 2 consultórios indiferenciado
Balança antropométrica	1,44	1,20 x 1,20	IE, AC	1 para cada 3 consultórios
Consultório indiferenciado	12,00	3,00 x 4,00	IE, AC	Número a depender da administração da clínica
Conforto clínico masculino	17,28	3,60 x 4,80	IE, AC, HF	
Conforto clínico feminino	17,28	3,60 x 4,80	IE, AC, HF	
Dispensário de medicamentos	5,76	2,40 x 2,40	IE, IT	
Arquivo	17,52	2,40 x 4,80	IE	
Espera para teste geral	28,80	4,80 x 6,00	IE, AC	Geral com triagem
Espera para testes	5,76	2,40 x 2,40	IE, AC	Pós-triagem
Sala de testes e avaliação cardiográfica	65,12	7,20 x 9,60	ID, ED, AC, ADE	

(*continua*)

Clínica Cardiológica (*continuação*)

AMBIENTE	ÁREA M²	DIM. MÍN.	INSTALAÇÕES	OBSERVAÇÕES
Preparação do paciente masculino	9,00	3,00 x 3,00	HF, HQ, IE	Com sanitário
Preparação do paciente feminino	9,00	3,00 x 3,00	HF, HQ, IE	Com sanitário
Box de avaliação	5,96	1,80 x 2,00	IE, ED, AC	Mínimo 1 por tipologia
Salas de repouso	12,96	3,60 x 3,60	IE, AC	Mínimo 1 por sexo, 1 por tipo de teste
Roupa limpa	2,88	1,20 x 2,40	IE	1 por especialidade
Roupa suja	2,88	1,20 x 2,40	IE	1 por especialidade
Vestiário pessoal	17,28	3,60 x 4,80	IE, HF, HQ	1 por sexo
Laboratório de patologia clínica	33,00	5,00 x 6,00 2,40 x 2,40	IE, ED, IT, HF, HQ, AC	Opcional/pequeno porte ou apenas local para coleta
Almoxarifado	17,28	3,60 x 4,80	IE	
Manutenção	25,04	4,80 x 4,80	IE, ED, HF, HQ, ADE	Prevê W.C. para pessoal da manutenção
Controle	11,52	2,40 x 2,40	IE	
Lixo	5,76	2,40 x 2,40	IE, AC, HF	
Copa	5,76	2,40 x 2,40	HF, HQ, IE, HE	
Saída independente	–	–	–	Objetivo: evitar o cruzamento de pacientes que estão saindo e entrando na clínica

2 – Clínica de cirurgia plástica

Cirurgia plástica: tipo de cirurgia realizada para correção de alguma deformação congênita ou provocada por agentes externos (acidentes, queimaduras, entre outros). São chamadas cirurgias reparadoras, em contraposição às chamadas cirurgias estéticas, realizadas com preocupações de aperfeiçoamento físico, rejuvenescimento e, até, mudança de sexo.

A vida moderna tem se caracterizado por uma grande preocupação das pessoas, de ambos os sexos, com o aprimoramento estético de seu corpo.

A urbanização, separando, muitas vezes, o homem da natureza, deixa como último elemento natural para ele o seu próprio corpo, que vem sendo utilizado ou usado de todas as formas possíveis e imagináveis. Uns querendo aperfeiçoá-lo ou embelezá-lo, outros até mutilando-o, mas sempre no sentido de transformá-lo esteticamente.

O aumento da taxa média na expectativa de vida também é outro fator que muito contribui para o grande número de cirurgias plásticas estéticas, quando muitos idosos procuram o prolongamento superficial da juventude.

Outros fatores exigem as chamadas cirurgias reparadoras: acidentes de trânsito, queimaduras, má formação congênita, estão entre os casos mais comuns.

Diante dessa realidade, multiplicaram-se, por todo o país, as clínicas de cirurgia plástica, executando todo o processo de tratamento, ou seja diagnóstico/avaliação, pré-operatório, operatório e pós-operatório. Outras têm prestado serviços associados a SPAs urbanos, onde são realizados tratamentos complementares.

Essas clínicas são estruturas com até 30 leitos e, geralmente, bem equipadas. Algumas restrições são feitas a elas, pelo fato de, realizando, algumas vezes, cirurgias de certa complexidade, não disporem de uma UTI na eventualidade de algum acidente cirúrgico, como um choque anafilático, por exemplo. Nessa linha, alguns casos que vieram ao conhecimento público despertaram a atenção das autoridades sanitárias no sentido de exigir melhor estruturação dessas unidades de saúde.

Como uma U.T.I. só se justifica em hospitais de capacidade superior a 100 leitos e a maioria das cirurgias plásticas, sejam elas estéticas ou reparadoras, são de pequeno porte, certamente haverá uma ociosidade de equipamentos, com prejuízos para o seu ou seus titulares.

Nesse caso, antes de implantar uma clínica desse porte, onde um centro cirúrgico em funcionamento demanda outros tipos de atendimento como internação, lavanderia, serviço de nutrição e dietética, centro de material esterilizado etc., convém analisar com cuidado a viabilidade do investimento.

Muitas vezes é mais vantajoso implantar uma clínica para procedimentos de avaliação/pré-operatório e pós-operatório e utilizar uma estrutura hospitalar para a realização dos procedimentos cirúrgicos.

Esses cuidados são necessários em função da baixa remuneração de alguns tipos de cirurgia plástica por planos de saúde. Alguns tipos de cirurgia não são nem contemplados. Mesmo no atendimento público, alguns trata-

mentos, como o de queimados, em geral longos e onerosos, sofrem com a falta de recursos.

Um fato, no entanto, é inegável: a enorme demanda por esses serviços. Daí os investimentos, cada vez maiores, no setor.

ÁREA: 1.500 a 2.000 m². Ver Desenhos nºs 18, 19, 20, 21 e 22.

Programa:

Área, Dimensões Mínimas, Instalações e Observações.

Observações:

Os equipamentos mais utilizados numa clínica de cirurgia plástica são os convencionais empregados nos procedimentos cirúrgicos, como os de uma sala de cirurgia e áreas de apoio, como autoclaves, por exemplo, no Centro de Material Esterilizado.

A presença da informática é fundamental pela utilização de softs muito sofisticados que, a partir da fotografia do paciente, ou de partes do seu corpo, principalmente aquele que vai ser cirurgiado, são comparados com modelos de alto padrão estético e semelhante às características mais aproximadas do seu perfil.

Outro serviço importante está relacionado aos procedimentos pré e pós-operatórios, nos quais uma equipe interdisciplinar, com dermatologistas, fisiologistas, esteticistas, psicólogos, entre outros, fornece um amplo suporte de apoio ao cirurgião.

A existência de uma sala especializada para fisioterapia apropriada para pacientes de cirurgia plástica é outro quesito importante.

A maioria das clínicas pesquisadas e que contavam com área de internação ressaltaram a importância de alojar os pacientes em apartamentos individualizados. Longe de ser uma medida elitista, esse procedimento está ligado aos fatores psicológicos decorrentes dos tipos de cirurgia e para evitar possíveis influências indesejáveis entre os pacientes.

Entretanto, como algumas clínicas privadas atendem ao SUS, admite-se a existência de algumas enfermarias que atendam, pelo menos, a 20% dos leitos.

Embora possam ser terceirizados, são importantes um laboratório de Patologia Clínica, mesmo de pequeno porte, serviços de Nutrição e Dietética e Processamento de Roupas.

Nunca é demais ressaltar a importância dos aspectos, externos e internos, da edificação. Mais do que em qualquer outra clínica, a imagem de uma unidade de cirurgia plástica deve ter um tratamento estético bem elaborado pelo arquiteto.

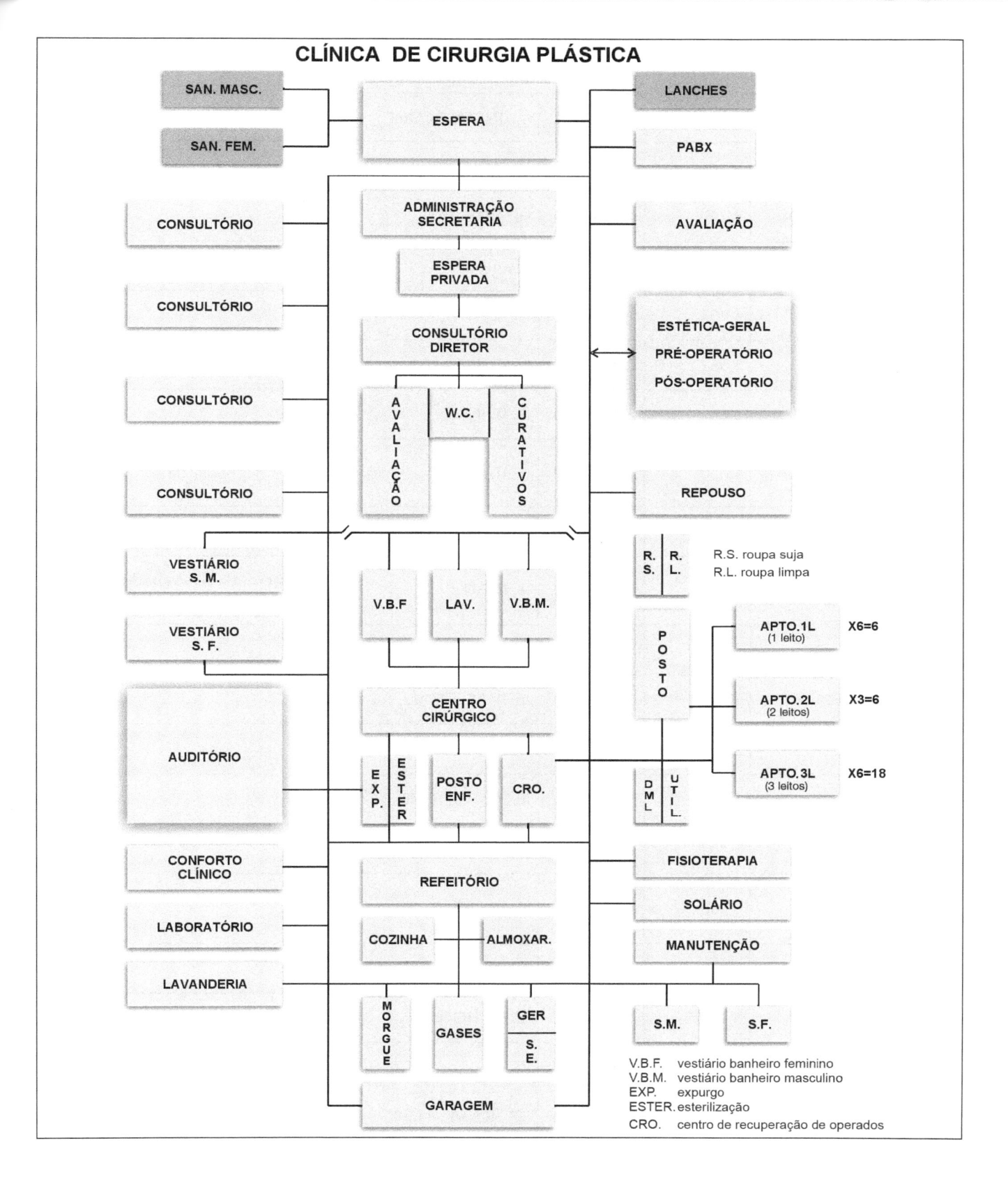

CLÍNICA DE CIRURGIA PLÁSTICA

R.S. roupa suja
R.L. roupa limpa

APTO.1L (1 leito) X6=6

APTO.2L (2 leitos) X3=6

APTO.3L (3 leitos) X6=18

V.B.F.   vestiário banheiro feminino
V.B.M. vestiário banheiro masculino
EXP.   expurgo
ESTER. esterilização
CRO.   centro de recuperação de operados

Clínica de Cirurgia Plástica, até 30 leitos

AMBIENTE	ÁREA M²	DIM. MÍN.	INSTALAÇÕES	OBSERVAÇÕES
Espera	36,96	4,80 x 8,40	HF, AC, TV, IE, IN	
W.C. público (M)	5,24	1,35 x 2,40	HF, HQ, HE, IE	
W.C. público (F)	5,24	1,35 x 2,40	Idem	
Lanchonete	8,40	2,40 x 3,50	HF, IE, HQ	
Recepção PABX	5,68	2,20 x 4,40	IE, IT, IN	
Secretaria	5,68	2,20 x 4,40	IE, IT, IN	
Consultório indiferenciado	13,50	3,00 x 4,40	IE, IT, AC, IN	Número a depender da administração
Espera reservada	13,50	3,00 x 4,00	IE, IT, IN	Para pacientes pós-operados
Consultório diferenciado	22,40	4,00 x 5,60	IE, IT, XC	Para o diretor da clínica pode ser adotado AC central
Sala de exames	12,00	3,00 x 4,00	IE, IT,ED, HF, AC	
Sala de curativos	12,00	3,00 x 4,00	IE, IT, ES, HF, HQ, AC	
W.C. diretor	2,25	1,35 x 1,50	IE, HF, HE, AC	
Estética geral	21,60	4,00 x 5,40	IE, HF, HQ, IT, HE. AC	
Primeira avaliação	8,40	2,70 x 3,00	IE	
Pré-operatório Pós-operatório	18,00	3,00 x 5,40	IE, HF, HQ, IT	
Relax	8,40	2,70 x 3,00	IE, IN, ADE	
W.C. estética	5,40	1,35 x 2,40	IE, HF, HQ, HE	
Sala de espera	16,00	4,00 x 4,00	IG, IN	
Vestiário médico	4,00	2,00 x 2,00	HF, HQ, HE, IN, IT	

(continua)

Clínica de Cirurgia Plástica, até 30 leitos *(continuação)*

AMBIENTE	ÁREA M²	DIM. MÍN.	INSTALAÇÕES	OBSERVAÇÕES
Sala de pequenas cirurgias	16,00	4,00 x 4,00	FO, FN, FAM, FVC, AC, EE, ED, ADE, E	
Laboratório de patologia clínica	32,25	Variável	HF, HQ, HE, AC, FA (F), IE, HD	
Refeitório	12,00	3,00 x 4,00	IE, HF, HE, HQ, AC	
Nutrição e dietética	44,00	6,00 x 7,00	HF, HQ, HE, IE, ED FG, E	
Lavanderia Lavagem/pré-lavagem	22,00 13,00	Variável	HF, HQ, HE, HR, FG, E	
W.C.	3,57	1,36 x 2,70	HF, IE, HE	
Rouparia	11,00	Variável	IE	
Almoxarifado	11,25	2,50 x 4,80	IE	
Dispensário de medicamentos	11,25	2,50 x 4,50	IE, AC	
Vestiário W.C. masculino	9,00	3,00 x 3,00	HF, HQ, HE, IE	
Vestiário W.C. feminino	9,00	3,00 x 3,00	Idem	
Morgue	9,00	3,00 x 3,00	HF, HQ, IE	
Gerador	13,50	3,00 x 4,70	IE, ED	
Gases	2,40	1,20 x 2,00	FG, FV, FA (M), FV (c), FO, FN	
Manutenção	12,00	3,00 x 4,00	IE, ED	
Centro cirúrgico grandes cirurgias	31,50	4,50 x 7,00	FO, FN, FAM, FVC, AC, EE, ED, ADE	1 sala
Centro cirúrgico pequenas cirurgias	26,00	4,00 x 6,00	FO, FN, FAM, FVC, AC, EE, ED, ADE	
Vestiários	6,00	2,00 x 3,00	HF, HQ, IE	1 por sexo

(continua)

Clínica de Cirurgia Plástica, até 30 leitos (*continuação*)

AMBIENTE	ÁREA M²	DIM. MÍN.	INSTALAÇÕES	OBSERVAÇÕES
Expurgo	7,20	2,50 x 3,00	HF, HQ, IE, FV (c)	
Esterilização	8,00	2,00 x 4,00	HF, HQ, IE, ED ADT, E	
Guarda e distribuição de materiais	9,00	2,00 x 4,50	IE	
Posto de enfermagem	5,00	2,00 x 2,50	IE, HF, HQ, IS, IT	
Apto de 1 leito Apto de 2 leitos	10,80	3,00 x 3,00 3,50 x 3,50	IE, IT, II IN, IR, IA, IC, IS, ED	2 x 1 = 2 3 x 2 = 6
Enf. de 2 leitos Enf. de 3 leitos	19,25 22,00	4,50 x 4,00 4,50 x 5,50	Idem	2 x 1 = 2 3 x 3 = 9
Suíte de 1 leito	18,40	Variável	Idem	2 x 1 = 2
Auditório	40,00	4,00 x 10,00	IE, IT, IN, IA, AC	
Reuniões	12,00	3,00 x 4,00	IE, AC, ED	
Fisioterapia	56,00	5,00 x 11,00	ADE	
W.C.	6,00	2,00 x 3,00	HF, HQ, HE	1 por sexo
Lanches	7,50	2,00 x 3,50	HF, HQ, HE	
Solário	20,00	10,00 x 2,00		
Lixo	9,00	3,00 x 3,00	HF, HQ, AC, IE	
Copa	4,60	2,00 x 2,40	HF, HQ, HE, IE	
Posto	5,00	2,00 x 2,50	IT, IE, HF, IN, IR, IT	
DML	2,40	1,30 x 2,00	IE, HF, HQ	
Rouparia	2,40	1,20 x 2,00	IE	
W.C.	2,40	1,20 x 2,00	HF, HQ, HG, IE	

3 – Clínica de fisioterapia

Fisioterapia: Parte da medicina que trata das doenças por agentes físicos (*Novo Dicionário Aurélio da Língua Portuguesa*, 2. ed., Rio de Janeiro, Nova Fronteira).

Fisiatras e fisioterapeutas têm tomado a iniciativa, ultimamente, de implantar clínicas de fisioterapia privadas e fora da estrutura hospitalar. Seguem a demanda existente proporcionada pelos planos e seguros de saúde. Procuram fornecer assim, o atendimento, muitas vezes inadequado, da rede pública, geralmente existente em ambulatórios e hospitais públicos ou conveniados com o SUS.

Na rede Pública de Saúde destaca-se a Rede Sarah Kubitschek com os tratamentos do aparelho locomotor, principalmente por meio da hidroterapia, entre outros.

Verifica-se um grande avanço nos processos e métodos de avaliação e tratamento, principalmente na introdução de equipamentos eletrônicos com suporte informatizado, nos novos conceitos de arteterapia, ludoterapia e na organização físico-espacial das clínicas.

Espaços mais abertos são integrados à natureza, o que estimula o paciente à sua recuperação e superação das limitações impostas pela enfermidade.

Algumas clínicas, pelo Brasil, têm ampliado a sua atuação, adotando práticas e serviços de academias de ginástica, procurando otimizar o uso dos equipamentos e dos espaços não só no tratamento, como também na prevenção de eventuais enfermidades.

ÁREA: Depende do conceito do tratamento que oferecer e dos equipamentos adotados. Abaixo está descrito um programa arquitetônico e suas dimensões como orientação para o planejamento de uma clínica desse tipo. Ver os modelos de ambientes nos Desenhos nº 25 a 32.

Programa:

Área, Dimensões Mínimas, Instalações e Observações.

Equipamentos mais utilizados por área de tratamento

Eletroterapia
Estimulador neuromuscular, entorses e fraturas, cicatrização de tecidos lesados, estimulação transcutânea, lesões de tecidos moles, tendões e ligamentos.

Hidroterapia
Pedilúvios, banho de mãos, turbilhão para membros inferiores, massagens, duchas e turbilhão de corpo inteiro. Tanque de Hubbard, piscinas.

Termoterapia
Forno de Bier, ultravioleta, infravermelho, banho de parafina, duchas.

Mecanoterapia

Escada de Canto, jogo de polias, roda de ombro, mesa de tração cervical e lombar, barras de Ling, bicicleta ergométrica, mesa ortostática, exercitadores de pés, pranchas de quadrípedes, aparelho de Bonnet duplo, plataforma de eversão, tablados.

Mobilização

Método Pilates e Unweighting System.

Aparelhos de avaliação isocinéticos

Joelho, tornozelo, punho, ombro, coluna, simulação de trabalho e levantamento de peso.

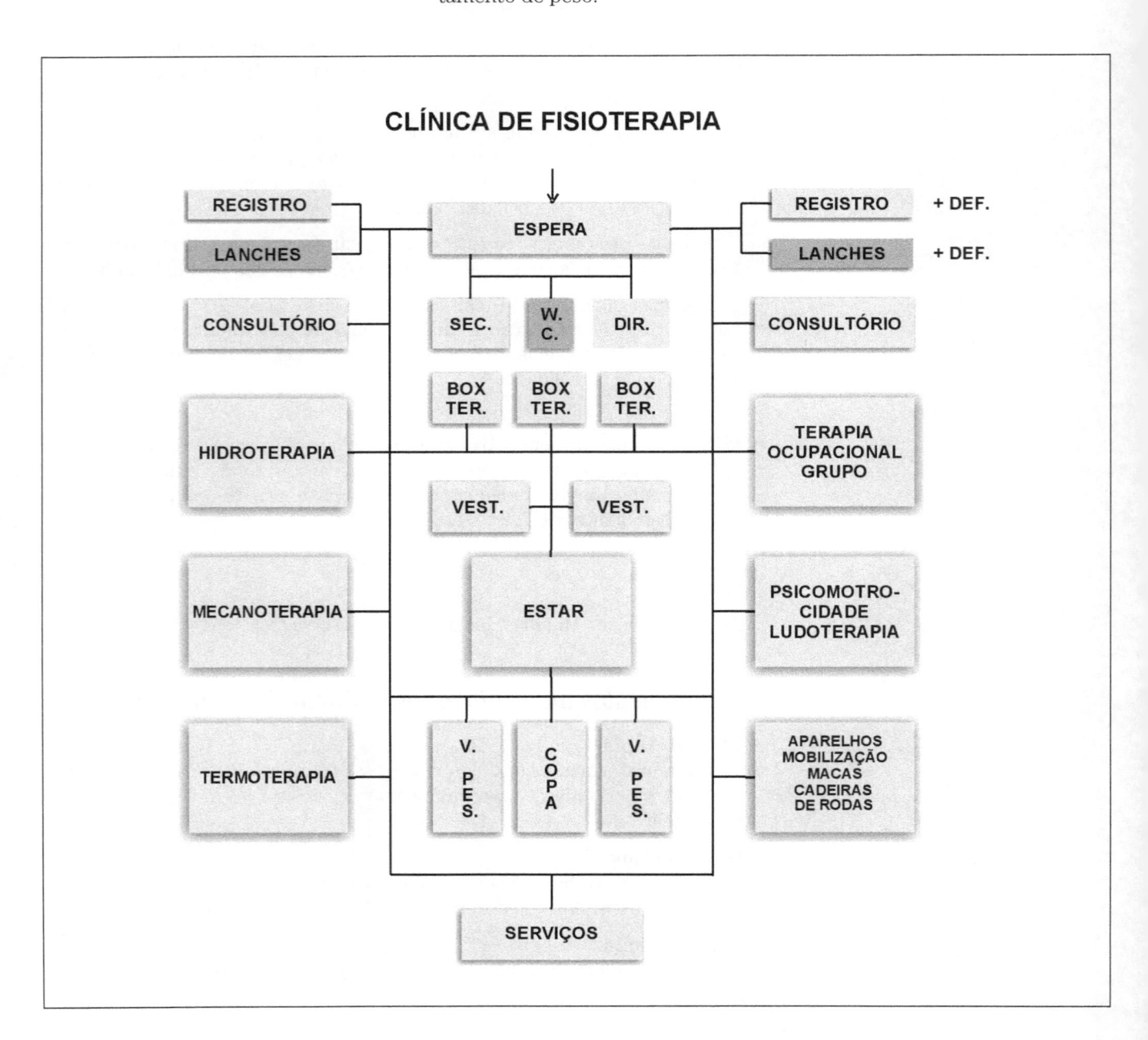

Clínica de Fisioterapia

AMBIENTE	ÁREA M²	DIM. MÍN.	INSTALAÇÕES	OBSERVAÇÕES
Módulo eletroterapia				**10 boxes**
Box para estimulador neuromuscular	4,50	1,80 x 2,50	IE, ADE	Mínimo 2 boxes
Box para entorses e fraturas	4,50	1,80 x 2,50	IE, ADE	Idem
Box para cicatrização de tecidos lesados	4,50	1,80 x 3,50	IE, ADE	Idem
Box para estimulador neuro-muscular	4,50	1,80 x 2,50	IE, ADE	Idem
Box para lesões de tecidos moles, tendões e ligamentos	4,50	1,80 x 2,50	IE, ADE	Idem
Módulo termoterapia				**6 boxes**
Box para forno de Bier	6,25	2,50 x 2,50	IE, ADE	1 box
Box para ultravioleta	6,25	2,50 x 2,50	IE, ADE	1 box
Box para infravermelho	6,25	2,50 x 2,50	IE, ADE	1 box
Box para duchas	6,25	2,50 x 2,50	IE, HF, HQ, HE, ADE	1 box
Box para banho de parafina	6,25	2,50 x 2,50	IE, ADE	2 boxes
Módulo de hidroterapia				
Box para pedilúvios	6,25	2,50 x 2,50	IE, ADE	1 box
Box para banho mãos	6,25	2,50 x 2,50	IE, HF, HQ, HE, ADE	1 box
Box de turbilhão para membros inferiores	6,25	2,50 x 2,50	IE, HF, HQ, HE	1 box
Box pra turbilhão corpo inteiro	6,25	2,50 x 2,50	IE, HF, HQ, HE, ADE	1 box
Box para massagens	6,25	2,50 x 2,50	IE, ADE	1 box
Box para duchas	6,25	2,50 x 2,50	IE, HF, HQ, HE, ADE	1 box

(continua)

Clínica de Fisioterapia (*continuação*)

AMBIENTE	ÁREA M^2	DIM. MÍN.	INSTALAÇÕES	OBSERVAÇÕES
Piscina		Variável	IE, HF, HQ, HE, ADE	A depender do programa da clínica
Tanque de Hubbard	12,96	3,60 x 3,60	IE, HF, HQ, HE ADE	
Tanques especiais	12,96	3,60 x 3,60	IE, HF, HQ, HE, ADE	
Módulo Mecanoterapia				
Box para escada de canto	6,25	2,50 x 2,50	IE	
Box para jodo de polias	6,25	2,50 x 2,50	IE, ADE	
Box para roda de ombro	6,25	2,50 x 2,50	IE, ADE	
Box para tração cervical e lombar	6,25	2,50 x 2,50	IE, ADE	
Box para barras de Ling	6,25	2,50 x 2,50	IE, ADE	
Box para bicicleta ergométrica	6,25	2,50 x 2,50	IE, ADE	
Mesa ortostática	6,25	2,50 x 2,50	IE, ADE	
Exercitadores de pés	6,25	2,50 x 2,50	IE, ADE	
Pranchas quadríceps	6,25	2,50 x 2,50	IE, ADE	
Aparelho de Bonnet duplo	6,25	2,50 x 2,50	IE, ADE	
Tablado	6,25	2,50 x 2,50	IE, ADE	
Plataforma eversão	6,25	2,50 x 2,50	IE, ADE	
Barras paralelas	51,84	7,20 x 7,20	IE, ADE	1 pode ser junto, Unweighting
Unweighting System	51,84	7,20 x 7,20	–	1
Cadeira de rodas	–	Variável	–	A depender da clínica
Andajar	–	Variável	–	1 para adultos e 1 para crianças
Pilates	–	Variável	–	

(*continua*)

Clínica de Fisioterapia (continuação)				
AMBIENTE	ÁREA M^2	DIM. MÍN.	INSTALAÇÕES	OBSERVAÇÕES
Ambientes gerais e de apoio				
Espera geral	40,32	4,80 x 8,40		De acordo com a dimensão ou porte da clínica
W.C. público	23,04	4,80 x 4,80		1 por sexo (obs) sanitários para deficientes físicos
Recepção	6,48	1,80 x 3,60		
Diretoria	12,00	3,00 x 4,00		
Secretaria	28,80	4,80 x 6,00		
Consultório diferenciado	12,00	3,00 x 4,00		1 por terapia específica
Sala de terapia ocupacional	–	Variável		De acordo com o tipo de terapia
Psicomotricidade ludoterapia	–	Variável		Idem
Fonoaudióloga	–	Variável		Idem
Estar	40,32	4,80 x 4,80		
Vestiários, W.C.	23,04	4,80 x 4,80		1 por sexo para pacientes 1 por sexo para pessoal
Copa	5,76	2,40 x 2,40		
Depósito	–	Variável		
Oficina de reparos e serviços	–	Variável		
W.C. pessoal	23,04	4,80 x 4,80		1 por sexo
Atendimento externo	–	Variável		

4 – Clínica ginecológica

Ginecologia: Parte da medicina que trata das doenças privativas das mulheres (*Novo Dicionário Aurélio da Língua Portuguesa*, 2. ed., Rio de Janeiro, Nova Fronteira)

Uma Clínica Ginecológica deve oferecer todo o conforto possível às suas usuárias e pacientes. Além do consultório ou consultórios dos especialistas, deve proporcionar atendimento de ultrassonografia, mamografia, densitometria óssea, endoscopia digestiva e apoio psicológico.

Pode, igualmente, dispor de um laboratório de Patologia Clínica de pequeno porte ou estrutura de coleta de material necessário aos exames.

Um pequeno auditório, 20 pessoas no máximo, para palestras explicativas sobre algumas doenças e modo de preveni-las também é muito importante.

Além do(s) consultório(os), deve ser prevista uma sala de curativos para a realização de exames preventivos inerentes à mulher.

ÁREA: 200 a 300 m². Ver Desenho n° 31. Consultório Ginecológico.

Programa:

Área, Dimensões Mínimas, Instalações e Observações.

Observações:

Paralelamente aos equipamentos para exames por imagens, caso a clínica adote esses procedimentos, o Consultório Ginecológico deve possuir mesa especializada para exames da especialidade e um colposcópio. Deve funcionar sanitário anexo.

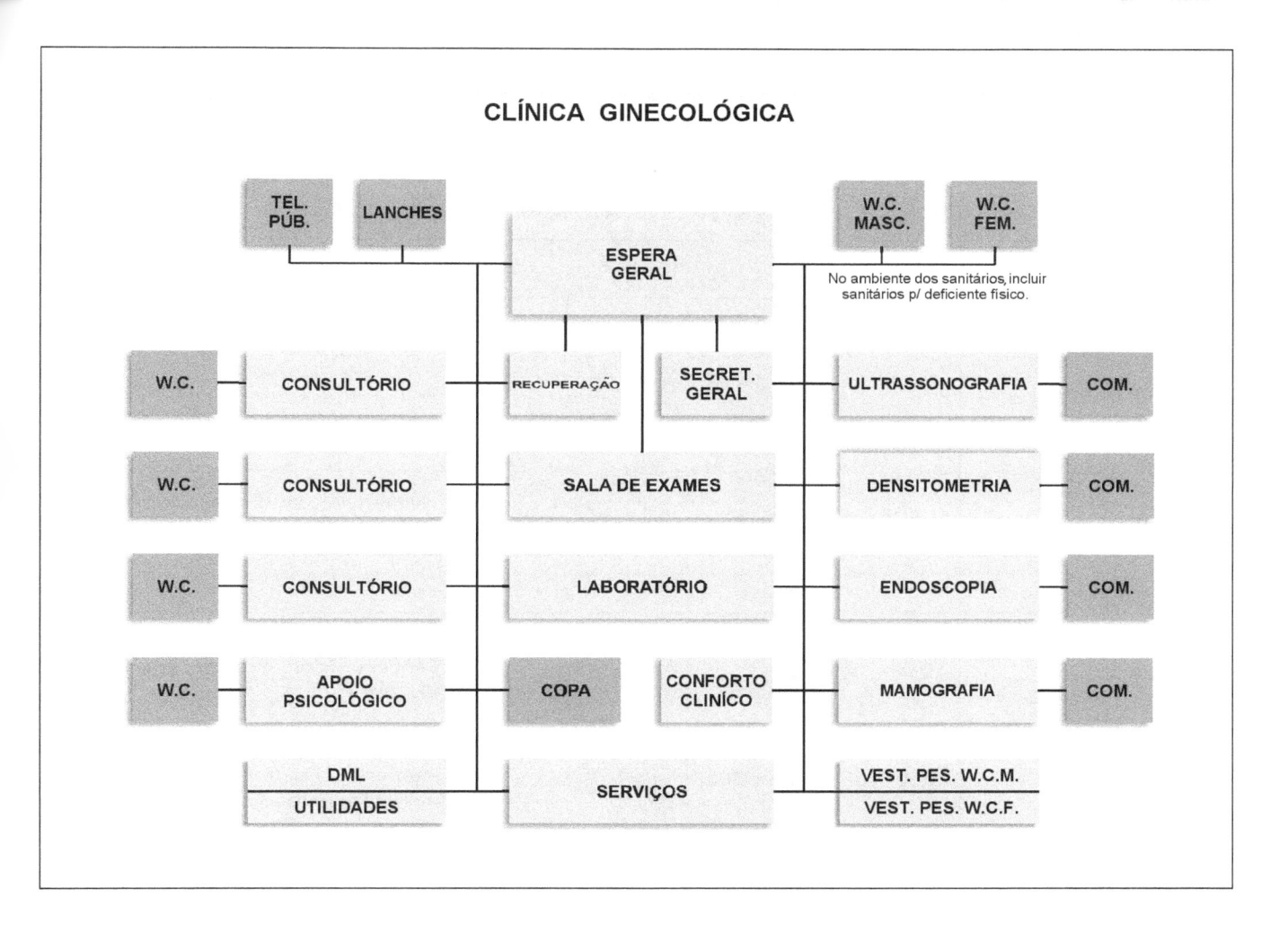

CLÍNICA GINECOLÓGICA

No ambiente dos sanitários, incluir sanitários p/ deficiente físico.

Clínica Ginecológia

AMBIENTE	ÁREA M^2	DIM. MÍN.	INSTALAÇÕES	OBSERVAÇÕES
Espera	30,00	5,00 x 6,00	IE, IT, AC, TV, HF	
Lanches	5,76	2,40 x 2,40	IE, HF	
W.C.	5,76	2,40 x 2,40	IE, HF, HQ	1 por sexo + deficiente físico
Recepção	6,48	1,80 x 3,60	IE, IT, AC	
Secretaria	17,28	3,60 x 4,80	IE, HF, IT, AC	
Consultório	15,60	3,00 x 5,20	IE, HF, HQ, IT, AC	Número de consultórios a depender da administração da clínica
Sala de exames	Idem	Idem	Idem	
Laboratório	ADE	ADE	ADE	Depende dos tipos de exames. Pequeno/médio. Pode ser apenas sala de coleta
Ultrassonografia	21,60	3,60 x 6,00	IE, ED, AC	Parede com proteção contra interferência eletromagnética. Não utilizar lâmpadas fluorescentes
Densitometria	18,72	–	IE, ED, AC	5,76 m^2 (2,40 x 2,40) para comando
Endoscopia	21,60	3,60 x 6,00	IE, ED, AC	
Mamografia	21,60	3,60 x 6,00	IE, ED, AC	Revestimento de barita para piso, parede, teto e porta revestida com chumbo
Apoio psicológico	12,00	3,00 x 4,00	IE, HF, IT, AC	
Conforto clínico	17,28	3,60 x 4,80	IE, HF, IT, AC	
Copa	5,76	2,40 x 2,40	IE, HF. HQ. IT	
Utilidades	5,76	2,40 x 2,40	IE, HF	
DML	5,76	2,40 x 2,40	IE, HF, HQ	
Vestiário pessoal masculino/feminino	15,60	3,00 x 5,20	IE, HF. HQ	1 por sexo
Serviços	15,60	3,00 x 5,20	IE, HF	

5 – Clínica de hemodiálise

Hemodiálise: Processo terapêutico em que o sangue, mediante o uso de equipamentos especiais, é depurado de diversas substâncias nocivas (*Novo Dicionário Aurélio de Língua Portuguesa*, 2. ed., Rio de Janeiro, Nova Fronteira).

A partir dos anos 90, muitas mudanças ocorreram na medicina, nos procedimentos médicos, inclusive no campo da diálise renal. Seja na organização, seja no equipamento.

Ultimamente, cada vez mais, os pacientes estão a exigir alterações nas características físicas das clínicas, seja em termos de espaço, decoração e/ou equipamentos. Por isso, as clínicas têm procurado melhorar o atendimento a pacientes buscando humanizar os ambientes.

Alguns problemas surgidos no país em termos de tratamento inadequado em clínicas de diálise têm obrigado essas unidades a trabalhar com maior cuidado, aumentando a eficiência e reduzindo custos.

Uma opção tranquila para tornar exequível o funcionamento das clínicas de hemodiálise é melhorar as instalações físicas, tornando-as mais eficientes, pois em muitos casos essas unidades funcionam em prédios adaptados.

Caso a instituição mantenedora possua condições de investir em um novo edifício, ou efetuar uma ampla reforma no existente, já possui substancial probabilidade de avançar nos seus métodos de trabalho.

O primeiro elemento a ser considerado no projeto é o desdobramento com que cada detalhe orientará o funcionamento do ambiente.

A primeira preocupação é o incremento de medidas de segurança para empregados e pacientes.

A prioridade é o paciente. A segurança dele e o ambiente onde recebe tratamento. Muitas terapias de diálise processam-se em ambientes inadequados, quase sempre adaptados, em porões ou subsolos de hospitais, desprovidos de janelas e dos benefícios existentes em outras áreas de hospitais.

Quando se trata de uma unidade isolada, os problemas continuam existindo, embora em menor dose. Áreas de reprocessamento de dialisadores, por exemplo, devem ter obrigatoriamente possibilidade de troca de ar para o ambiente externo, especialmente se houver tratamento com formol aldeído.

As áreas para tratamento de diálise devem ser claras, abertas e com áreas de ventilação bem orientadas. Os equipamentos devem ter design suave e as cadeiras mostrar-se confortáveis.

Outra medida importante é a boa posição do posto de enfermagem central, com possibilidade de visualização total e permanente. Ver Desenho nº 34.

Recomendações importantes

Segundo a RDC 50 Anvisa/MS, a sala de tratamento hemodialítico deve ter 5,00 m^2 por poltrona/leito, obedecendo dimensões de acordo com o Desenho nº 36. Ou seja:

- 0,50 cm para parede lateral, 0,60 cm para parede da cabeceira do leito, 1,00 m para o leito lateral paralelo e 1,50 m a 2,00 m para o leito frontal.

- Sala para DPI (Diálise Peritonial Intermitente): 8,50 m^2/leito para ambientes com até dois leitos.

- 6,50 m^2/leito para ambientes com mais de dois leitos. Neste caso, não é necessário o espaço livre entre a cabeceira e a parede posterior.

- Local apropriado para a guarda de pertences pessoais do paciente durante a sessão de diálise.

- Os ambientes DPAC (Diálise Peritonial Ambulatorial Contínua) e DPI (Diálise Peritonial Intermitente) são exclusivos: devem ter iluminação e ventilação naturais e não devem servir de passagem para outras dependências.

- Devem possuir lavatórios exclusivos para pacientes na limpeza e higienização da fístula, na própria sala ou ambiente contíguo.

- Devem possuir, na própria sala ou ambiente anexo, pias de despejo para descarte de resíduos líquidos.

- Devem possuir lavatórios exclusivos para a equipe de saúde, dotados de torneiras com dispositivos que permitam acionamento sem contato manual e dispor de agente antisséptico e recursos adequados para secagem de mãos (toalha ou jato de água quente).

- As salas de dialisadores reprocessados devem ser contíguas e de fácil acesso às salas de tratamento hemodialítico, além de possuir:

  1. Exaustão de ar.

  2. Bancadas próprias para esta operação em quantidade compatível ao uso de dialisadores reprocessados diariamente, abastecidas de água tratada para diálise com cubas profundas, constituídas de material resistente e passível de desinfecção.

  3. Recipientes para acondicionamento de substâncias desinfetantes para preenchimento de dialisadores, constituídos por material opaco e dotado de sistema adequado de fechamento, a fim de evitar emanação de vapores.

  4. Local próprio para armazenamento dos dialisadores em uso, constituído de material liso, lavável e passível de desinfecção.

  5. Um Posto de Enfermagem e Serviços para 20 leitos/poltronas na sala de tratamento hemodialítico e de 1 Posto de Enfermagem para cada 2 leitos/poltronas para a sala de DPI. Ambos devem ter ampla visão de todos os leitos/poltronas.

  6. Nos locais de manuseios de insumos, medicamentos e alimentos, é obrigatória a instalação de bancada própria dotada de pia e torneira de água.

  7. A Sala de Utilidades deve ser provida de pia de despejos, depósito de material de limpeza e tanque.

Instalações de água

A Sala de Tratamento e Reservatório de Água Tratada para Diálise deve constituir-se num ambiente exclusivo para esta atividade, sendo vedada a sua utilização para qualquer outro fim. Deve dispor de acesso facilitado para operação e manutenção e estar protegida contra intempéries e animais.

As instalações de água devem atender à Norma NB-92 (instalações prediais de água fria da ABNT), além dos seguintes requisitos:

- Os materiais utilizados nas tubulações não devem alterar as características físico-químicas e microbiológicas da água tratada para diálise.

- O sistema de distribuição de água tratada para diálise deve ser dotado de dispositivo que permita a recirculação contínua de água.

- As unidades autônomas devem dispor de reservatório de água potável, exclusivo para o seu abastecimento, com capacidade que permita, no mínimo, uma autonomia de dois dias.

- As Unidades de Diálise que realizam o reprocessamento de dialisadores devem dispor de reservatório de água tratada para diálise com capacidade de 20 litros por máquina de hemodiálise em uso, mais as seguintes características:

  1. Devem ser de material opaco, liso, resistente, impermeável, inerte, e isento de amianto, de modo a não contaminar, química e microbiologicamente, a água e facilitar a limpeza e desinfecção.

  2. Possuir sistema de fechamento que impeça contaminação do exterior.

  3. Possuir fácil acesso para inspeção e limpeza.

  4. Possuir sistema automático de controle de entrada de água e filtro bacteriológico no sistema de suspiro.

  5. Ser dotadas de sistema de recirculação contínua de água.

  6. Possuir na sua parte inferior sistema de drenagem que possibilite esgotamento total da água.

  7. Ser protegidas da incidência direta de luz solar.

Instalações de esgoto

- As instalações de esgoto sanitárias devem atender à Norma NBR 8160 (instalações prediais de esgoto sanitário) da ABNT e os resíduos líquidos gerados na UD devem ser lançados na rede pública de esgoto, onde houver, ou ser submetidos a tratamento prévio, antes de serem lançados no ambiente, de acordo com os órgãos locais de meio ambiente.

Instalações elétricas

- De acordo com a NBR 13.524 ABNT. Adotada como regulamento técnico pela Portaria 266/95, de 15 de dezembro de 1995, do MS.

- Devem estar conectadas a um sistema de emergência capaz de fornecer energia no caso de faltas ou quedas superiores a 10% do valor nominal.

- Salas de Tratamento Hemodialítico – DPI/DPAC – Sala de Recuperação de Pacientes (Emergência) são do Grupo I – Classe < 15 (comunicação automática para fonte de emergência em no máximo 15 segundos, quando a rede elétrica acusar queda superior a 10% do valor nominal para período superior a 3 segundos e garantir suprimento de 24 hoas).

- As demais salas da Unidade classificadas Grupo "0" – em que mesmo existindo equipamentos eletromédicos instalados, estes não possuem parte aplicada e o tempo de restabelecimento da alimentação é enquadrado na classe >15, admitindo comutação automática ou manual para a fonte de emergência em um período superior a 15 segundos e abastecimento por no mínimo 24 horas.

- Deve toda instalação da UD possuir sistema de aterramento que garanta a equalização das diferenças de potenciais entre os seguintes elementos:

  1. Barra de condutores de proteção.

  2. Elementos condutores estranhos à instalação.

  3. Blindagens contra interferências.

  4. Massa de equipamentos SELV.

  5. Barra de ligação equiponencial.

As UDs que possuem sistemas de ventilação forçada (artificial) devem atender às Normas NBR 6401 e NBR 7256, da ABNT.

As UDs que estejam implantadas na estrutura de um hospital devem seguir as recomendações da RDC 50 – Anvisa/MS, de 21 de fevereiro de 2002 (programa arquitetônico e instalações).

No caso de serem implantadas conjuntamente com unidade de transplante renal na estrutura de um hospital, ver a Lei 8.489, de 19 de novembro de 1992 e Decreto 879, de 22 de julho de 1993 (programa arquitetônico e instalações).

ÁREA: 1.000 m^2 para 30 (trinta) postos de hemodiálise. Ver Desenho n°s 37 a 44.

Programa:

Área, Dimensões Mínimas, Instalações e Observações.

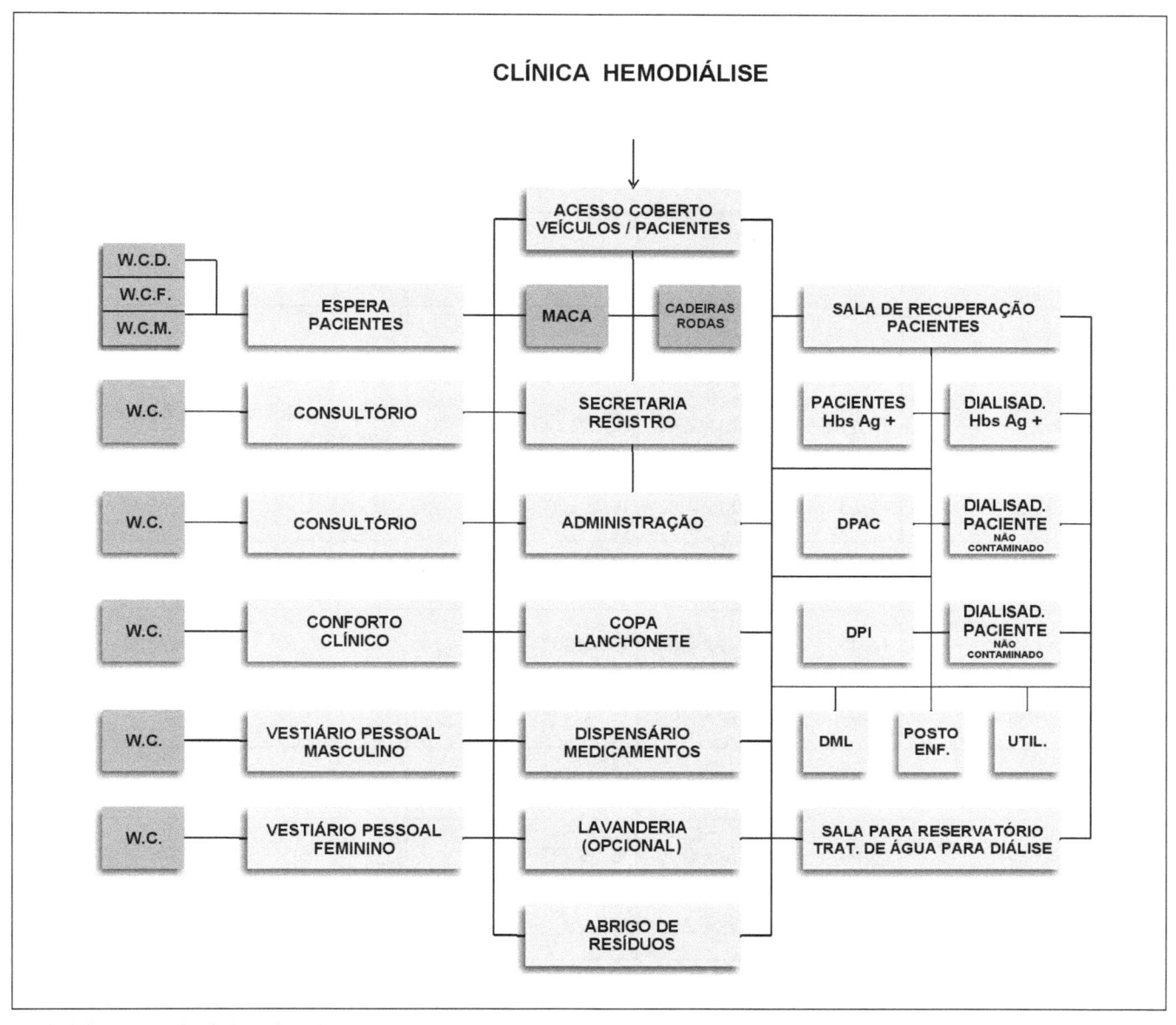

CLÍNICA HEMODIÁLISE

DPAC: diálise peritonial ambulatorial contínua
DPI: diálise peritonial intermitente
Hbs Ag+: pacientes com hepatite

Clínica de Hemodiálise 30 postos

AMBIENTE	ÁREA M²	DIM. MÍN.	INSTALAÇÕES	OBSERVAÇÕES
Espera geral	40,32	4,80 x 8,40	IE, IT, HF, TV	
Macas e cadeiras de rodas	8,64	2,40 x 3,60	IE	
Recepção	6,48	1,80 x 3,60	IE, IT	
W.C. público	5,76	2,40 x 2,40	IE, HF, HQ, HE	1 por sexo (obs. sanitário para deficientes físicos)
Assistente social	19,20	4,00 x 4,80	IE, AC, IT	
1.ª avaliação	12,00	3,00 x 4,00	IE, AC, IT	
Nutricionista	16,00	4,00 x 4,00	IE, AC, IT	
Sala administrativa	16,00	4,00 x 4,00	IE, AC, IT	
Secretaria	16,00	4,00 x 4,00	IE, AC, IT	
Staff médico	24,00	4,00 x 6,00	IE, AC, IT, TV	
Espera privada	8,00	2,00 x 2,00	IE	
W.C.	5,76	2,40 x 2,40	IE, HF, HQ	1 para staff, 1 para pessoal, 1 para pacientes (1 por sexo)
Exames	12,00	3,00 x 4,00	IE, HF, HC	
Gabinete de enfermagem	12,00	3,00 x 4,00	IE, HC, IT	
Local para estar público	20,00	4,00 x 5,00	IE, AC, IT	
Copa	5,76	2,40 x 2,40	IE, HF, HQ	

(continua)

Clínica de Hemodiálise 30 postos (*continuação*)

AMBIENTE	ÁREA M²	DIM. MÍN.	INSTALAÇÕES	OBSERVAÇÕES
Auditório + apoio	40,32	4,80 x 8,40	IE, AC, IT, IS, IC	
Treinamento	20,00	4,00 x 5,00	Idem	
Reservatório de tratamento de água	20,00	4,00 x 5,00	IE, HF (tratada)	
Preparo de soluções dialíticas	16,00	4,00 x 4,00	IE, HF, HQ	
Equipamentos Medicamentos	24,00	4,00 x 6,00	ADE	
Local para tratamento de pacientes HbsAgt.	5,00	2,00 x 2,50	ADE	2 lugares
Local para tratamento de pacientes com Aids	5,00	2,00 x 2,50	ADE	2 lugares
Local para tratamento de paciente DPI	5,00	2,00 x 2,50	ADE	16 lugares
Local para tratamento de paciente DPAC	5,00	2,00 x 2,50	ADE	10 lugares
Posto de enfermagem	11,52	2,40 x 4,80	IE, HF, HQ, AC, IS, IT, TV	+ apoio
Lavagem de capilares de reúso	12,00	3,00 x 4,00	IE, HF, HQ, FV.1	
Utilidades	4,00	2,00 x 2,00	IE, HF, HQ	
DML	6,00	2,00 x 3,00	IE, HF, HQ	
W.C. pessoal	5,76	2,40 x 2,40	IE, HF, HQ	1 por sexo

6 – Clínica ou estabelecimento para idosos

RDC nº 283 de 23/09/2005 – ANVISA

Instituições governamentais ou não governamentais, de caráter residencial, destinadas a domicílio coletivo de pessoas com idade igual ou superior a 60 anos, com ou sem suporte familiar, em condição de liberdade, dignidade e cidadania.

O Idoso no mundo atual

O século XX, com o avanço das ciências e da medicina, acrescentou cerca de 22 anos de idade na expectativa de vida do ser humano. Embora sendo um dado auspicioso, este fato colocou grandes desafios para todos os países no século XXI. Desafios de ordem previdenciária e seguridade social, de saúde pública, de habitação e de lazer. Também a necessidade da inserção social do idoso no contexto urbano em face de uma sociedade urbanizada.

Até 2030, 70% da população dos EUA terá mais de 60 anos de idade. Países como Alemanha, França, Japão deparam-se com problema semelhante. No Reino Unido, em 2008, o número de pessoas com 65 anos ou mais ultrapassou, pela primeira vez na história, o de jovens com menos de 16 anos.

Segundo o Instituto Brasileiro de Geografia e Estatística, IBGE, e o Instituto de Pesquisas Sociais Aplicadas, IPEA, o Brasil conta hoje com cerca de 16 milhões de idosos e, até o ano 2030, atingirá os 25 milhões. Outro dado interessante é que dentro de 5 anos o Brasil terá mais de 45.000 pessoas com mais de 100 anos de idade.

Classificação dos idosos

Com o aumento da expectativa de vida, a Gerontologia dividiu os idosos em 03 categorias, a seguir relacionadas, muito embora a legislação brasileira considere, como idosa, pessoas com mais de 60 anos de idade.

- Idosos "Jovens": 60 a 75 anos de idade.
- Idosos "Médios": 76 a 86 anos de idade.
- Idosos "Velhos": acima de 86 anos de idade.

Graus de dependência

Grau de dependência I

- Idosos independentes, mesmo que requeiram usos de equipamento de autoajuda.

Grau de dependência II

- Idosos com dependência em até três atividades de autocuidado para a vida diária, tais como: alimentação, mobilidade e higiene; sem comprometimento cognitivo ou com alteração cognitiva controlada.

Grau de dependência III

- Idosos com dependência que requeiram assistência em todas as atividades de autocuidado para a vida diária e ou comprometimento cognitivo.

Grau de independência ou de autonomia

- É o idoso que detém poder decisório e controle sobre a sua vida.

Estrutura física

Toda construção, reforma ou adaptação na estrutura física das instituições deve ser precedida de aprovação de projeto arquitetônico junto à autoridade sanitária local, bem como do órgão municipal competente.

A instituição deve atender aos requisitos de infraestrutura física previstos nesta RDC, além de exigências estabelecidas em códigos, leis ou normas pertinentes, quer na esfera federal, estadual ou municipal e normas específicas da Associação Brasileira de Normas Técnicas.

A instituição de longa permanência para idosos deve oferecer instalações físicas em condições de habitabilidade, higiene, salubridade, segurança e garantir acessibilidade a todas as pessoas com dificuldade de locomoção, segundo a Lei Federal 10.098/00.

Quando o terreno da instituição de longa permanência para idosos apresentar desníveis, deve ser dotado de rampas para facilitar o acesso e a movimentação dos residentes.

As instalações prediais de água, esgoto, energia elétrica, proteção e combate a incêndio, telefonia e outras existentes deverão atender às exigências dos códigos de obras e posturas locais, assim como normas técnicas brasileiras pertinentes a cada uma das instalações.

Exigências específicas

- Acesso externo: devem ser previstas, no mínimo, duas portas de acesso, sendo uma exclusivamente de serviço.

- Pisos externos e internos (inclusive de rampas e escadas): devem ser de fácil limpeza e conservação, uniformes, com juntas e com mecanismo antiderrapante.

- Rampas e escadas: devem ser executadas conforme especificação da NBR 9050/ABNT, observadas as exigências de corrimão e sinalização. A escada e a rampa de acesso à edificação devem ter, no mínimo, 1,20 m de largura.

- Circulações internas: as circulações principais devem ter largura mínima de 1,00 m e as secundárias podem ter largura mínima de 0,80 m, contando com luz de vigília permanente.

- Circulações com largura maior ou igual a 1,50 m devem possuir corrimão dos dois lados. Sendo menores que 1,50 m, podem possuir corrimão em apenas um dos lados.

- Elevadores: devem seguir as especificações da NBR 7192/ABNT e NBR 13.994.

- Portas: devem ter um vão livre com largura mínima de 1,10 m.

- Janelas e guarda-corpos devem ter peitoris de no mínimo 1,05 m.

Programa arquitetônico mínimo

- Sala administrativa com lavabo anexo.

- Sala para atividades coletivas para no máximo 15 residentes, com área mínima de 1,0 m² por pessoa.

- Sala de convivência com área mínima de 1,30 m² por pessoa.

- Banheiros coletivos, separados por sexo, com no mínimo um box para vaso sanitário que permita transferência frontal e lateral de uma pessoa em cadeira de rodas, conforme NBR 9050/ABNT.

- Sala de reuniões.

- Espaço ecumênico para meditação.

- Refeitório com área mínima de 1,00 m² por usuário, acrescido de local para guarda de lanches, lavabo e luz de virgília.

- Cozinha e despensa.

- Lavanderia.

- DML.

- Roupa limpa/roupa suja.

- Almoxarifado com área mínima de 12,00 m².

- Vestiário e banheiro para funcionários separados por sexo. O banheiro deverá ter área mínima de 3,60 m². Contando com bacia sanitária, lavatório e chuveiro. 01 para cada 10 funcionários ou fração. O vestiário deverá ter área mínima de 0,5 m²/funcionário/turno.

- Lixeira ou abrigo externo à edificação para armazenamento de resíduos até o momento da coleta.

- Área externa descoberta para convivência e desenvolvimento de atividades ao ar livre (solário com banco, vegetação e outros).

- Piscina e apoio (opcional).

- Dormitórios para 01 pessoa devem possuir área mínima de 7,50 m², incluindo área para guardar roupas e pertences do residente.

- Dormitórios de 02 a 04 pessoas devem possuir área mínima de 5,50 m² por cama, incluindo área para guardar roupas e pertences do residente. Devem possuir luz de vigília e campainha de alarme.

- Os dormitórios devem ter no máximo 04 residentes.

- Deve ser prevista uma distância de 0,80 m entre duas camas e 0,50 m entre a lateral da cama e a parede paralela.

- O banheiro deve possuir área mínima de 3,60 m^2 com bacia sanitária, lavatório e chuveiro, não sendo permitido qualquer desnível em forma de degrau para conter água, nem materiais que produzam brilho e reflexos.

- A exigência de um ambiente depende da execução da atividade correspondente.

- Os ambientes podem ser compartilhados de acordo com a finalidade funcional e a utilização em horários ou situações diferenciadas.

Formas de assistência

O idoso conta com 03 opções para utilizar a Clínica:

- Passar somente o dia e voltar para casa à noite.
- Hospedar-se em fins de semana, feriados e férias.
- Residir no local.

Pessoal de apoio

Responsável técnico

A Clínica deverá possuir um responsável técnico pelo serviço, que responderá pela instituição junto à autoridade competente. Ele deverá possuir formação de nível superior e cumprir carga horária mínima de 20 horas semanais.

Cuidador

Pessoa capacitada para auxiliar o idoso que apresenta limitações para realizar atividades da vida diária.

Para os cuidados aos residentes

Grau de dependência I

- Um cuidador para 20 idosos, ou fração, com carga horária de 8 horas/dia.

Grau de dependência II

- Um cuidador para cada 10 idosos, ou fração, por turno.

Grau de dependência III

- Um cuidador para cada 06 idosos, ou fração, por turno.

Para atividades de lazer:

- Um profissional com formação superior para cada 40 idosos com carga horária de 12 horas semanais.

Serviço de limpeza:

- Um profissional para cada 100 m^2 de área interna, ou fração, por turno.

Serviço de alimentação

- Um profissional para cada 20 idosos, garantindo a cobertura de dois turnos de 8 horas.

Setor de lavanderia

- Um profissional para cada 30 idosos, ou fração, diariamente.

A instituição poderá terceirizar os serviços de limpeza, alimentação e lavanderia desde que apresente contrato e cópia do alvará sanitário da empresa ou empresas terceirizadas.

A instituição que terceirizar os serviços acima poderá dispensar quadro de funcionários próprios e área física para eles destinados, inclusive os locais para realização dos serviços.

Setor médico

- A instituição deve possuir um profissional da área de saúde vinculada à sua equipe de trabalho, com registro no respectivo conselho de classe. Recomenda-se um gerontólogo ou geriatra.

Alternativas para o atendimento ao idoso

No Brasil, além das instituições públicas, existem diversas clínicas ou centros de atenção aos idosos com número e formas variadas de atendimento. Em geral, as clínicas não ultrapassam os 30 pacientes, mas, principalmente em São Paulo, já existem grandes estruturas, inclusive com serviços de hotelaria, atendimento médico especializado, fisioterapia, psicologia, lazer etc. voltados para idosos.

Começam a surgir, também, condomínios destinados a este segmento de mercado. É uma tipologia muito semelhante às que são adotadas nos EUA ou a Costa Mediterrânea da Itália, Espanha, Portugal e no Nordeste do Brasil.

O urbanismo moderno indica a necessidade de, no meio das complexas e, em geral, caóticas estruturas urbanas das cidades, implantar áreas de refúgio destinadas a idosos.

Na Holanda, principalmente Amsterdam, no chamado Plano dos 3 Canais, projetados pelo arquiteto Hendrick Staets, no século XVII, existem os famosos *Hofjes*, ou "abrigos", muito utilizados por idosos. São áreas livres, ou pátios, implantados no meio de quadras urbanas, de grande qualidade ambiental.

Além de garantirem conforto e privacidade aos idosos, não os afastam das facilidades da vida urbana.

A legislação brasileira recomenda que na construção de conjuntos habitacionais, em geral, pelo menos 5% das habitações sejam destinados a idosos.

Na Suíça, onde é permitida a eutanásia, já existem clínicas especializadas em orientar idosos para a morte.

Nos Estados Unidos, a iniciativa privada investe muito em estruturas destinadas a idosos com tipologias destinadas a determinadas faixas etárias e que comportam desde cidades ou conjuntos de 5.000 habitantes até clínicas especializadas. Em determinadas faixas, principalmente das pessoas acima de 80 anos, o serviço de atenção é realizado por instituições religiosas, clubes de serviços ou instituições estatais de seguridade social. Os quadros a seguir permitem uma melhor explicação sobre estas estruturas.

Hotel Clínica para Idosos

Tipologia:

1. Clínica dia: o paciente passa o dia na clínica e dorme em casa. Geralmente são idosos cujos parentes precisam trabalhar e necessitam de apoio para cuidar do seu idoso. Atendimento particular. Máximo de 30 pacientes.

2. Asilos públicos: cuidam de idosos que não possuem ou foram abandonados pela família.

3. Asilos religiosos: entidades religiosas que organizam abrigos ou asilos para idosos carentes e sem família.

4. Residências permanentes: pacientes com bom poder aquisitivo que não desejam incomodar familiares e passam a morar nessas estruturas. Podem ser residências planejadas para tal fim ou até flats para atendimento específico a idosos.

Residências para Idosos (segundo o modelo norte-americano)

TIPO	News Towns	Vilas ou condomínios para idosos	Residências compartilhadas	Asilos	Centro de tratamento continuado
ESCALA	Grande > 5.000 habitantes	Média 1.000 a 5.000 habitantes	Grandes Médias Pequenas	Pequena	Pequena
PERFIL DO RESIDENTE	Aposentado, novo, sadio	Aposentados na fase inicial da velhice	Aposentados na idade intermediária da velhice	Aposentados com saúde limitada, exigindo cuidados	Saúde limitada e doentes
PLANO DE SERVIÇO	Plano de saúde, recreação, outros	Limitada, sem plano de saúde, recreação ao ar livre	Idem	Idem	Plano de saúde e recreação limitada
FINANCIADOR	Privado com objetivo de lucro	Idem	Filantropia, pública e clubes de serviço	Idem	Filantropia pública e religiosa
FAIXA ETÁRIA	50 a 65 anos	65 a 75 anos	76 a 85 anos	86 anos ou mais	Compatível com a capacidade do idoso
ESTADO FÍSICO DO RESIDENTE	Atividades físicas plenas	Início das dificuldades físicas	Deslocamento limitado e seletivo	Idem	Compatível com a capacidade do idoso
OBSERVAÇÕES	Residências isoladas, apartamentos, centro comercial e lazer	Residências isoladas em renque, apartamentos, casas móveis, comércio e lazer	Residências unifamiliares. Maioria mulheres com mais de 70 anos	Sistema pavilhonar e pequeno número de unidades isoladas	Geralmente um edifício integrando habitação, saúde e lazer

Fonte: Elderly People. Ed. Plenum-Press – 1984 – Nova York – Tradução do Autor.

Clínica ou Estabelecimento para Idosos

AMBIENTE	ÁREA M²	DIM. MÍN.	INSTALAÇÕES	OBSERVAÇÕES
Sala administrativa	28,80	4,60 x 6,00	–	
Lavabo anexo	4,05	1,35 x 3,00	HF, HQ, E	
Sala convivência	Variável	–	E, IT	A depender do número de hóspedes que o estabecimento vai abrigar
Sala de atividades coletivas	Variável	–	E, IT, IL, TV	Idem
Sanitários (M) e (F) anexos	5,76	2,40 x 2,40	E, HF, HQ	
Sala de reunião	28,80	4,80 x 6,00	E, IT, IL, AC	
Capela ecumênica	36,00	6,00 x 6,00	E, ED, IL	
Refeitório	Variável	–	E, IT	
Cozinha	Variável	–	E, ED, IT, HF, HQ	Prever equipamento de exaustão
Despensa	5,76	2,40 x 2,40	E	
Lavanderia	Variável	–	E, IT, ED, HF, HQ	Prever equipamento de exaustão e aquecimento de água
Roupa limpa	5,76	2,40 x 2,40	E, IT	
Roupa suja	5,76	2,40 x 2,40	E, IT	
DML	5,76	2,40 x 2,40	E, IT	
Almoxarifado	28,80	4,80 x 6,00	E, IT	
Vestiários (M) e (F)	5,76	2,40 x 2,40	E, HF, HQ	
Áfrea externa para recreação	Variável	–	–	Pode ser com a área de apoio à piscina
Piscina	Variável	–	–	No mínimo 6,25 x 12,50. Prever deck cuja área seja o dobro da área da piscina, no mínimo
Apoio da piscina	Variável	–	–	Prever, no mínimo, vestiários, sanitários, lanchonete, DML

(continua)

Clínica ou Estabelecimento para Idosos (*continuação*)

AMBIENTE	ÁREA M^2	DIM. MÍN.	INSTALAÇÕES	OBSERVAÇÕES
Dormitório individual	12,96	3,60 x 3,60	E, ED, IT, IL	
Banheiro	5,76	2,40 x 2,40	E, HF, HQ	
Dormitório para 3 pessoas	21,60	3,60 x 6,00	E, ED, IT, IL	
Banheiro	5,76	2,40 x 2,40	E, HF, HQ	
Dormitório para 4 pessoas	28,80	4,80 x 6,00	E, ED, IT, IL	
Banheiro	5,76	2,40 x 2,40	E, HF, HQ	
Dependências para cuidadores	Variável	–	E, ED, IT, IL, TV	A depender do número de cuidadores. Separar por sexo
Vistiários e banheiros	Variável	–	E, HF, HQ	Idem

Observação:
O programa, dependendo do tipo e das dimensões, pode sofrer alterações. A clínica e o estabelecimento podem ser especializados como, por exemplo, destinados a portadores do Mal de Alzheimer, quando serão introduzidas novas exigências para o seu funcionamento. Observar sempre as normas relativas à acessibilidade.

7 – Clínica odontológica

Odontologia: Parte da medicina que trata dos dentes e de sua higiene e afecções. Conjunto de Ciências estudado para a profissão de Cirurgião Dentista (*Novo Dicionário Aurélio de Língua Portuguesa*, 2. ed., Rio de Janeiro, Nova Fronteira).

A existência do odontólogo isolado em um consultório próprio ainda é um fato presente nessa prática profissional. Entretanto, no sentido de facilitar o atendimento ao cliente, pelo trabalho especializado e complementar, é cada vez mais comum o surgimento de clínicas odontológicas com um número maior de profissionais especializados.

A evolução da profissão, com a introdução de técnicas restauradoras, implantes, cirurgias e traumatologias bucomaxilofaciais, entre outras, dá a essas clínicas uma feição de maior complexidade e um padrão de outro nível ao atendimento.

Exemplos conhecidos, em caso de acidentes de maior gravidade que causam danos à face, exigem muitas vezes cirurgias reparadoras onde o odontólogo é peça importante ao lado do cirurgião geral e cirurgião plástico. Em função de exemplos como esse, alguns casos de clínicas odontológicas com um centro cirúrgico não é mais uma novidade.

A evolução existe também no equipamento em geral e no equipo em particular, com a introdução de conceitos ergonômicos, inclusive na forma de organização espacial, para racionalizar o trabalho do profissional. Tal fato tem exigido a necessidade de se planejar de forma mais correta, esse tipo de Unidade de Saúde.

ÁREA: A depender do programa. A seguir, exemplo de um programa completo para uma Clínica Odontológica.

Programa:

Área, Dimensões Mínimas, Instalações e Observações.

Observações:

Ver as relações ergonômicas e o equipamento necessário para o consultório, individualizado ou coletivo, nos Desenhos nºs 42 e 43.

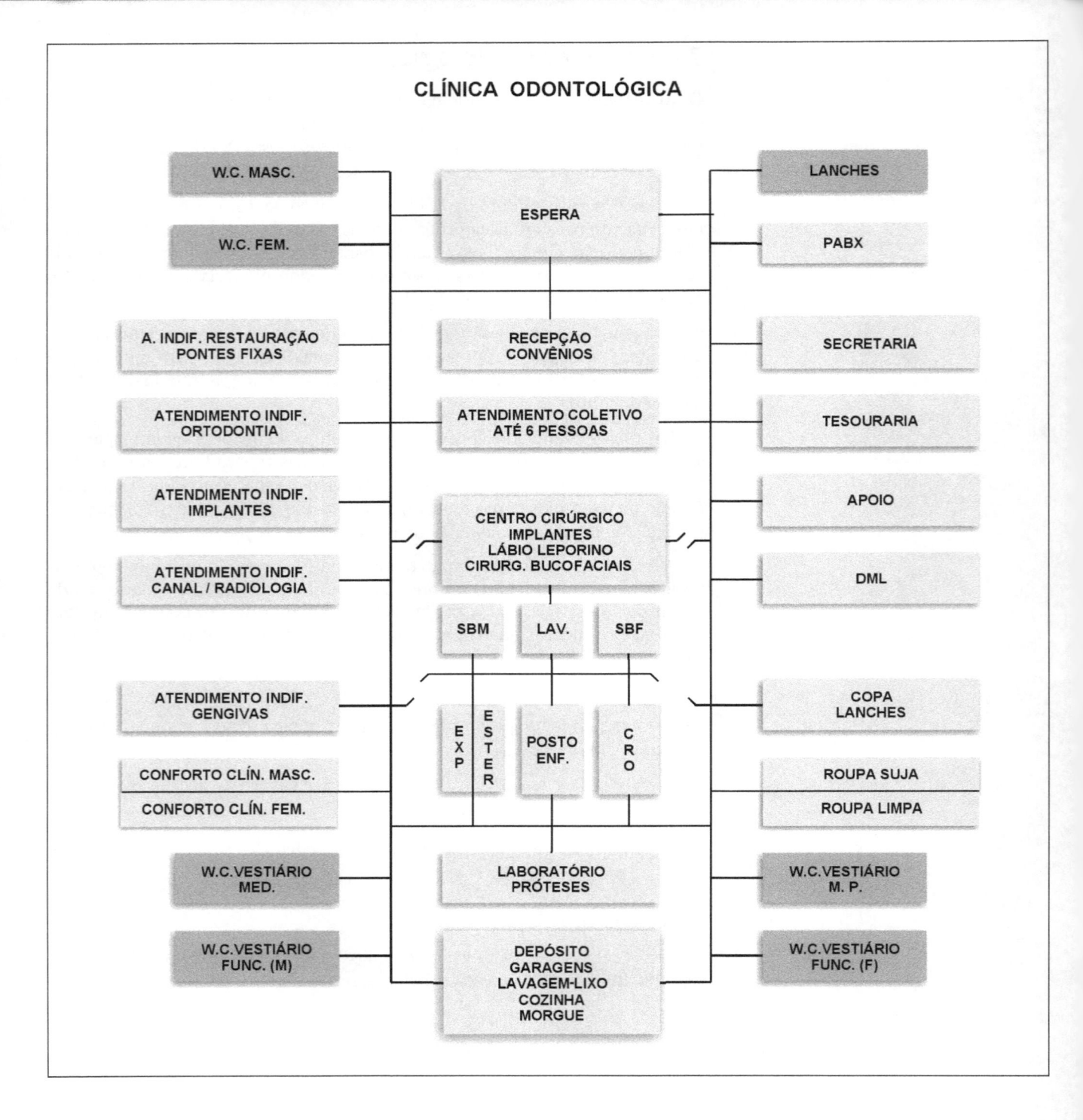

CLÍNICA ODONTOLÓGICA

Clínica odontológica

AMBIENTE	ÁREA M^2	DIM. MÍN.	INSTALAÇÕES	OBSERVAÇÕES
Espera	21,80	3,60 x 6,00	HF, AC, (OP), IE, IA, ED	1,50 m^2 por paciente 2 pacientes por hora
PABX	5,76	2,40 x 2,40	IT, IH, IE	
Lanches	8,64	3,60 x 2,40	HF, IE	
Recepção de convênios	4,50	3,00 x 1,50	IE, IT, IN	
Atendimento indiferenciado, restauração	12,50	3,00 x 4,50	HF, IE, ED, FAM, AC, (OP)	
Atendimento indiferenciado, ortodontia	13,50	3,00 x 4,50	Idem	
Atendimento indiferenciado, implantes e maxilobucofacial	13,50	3,00 x 4,50	Idem	
Atendimento indiferenciado canal/radiologia	13,50	3,00 x 4,50	Idem	
Atendimento indiferenciado gengivas	13,50	3,00 x 4,50	Idem	
Atendimento coletivo até 6 equipes	69,12	9,60 x 7,20	Idem	
Sala cirúrgica	20,70	3,60 x 6,00	FO, FN, FAM, FVC, AC, EE, ED, ADE	
Lavabo	2,88	1,20 x 2,40	HF, HQ	
Sanitário/vestiário (F)	5,76	2,40 x 2,40	HF, HQ. IE	
Sanitário/vestiário (M)	5,76	2,40 x 2,40	Idem	
Posto de enfermagem	5,76	2,40 x 2,40	HF, IE, IT, IR, (OP) IS	
Expurgo	5,76	2,40 x 2,40	HF, HQ, IE	
Esterilização	5,76	2,40 x 2,40	HF, HQ, IE	
Recuperação	17,28	3,60 x 4,80	HF, HQ, IE, IS	

(continua)

Clínica odontológica *(continuação)*

AMBIENTE	ÁREA M²	DIM. MÍN.	INSTALAÇÕES	OBSERVAÇÕES
Conforto masculino e feminino	17,28	3,60 x 4,80	HF, HQ, IE	1 por sexo
Secretaria e tesouraria	17,28	3,60 x 4,80	IE	Pode ser em um só ambiente
W.C. vestiário médico	6,76	2,40 x 2,40	HF, IE	1 por sexo
W.C. vestiário pessoal	8,64	2,40 x 3,60	HF, IE	1 por sexo
Roupa suja	2,88	1,20 x 2,40	IE	1 por especialidade
Roupa limpa	2,88	1,20 x 2,40	IE	1 por especialidade
Apoio	12,96	3,60 x 3,60	IE	
Copa/lanches	5,76	2,40 x 2,40	HF, IE	
W.C. vestiário pessoal masculino	17,28	3,60 x 4,80	HF, IE	
W.C. vestiário pessoal feminino	17,28	3,60 x 4,80	HF, IE	
Laboratório de próteses	8,64	2,40 x 2,60	HF, HQ, ED, FAM	Pode se terceirizado
Lavagem	4,32	1,80 x 2,40	–	
Sala de Raios X odontológico	5,76	2,40 x 2,40	–	
Escovário	2,88	1,20 x 2,40	HF	Na área coletiva
W.C. público masculino/feminino	–	–	–	1 por sexo na espera
Gases	2,88	1,20 x 1,20	IE	
Compressores	4,32	1,80 x 2,40	IE, ED	
Nutrição e dietética	17,28	3,60 x 4,80	IE, HF, HQ, ED, FV, FAI	
Lixo	4,32	1,20 x 2,40	HG, HQ	
Morgue	5,76	2,40 x 2,40	HF, HQ	

8 – Clínica oftalmológica

Oftalmologia: Parte da medicina que estuda os olhos e suas doenças (*Novo Dicionário Aurélio de Língua Portuguesa*, 2. ed., Rio de Janeiro, Nova Fronteira).

A Clínica Oftalmológica tem a sua organização espacial a partir do Módulo Básico que é o consultório oftalmológico, individual, padrão. Ver Desenho nº 14.

Quando se desenvolve a ideia de uma clínica com vários profissionais, a tendência é introduzir o conceito de Centro de Exames, onde há a fruição de vários equipamentos por toda a equipe médica, no sentido de racionalizar procedimentos e, principalmente, custos.

Equipamentos como lâmpada de fenda, Yag laser, retinógrafo, tonômetro de contato, tonômetro de aplanação, entre outros, são alguns exemplos de uso comum pela equipe de profissionais.

O Centro Cirúrgico segue o mesmo princípio. Como geralmente a maioria das cirurgias oftalmológicas são eletivas, as possibilidades de se estabelecer um calendário de trabalho são maiores.

Caso a clínica faça atendimento de urgência, é interessante prever as condições para esse tipo de procedimento médico.

O Setor de Internação não é muito amplo ou complexo. Cirurgias oftalmológicas muitas vezes não exigem internações e, quando exigem, são de curta permanência. Geralmente a internação dimensiona-se de 02 (dois) a 04 (quatro) apartamentos. Entretanto, na montagem de um programa arquitetônico de clínica oftalmológica, é importante atentar para um bom dimensionamento do setor de internações.

ÁREA: A depender do programa. A seguir, exemplo de um programa completo para Clínica Oftalmológica.

Programa:

Área, Dimensões Mínimas, Instalações e Observações.

Observações importantes:

Um fator determinante na implantação de uma clínica oftalmológica é a escolha do equipamento necessário para a sua operação. Tal item, devido ao custo desses equipamentos, muitas vezes determina a composição societária da unidade.

Em função disso, os integrantes do quadro médico avaliam a relação custo × benefício do investimento e a quantidade de profissionais que podem formar a sociedade. Diante desse fato, relacionamos a seguir o equipamento necessário para um consultório padrão e o que, em geral, é adquirido conjuntamente.

Clínica oftalmológica: equipamentos

Autorrefrator

Equipamento utilizado para determinação do grau, sem a necessidade do refrator.

Cadeira oftalmológica

Equipamento utilizado, conjuntamente com a coluna oftalmológica, o projetor e o grins, para exames de acuidade visual e determinação do grau de visão do paciente.

Coluna oftalmológica

Equipamento que serve de apoio, principalmente ao grins, nos exames.

Campímetro

Equipamento utilizado para exames e determinação do campo visual do paciente.

Grins

Equipamento que, utilizando um seletor de letras e signos de diversos tamanhos, determina o grau de acuidade visual necessário para o paciente.

Keratômetro

Equipamento utilizado para medir a curvatura da córnea e dimensionar o grau para lentes de contato.

Lâmpada de fenda

Equipamento para vários tipos de exames, tais como: pressão no olho, conjuntivite, etc.

Lenzômetro

Equipamento utilizado para medição do grau dos óculos.

Oftalmoscópio monocular

Equipamento, tipo caneta, para exames de fundo de olho (um olho).

Oftalmoscópio binocular

Equipamento, tipo capacete, para exames de fundo de olho (dois olhos).

Retinógrafo

Equipamento utilizado para exames de retina.

Tonômetro de aplanação

Equipamento portátil, 4 × 10 cm, com uma haste para contato no olho, utilizado para medir a pressão ocular.

Tonômetro de contato

Equipamento fixo, de maiores dimensões, para medir a pressão do olho.

Yag laser

Equipamento que utiliza raio laser no tratamento de cataratas, glaucoma agudo e opacidade da cápsula posterior, principalmente em ocorrências pós-operatórias.

Um consultório básico de oftalmologia trabalha com os equipamentos: cadeira oftalmológica, coluna oftalmológica, grins, keratômetro, oftalmoscópio monocular e oftalmoscópio binocular, necessários aos exames e tratamentos mais comuns.

Os demais equipamentos geralmente são compartilhados por vários profissionais reunidos numa clínica.

A sala deve possuir 6,00 m de profundidade, devido ao fato de, nesta distância, ser definida a linha do infinito na visão humana.

O grau necessário a 33 cm de distância do olho humano é 30% maior que na linha do infinito.

O reduzido número de leitos em uma clínica oftalmológica está relacionado à baixa permanência necessária para convalescença nas cirurgias dos olhos.

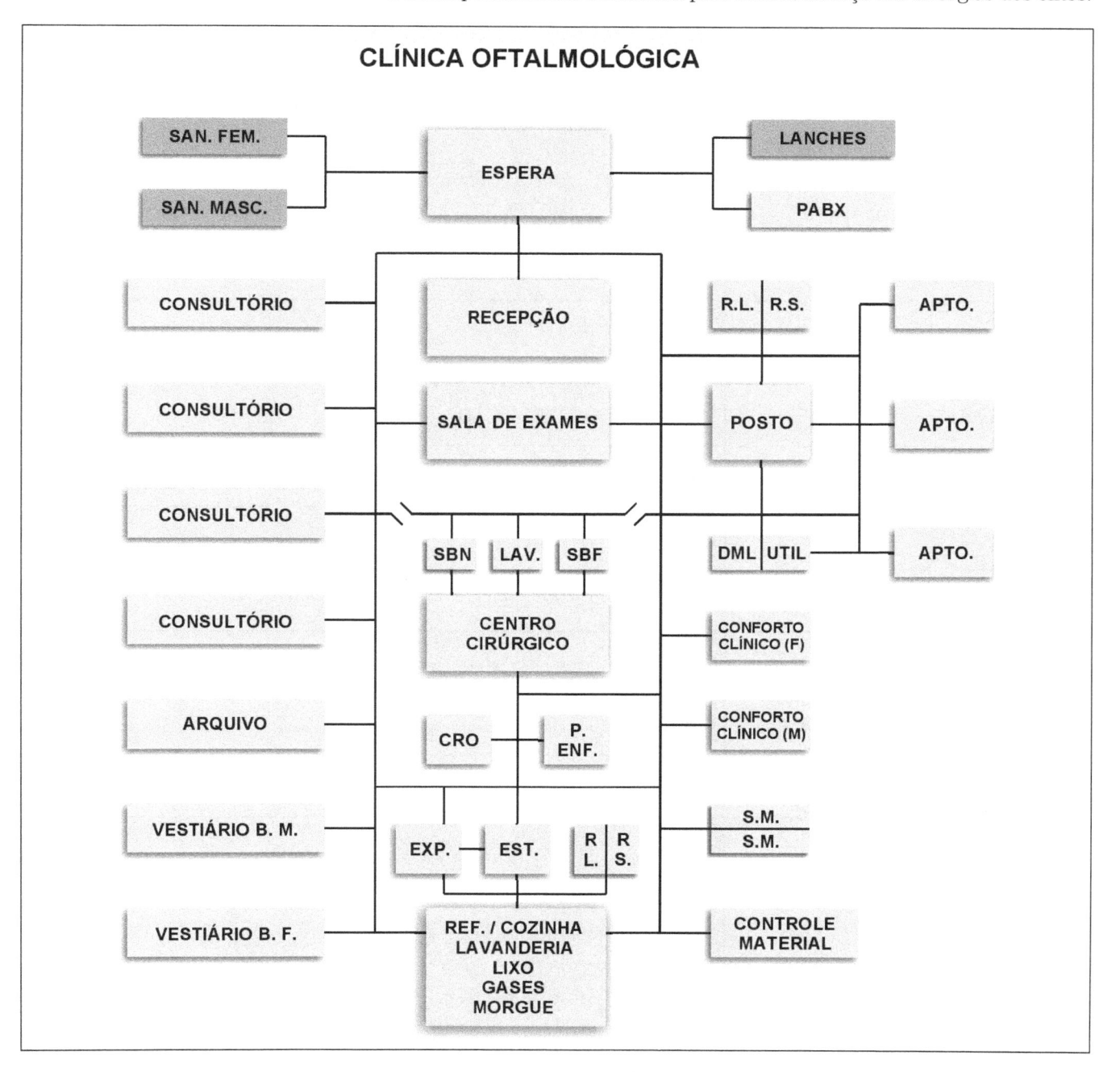

Clínica Oftalmológica até 6 leitos			Setor: Privado Público: PS, CS, UM, Ambulatório	
AMBIENTE	**ÁREA M²**	**DIM. MÍN.**	**INSTALAÇÕES**	**OBSERVAÇÕES**
Espera	34,55	4,80 x 7,20	IE, IS, TV, HF, AC, TV	
Recepção	8,64	1,80 x 4,80	IE, IS, IT	
PABX	11,52	2,40 x 4,80	IE, IS, IT	
W.C. público	17,28	3,60 x 4,80	IC, HF, HE	1 por sexo
Sala de exames coletivos	21,60	3,60 x 6,00	IE, HF, ED, AC	
Consultório individual	18,00	3,00 x 6,00	IE, HF, ED, AC	
Arquivo	12,96	3,60 x 3,60	IE	
Centro cirúrgico Sala de cirurgia	23,04	4,80 x 4,80	FO, FN, FAM, FVC, AC, EE, ED, ADE	
Posto de enfermagem	5,76	2,40 x 2,40	HF, HQ, IS, IT, AC	
Expurgo	5,76	2,40 x 2,40	HF, HQ, IE, E, ED	
Esterilização	11,52	2,40 x 4,80	HF, HQ, IE, ED	
CRD	21,60	3,60 x 6,00	Idem sala cirúrgica	
Roupa limpa	2,88	1,20 x 2,40	IE, HF	
Roupa suja	2,88	1,20 x 2,40	IE, HF	
Conforto clínico	17,28	2,40 x 2,40	IE, HF, HQ, TV, IT, IS, AC	1 por sexo
Refeitório	21,60	3,60 x 3,60	IE, HF, HQ, TV, IT, IS	
Nutrição e dietética	28,00	4,80 x 6,00	HF, HQ, IE, ED, E, FA	

(continua)

Clínica Oftalmológica até 6 leitos *(continuação)*		Setor: Privado Público: PS, CS, UM, Ambulatório		
AMBIENTE	ÁREA M²	DIM. MÍN.	INSTALAÇÕES	OBSERVAÇÕES
Lavanderia	22,00	Variável	HF, HQ, IE, ED, E, FA	
Controle de material	5,76	2,40 x 2,40	IE, HF	
Vestiário pessoal	17,28	3,60 x 4,80	IE, HF, HQ, HE	1 por sexo
Morgue	5,76	2,40 x 2,40	IE, HF, HQ	
Almoxarifado	8,64	2,40 x 3,60	IE	
Apoio	12,96 5,76 2,52	3,60 x 3,60 2,40 x 2,40 1,05 x 2,40	HF, HQ, IE, ED, IT, IS, IA, TV, AC, FO, FV, C, EE, IN	6 de 1 leito
Posto	5,76	2,40 x 2,40	IE, HF, HQ, IT, IS, AC	
DML	5,76	2,40 x 2,40	IE, HF, HQ	
Utilidades	5,76	2,40 x 2,40	IE, HF, HQ	
Rouparia	5,76	2,40 x 2,40	IE	Suja/limpa
Lixo	5,76	2,40 x 2,40	HF, HQ, IE, ADE	Unitário
Gases	2,88	1,20 x 2,40	HF, HQ, IE, ADE	Unitário

9 – Clínica oncológica

Oncologia: Ramo da Medicina que estuda e trata do câncer em suas diversas formas e manifestações (*Novo Dicionário Aurélio da Língua Portuguesa*, 2. ed., Rio de Janeiro, Nova Fronteira).

As clínicas privadas de tratamento oncológico, de um modo geral, praticam o tratamento clínico e acompanhamento dos casos sob sua responsabilidade. Elas assumem o diagnóstico, a orientação do tratamento e, em alguns casos, ministram a aplicação de quimioterapia.

Clínicas de maior porte prestam serviços mais amplos, como centros de qualidade de vida, onde fisioterapeutas, nutricionistas, psicólogos e assistentes sociais fazem parte do quadro técnico.

Alguns desses centros possuem até salão de beleza para tratar da aparência dos doentes, contando inclusive com peruqueiros, para dar suporte ao tratamento propriamente dito.

Essas clínicas em alguns casos trabalham associadas a Centros de Radiologia para ampliar a capacidade de diagnóstico por meio de tomógrafos, ressonâncias, mamografia, ultrassonografia, entre outros equipamentos, além de trabalhar com referência a um hospital especializado e que conte também com tratamento de radioterapia.

ÁREA: Depende do Programa.

Programa:

Área, Dimensões Mínimas, Instalações e Observações.

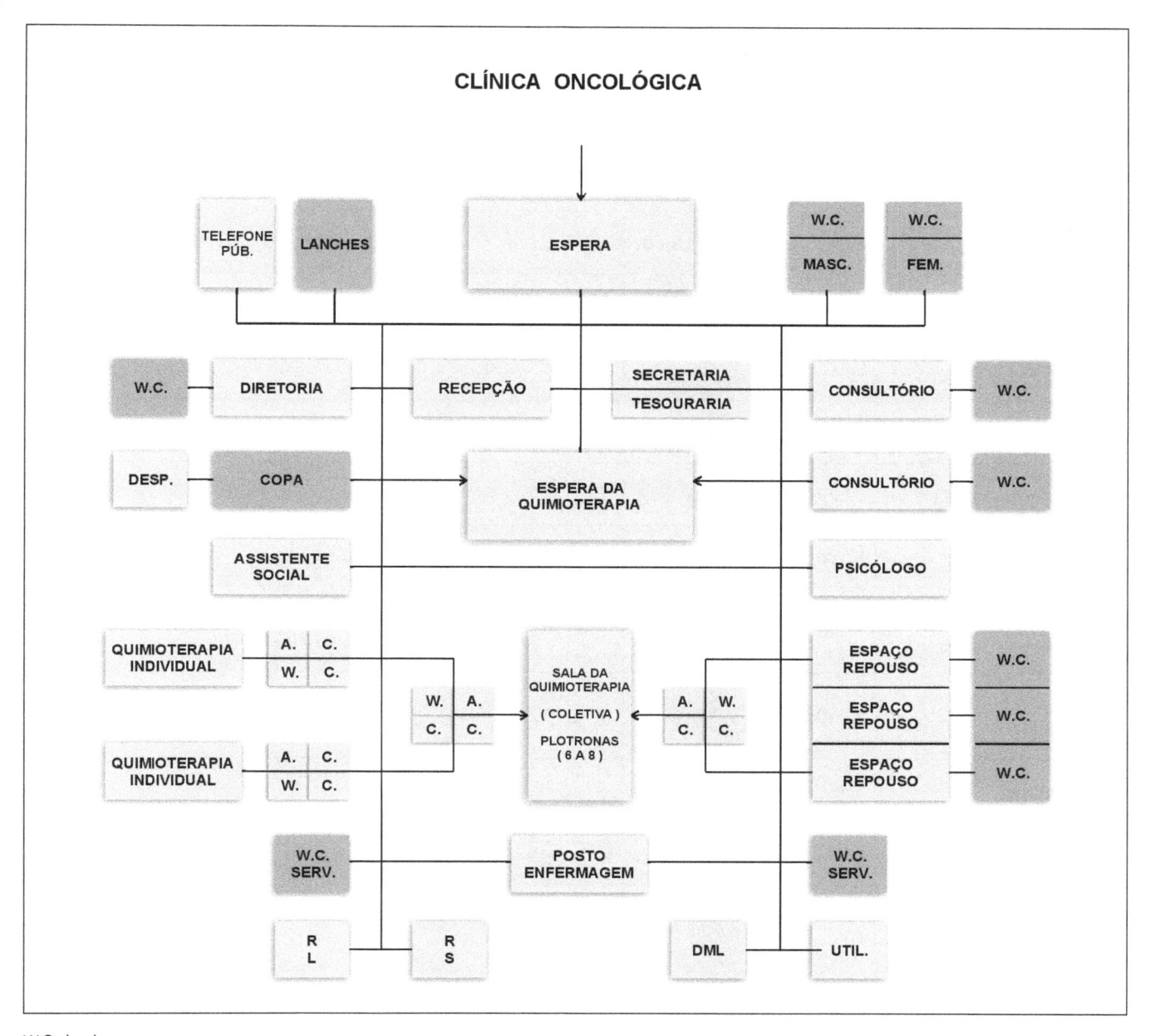

CLÍNICA ONCOLÓGICA

W.C.: lavabo
A.C.: ante-câmara

Clínica Oncológica

AMBIENTE	ÁREA M²	DIM. MÍN.	INSTALAÇÕES	OBSERVAÇÕES
Espera	50,40	6,00 x 8,40	IT, IE	
W.C. público	8,64	2,40 x 3,60	HF, IE, E	1 por sexo + deficientes físicos
Lanchonete	5,76	2,40 x 2,40	HF, IE	
Telefone público	5,76	2,40 x 2,40	IT	
Recepção	6,48	1,80 x 3,60	IT, IE, AC	
Secretaria/tesouraria	17,28	3,50 x 4,80	IT, IE, AC	
Diretoria	17,28	3,60 x 4,80	IT, IE, AC	
Consultório indiferenciado	17,28	3,60 x 4,80	IT, IE, AC	Número a depender da administração da clínica
Espera paciente quimioterapia	50,40	6,00 x 8,40	IT, IE, TV, AC	
Antecâmara	5,76	2,40 x 2,40	IE	
Vestiário	2,88	1,20 x 2,40	IE	
Sala de aplicação de quimioterapia individual	17,28	3,60 x 4,80	HF, FO, FAM, EE	
Sala de aplicação de quimioterapia coletiva	50,40	6,00 x 8,40	HF, FO, FAM, EE	
Posto de enfermagem	5,76	2,40 x 240	HF, IT, IE AC	Para atender área individual e coletiva
Enfermaria de repouso	17,28	3,60 x 4,80	IT, IE, AC	1 para cada 2 poltronas
Psicólogo	12,00	3,00 x 4,00	IT, IE, AC	
Assistente social	12,00	3,00 x 4,00	IT, IE, AC	

(continua)

Clínica Oncológica (*continuação*)

AMBIENTE	ÁREA M²	DIM. MÍN.	INSTALAÇÕES	OBSERVAÇÕES
Copa	5,76	2,40 x 2,40	HF, IT, IE	
DML	5,76	2,40 x 2,40	HF, IT, IE	
Utilidades	2,88	1,20 x 2,40	IE, IT	
Roupa limpa	2,88	1,20 x 2,40	IE	
Roupa suja	2,88	1,20 x 2,40	IE	
Vestiário e banheiro serviço	17,28	3,80 x 4,80	HF, IE, IT	1 por sexo

10 – Clínica ortopédica

Ortopedia: Ramo da medicina que se ocupa da preservação ou restauração anatômica e/ou funcional do esqueleto e formações associadas (*Novo Dicionário Aurélio de Língua Portuguesa*, 2. ed., Rio de Janeiro, Nova Fronteira).

Cirurgias ortopédicas são, geralmente, consideradas de grande porte, solicitando então estrutura hospitalar para serem realizadas, em função de equipamentos, apoios necessários e do tempo de recuperação exigido no pós-operatório.

Entretanto, clínicas particulares para atendimentos de menor gravidade, como pequenas fraturas, luxações etc., que não exigem internações, são implantadas em função de uma demanda existente numa sociedade urbanizada com alta incidência de traumas em diversos níveis.

Mesmo para atendimentos de menor complexidade, essas clínicas necessitam de raio X (fixo e transportável), leitos para observação, salas para redução de fraturas e sala de gesso, numa estrutura de atendimento de urgência.

Prever espaço coberto para receber ambulância e estacionamento para macas e cadeiras de rodas.

Algumas dessas clínicas possuem atendimento em fisioterapia para apoio ao tratamento.

ÁREA: Depende do programa.

Programa:

Área, Dimensões Mínimas, Instalações e Observações.

Observações:

Equipamentos fundamentais são os raios X fixo e o raio X transportável.

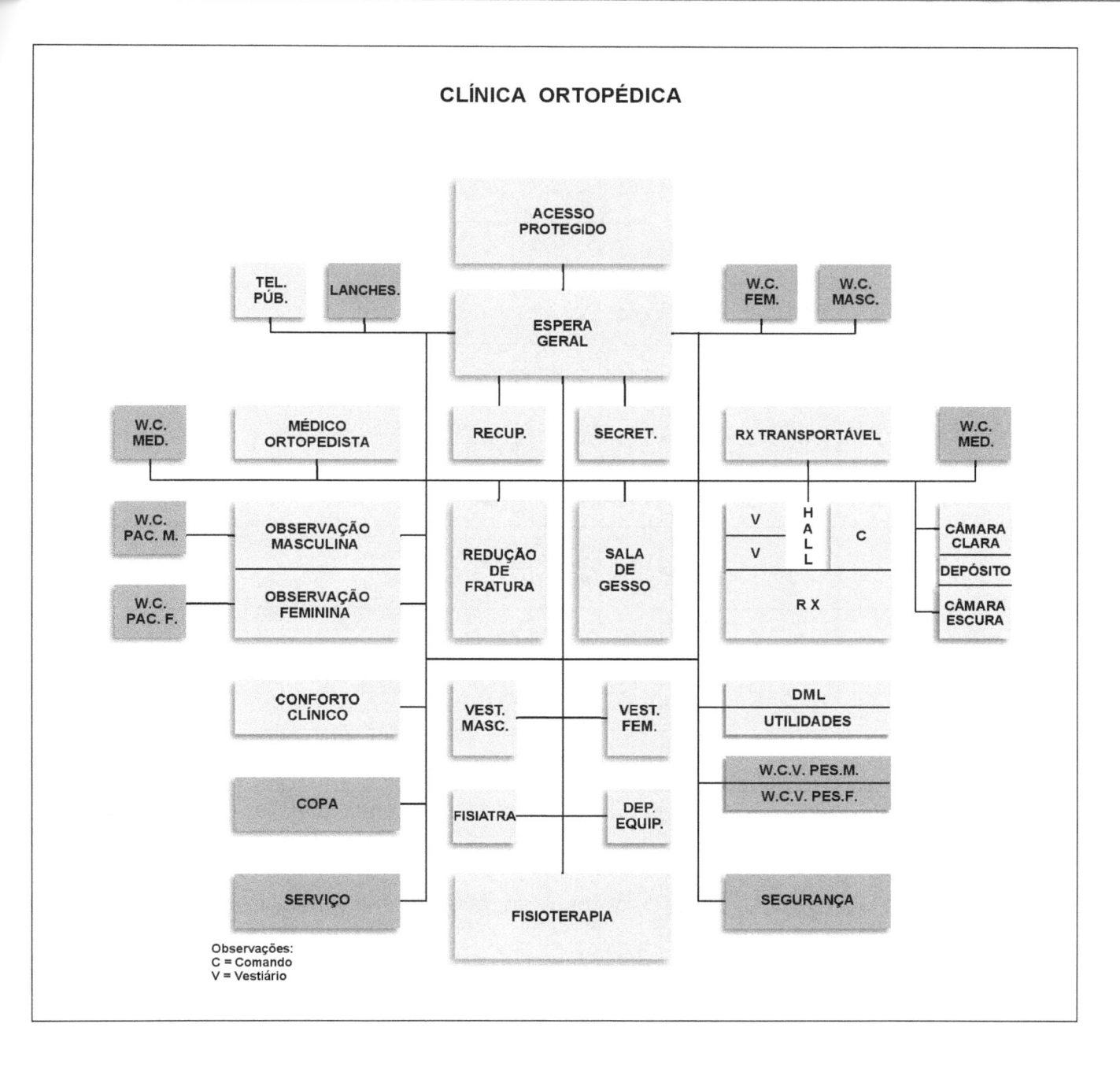

CLÍNICA ORTOPÉDICA

Observações:
C = Comando
V = Vestiário

Clínica Ortopédica

AMBIENTE	ÁREA M²	DIM. MÍN.	INSTALAÇÕES	OBSERVAÇÕES
Espera	30,00	5,00 x 6,00	IE, HF, IT, TV, AC	
Telefone público	5,76	2,40 x 2,40		
Lanches	5,76	2,40 x 2,40		
W.C. público	5,76	2,40 x 2,40	IE, HF, HE	1 por sexo + deficiente físico
Recepção	6,48	1,80 x 3,60	IE, HF, IT, AC	
Secretaria	17,28	3,60 x 4,80	IE, HF, IT, AC	
Redução de fraturas	17,28	3,60 x 4,80	IE, HF, HQ. CD. EE. AC	
Sala de gesso	12,96	3,60 x 3,60	HF, HQ, CD, EE, AC	
Consultório médico	12,00	3,00 x 4,00	IE, HF, HQ, IT, AC	
Observação masculina	21,60	3,60 x 6,00	IE, HF	
Observação feminina	21,60	3,60 x 6,00	IE, HF	
Raio X	20,00	4,00 x 5,00	HE, IE, ED, HR, HE	Deixar espaço para raios X transportável. Revestimento de piso, paredes e teto com barita
Comando	3,60	1,50 x 2,40	IE, ED	Vidro plumbífero entre sala de Comando e sala de raio X
Vestiários	1,44	1,20 x 1,20	IE	1 por sexo
Câmara clara	5,76	2,40 x 2,40	IE, HF, AC	
Câmara escura	5,76	2,40 x 2,40	IE, HF, AC	
Conforto clínico	17,28	3,60 x 4,80	IE, HF, IT, AC	

(continua)

Clínica Ortopédica (*continuação*)

AMBIENTE	ÁREA M²	DIM. MÍN.	INSTALAÇÕES	OBSERVAÇÕES
Copa	5,76	2,40 x 2,40	IE, HF, HQ, IT	
DML	5,76	2,40 x 2,40	IE, HF, HQ	
Utilidades	5,76	2,40 x 2,40	IE, HF	
W.C. pessoal	15,60	3,00 x 5,00	IE, HF, HQ, HE	1 por sexo
Consultório do fisioterapeuta/fisiatra	12,00	3,00 x 4,00	IE, HF, IT, AC	
Fisioterapia	ADE	ADE	ADE	A depender do tipo de atendimento
Serviço	15,60	3,00 x 5,20	IE, HF, HQ, IT	
Segurança	5,76	2,40 x 2,40	IE, IT	

11 – Clínica pediátrica

Pediatria: Ramo da medicina que se ocupa das doenças das crianças em todos os seus aspectos (*Novo Dicionário Aurélio de Língua Portuguesa*, 2. ed., Rio de Janeiro, Nova Fronteira).

No programa funcional de uma clínica de pediatria, dois ambientes são de vital importância: a sala de espera, que deve ser estruturada para manter a criança com a maior tranquilidade possível e a sala de exames, cuja ambientação deve ser implementada para não assustar o pequeno paciente. Evidentemente, salas para vacinação ou reidratação devem seguir a mesma linha, mas a espera (a primeira impressão) e a sala de exames (o primeiro contato com o médico) merecem maior atenção.

Experiências já foram feitas transformando a sala de espera num verdadeiro playground ou mesmo numa brinquedoteca, mas cada caso é um caso. Como o atendimento pediátrico vai até os 12 anos de idade, convém ambientar os móveis na escala das crianças e com cantos arredondados, via de regra, com cores vivas e evitando o branco (irrita crianças) em todo o ambiente. Ambientação com poucos objetos. Uma boa lanchonete ou bomboniere ajudam. TV, idem.

Uma nova especialidade derivada da pediatria, a Hebeatria (de Hebe, deusa grega da juventude), que cuida ou cuidará da adolescência (entre 13 e 20 anos), período cheio de conflitos, insegurança ou incerteza quanto ao futuro, pode funcionar conjuntamente numa mesma clínica e o programa deve assumir outra configuração. A decisão deve ser tomada com o médico.

ÁREA: 200 a 300 m². Mas deve depender do programa.

Programa:

Área, Dimensões Mínimas, Instalações e Observações.

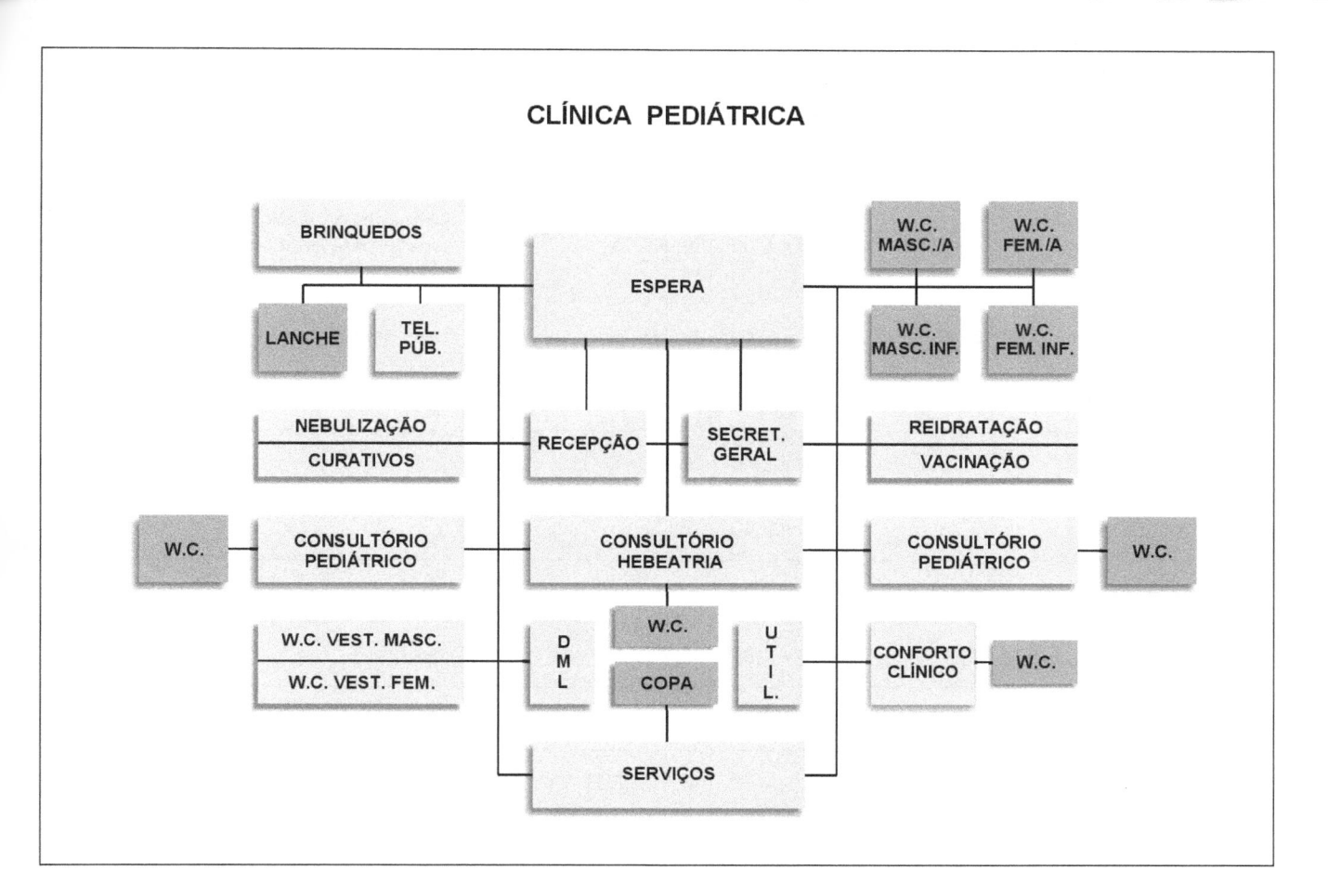

Clínica Pedriática

AMBIENTE	ÁREA M²	DIM. MÍN.	INSTALAÇÕES	OBSERVAÇÕES
Espera	30,00	5,00 x 6,00	IE, HF, TV, IT	Ambiente para adulto e criança. Deixar espaço para brinquedoteca com área independente
W.C. adulto	5,76	2,40 x 2,40	IE, HF, HE	1 por sexo
W.C. infantil	5,76	2,40 x 2,40	IE, HF, HE	1 por sexo
Lanches	5,76	2,40 x 2,40	IE, HF. IT	
Telefone público	5,76	2,40 x 2,40	IE, IT	
Recepção	6,48	1,80 x 3,60	IE, IT	Observar móveis na escala da criança
Secretaria geral	17,28	3,60 x 4,80	IE, IT, AC	
Nebulização	14,44	3,60 x 4,00	IE, HT, FA (M)	
Vacinação	18,00	4,00 x 4,00	IE, IT, HF, H	
Reidratação	12,00	3,00 x 4,00	IE, HF, FA (M)	
Curativo	12,00	3,00 x 4,00	IE, HF	
Consultório pediatra	12,00	3,00 x 4,00	IE, HF	Número de consultórios a ser definido, W.C. privativo
Consultório hebeatria	12,00	3,00 x 4,00	IE, HF	Idem
Conforto clínico	17,28	3,60 x 4,80	IE, HF, IT, AC	W.C. 1 por sexo
Copa	5,76	2,40 x 2,40	IE, HF, HQ. IT	
DML	5,76	2,40 x 2,40	IE, HF. HQ	
Utilidades	5,76	2,40 x 2,40	IE, HF, HQ	
Serviço	15,00	3,00 x 5,00	IE, HF, HQ, IT	
W.C. vestiário pessoal	15,60	3,00 x 5,20	IE, HF, HQ	1 por sexo

12 – Clínica psiquiátrica

Psiquiatria: Parte da medicina que trata do estudo e tratamento das doenças mentais (*Novo Dicionário Aurélio de Língua Portuguesa*, 2. ed., Rio de Janeiro, Nova Fronteira)

A questão da saúde mental pode ser compreendida a partir da formação sócioeconômica e cultural de cada sociedade, considerando-se sua dinâmica processual em determinados momentos históricos. O binômio saúde/doença tem de ser entendido a partir de um contexto no qual qualidade e modo de vida são determinantes. A doença mental tem muitos fatores, sua etiologia é biológica, psicológica, social e de outros fatores desconhecidos que participam de sua formação.

Segundo a lógica de produção capitalista, é excluído, segregado, todo indivíduo que lhe quebra o padrão ou denuncia, através de sua ação ou reações, as contradições do sistema, como é o caso de um doente mental, um improdutivo social e econômico. O doente, improdutivo é rechaçado, discriminado, estigmatizado como marginal ou louco e o seu espaço na sociedade é a prisão ou o manicômio.

70% dos doentes mentais brasileiros são pobres ou pretos. Daí o descaso com o tratamento e o abandono a que são relegados os hospitais psiquiátricos ou, então, a sua transformação em máquinas de fazer dinheiro, quando geridos por entidades privadas. O louco não reclama qualidade.

A mudança no quadro apresentado acima, em escala mundial, começou no Brasil após longos debates na sociedade, a partir da Lei 10.216, de 6 de abril de 2001, a chamada Lei Antimanicomial, que propõe a desmobilização progressiva dos hospitais psiquiátricos e sua substituição por outras estruturas, mais humanas e com tratamento adequado. São os Núcleos e Centros de Atenção Psicossocial, para o atendimento ambulatorial, os Lares Abrigados, para efetuar uma transição entre o hospital e a residência do doente ou para abrigá-lo quando não possuir essa residência. O hospital permanecerá apenas para os casos agudos e de urgência psiquiátrica. A experiência, cheia de expectativa, segue sendo implantada.

Várias experiências e alternativas para amparar o doente mental estão sendo estudadas no mundo, como a Clínica La Borde; na França, Setúbal; em Portugal e Trieste; Itália, onde atua o psiquiatra Franco Basaglia, expoente da reforma psiquiátrica na Itália. Elas reorganizaram o atendimento ao doente mental, empreendendo a reabilitação dos pacientes para a vida social.

Um fator, entretanto, surge no quadro da doença mental no Brasil: as drogas e o dependente químico. Um problema que atinge todas as classes, inclusive as de maior poder aquisitivo, que podem consumir as chamadas drogas "nobres", como a cocaína e a heroína, cujo valor no mercado é muito alto.

Surge a necessidade pela elite brasileira de cuidar de seus dependentes. Sendo conhecedora do atual estágio de falência da rede pública de saúde, além de desejar evitar o estigma de "viciados" ou "loucos" aos seus membros, utiliza uma rede privada de clínicas que foram erguidas em função da demanda e suporte financeiro de planos e seguros de saúde.

A questão é muito complexa e não é objetivo desse livro entrar no mérito do problema ou formar juízos de valor sobre o tema e sim mostrar como esses espaços são organizados.

O Diretor Clínico da Clínica La Borde, em Paris, Jean Oury, que cuida de 100 pacientes, afirma: "O esquizofrênico não está, espacialmente, em parte alguma. Todo o nosso trabalho consiste em fazer com que ele possa estar um pouco em algum lugar." Essa é a perspectiva da Psicoterapia Institucional, movimento iniciado no pós-guerra com o médico psiquiatra catalão F. Tosquelles e que prossegue em vários países.

Em resumo, a Psicoterapia Institucional baseia-se em múltiplos trabalhos e constata que um esquizofrênico, por exemplo, num meio fechado, tende a assumir reações por vezes estereotipadas, como uma espécie de reação ao meio. Trata-se de uma "doença do hospital". E o fundamento do método procura justamente um conjunto de procedimentos para enfrentar os efeitos da hospitalização, pesquisando espaços alternativos para atender o paciente.

As nossas clínicas privadas ainda são, na sua maioria, ambientes adaptados. Falta uma conceituação sobre esses espaços e aqui é posto o desafio.

O programa apresentado a seguir é fundamentado na pesquisa "in loco" efetuada pelo autor em várias dessas clínicas e representa uma pequena amostra do que foi observado.

ÁREA: Depende do programa e da terapia empregada. Em geral, são clínicas para no máximo 30 leitos. Prever 1.800 a 2.000 m^2 de construção e, pelo menos, 50% desse total para áreas livres e verdes.

Programa:

Área, Dimensões Mínimas, Instalações e Observações.

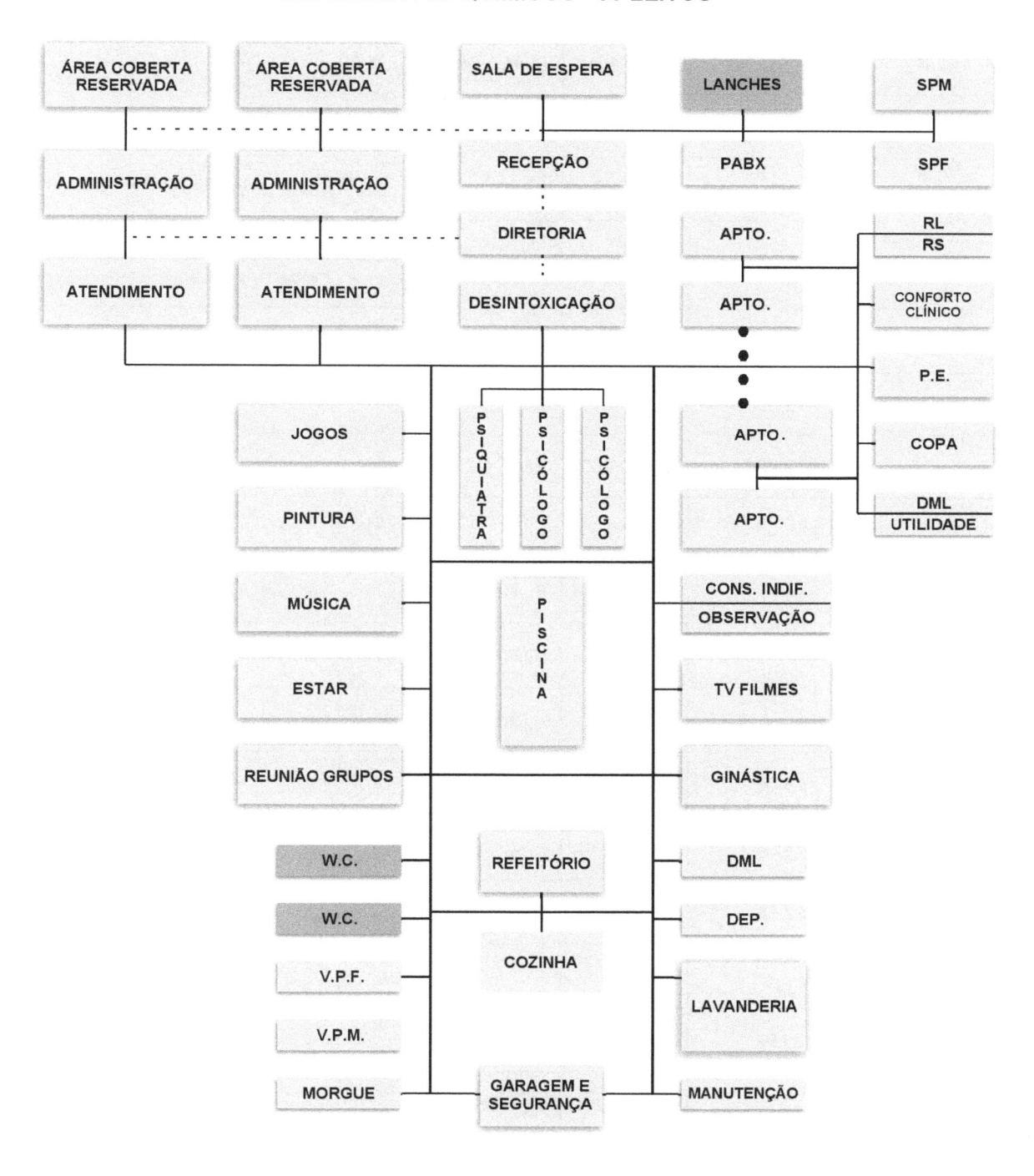

CLÍNICA PSIQUIÁTRICA
DEPENDENTES QUÍMICOS - 30 LEITOS

Clínica Psiquiátrica (Dependentes químicos) até 30 leitos				
AMBIENTE	ÁREA M²	DIM. MÍN.	INSTALAÇÕES	OBSERVAÇÕES
Recepção geral	6,64	1,80 x 4,80	IE, AC, TV, IS	
Espera	40,32	4,80 x 8,40	IE, AC, HF, TV, IS	
W.C. público	5,76	2,40 x 2,40	IE, HF	1 por sexo
Sala de atendimento	12,00	3,00 x 4,00	IE, HF, FO, FA, M	Deve ser ambiente reservado Pelo menos 2 salas
Desintoxicação	12,00	3,00 x 4,00	IE, AC, HE	Manutenção da vida
Psicologia	12,00	3,00 x 4,00	IE, AC	
Assistente social	12,00	3,00 x 4,00	IE, AC	
Consultório psiquiatra	12,00	3,00 x 4,00	IE, AC	
Sala pintura	–	–	IE, AC, ED, HF	Variável, 2,00 m²/cavalete
Sala de jogos	–	–	ADE	Variável
Sala de música	–	–	IA, IN, IE, ADE	Variável
Sala de estar	28,00	4,80 x 6,00	IE, AC, ED	
Reunião de grupo	25,04	4,80 x 4,80	IE, AC, ED	
TV e filmes	34,56	4,80 x 7,20	IE, ED, IA, IC	
Ginástica	–	–	–	Pode ser tipo ginásio
Piscina	25,92	3,60 x 7,20	HF, HQ, IE	É variável e deve ser aquecida
Vestiário	17,20	3,60 x 4,80	HF, HQ. IE	1 por sexo
Consultório indiferenciado	12,00	3,00 x 4,00	IE, ED, AC	Ambientado para atendimento psicoterapêutico

(continua)

Clínica Psiquiátrica (Dependentes químicos) até 30 leitos *(continuação)*				
AMBIENTE	**ÁREA M²**	**DIM. MÍN.**	**INSTALAÇÕES**	**OBSERVAÇÕES**
Refeitório	51,84	7,20 x 7,20	HF, HQ, IE, TV	
Nutrição e dietética	43,20	6,00 x 7,20	HF, HQ, IE, ED, E, FA	
Lavanderia	34,54	4,80 x 7,20	HF, HQ, IE, ED, E, FA	Pré-lavagem/lavagem/rouparia
DML	5,76	2,40 x 2,40	HF, HQ, IE	
Depósito	5,76	2,40 x 2,40	IE	
Vestiário e W.C. pessoal	17,28	3,60 x 4,80	HF, HQ, IE	1 por sexo
Morgue	5,76	2,40 x 2,40	IE, HF, HQ	
Manutenção	23,04	4,80 x 4,80	IE, HF, HQ, ED, FA	
Garagem	36,00	6,00 x 6,00	IE, HF	
Apartamentos, W.C., Banheiro + circulação	12,96 5,76 2,52	3,60 x 3,60 2,40 x 2,40 1,05 x 2,40	HF, HQ, IE, ED, TV, IT, IR, IA, IS, AC, FO, EE, FV, C, IN	30 individualizados
Posto de enfermagem	5,76	2,40 x 2,40	HF, HQ, IE, ED, IS	
Copa	5,76	2,40 x 2,40	HF, HQ, IE	
Conforto clínico	17,28	3,60 x 4,80	HF, HQ. IE, TV, IS	
Roupa suja	2,88	1,20 x 2,40	HF, IE	
Roupa limpa	2,88	1,20 x 2,40	HF, HQ, IE	
DML	5,76	2,40 x 2,40	HF, HQ, IE	
Utilidades	5,76	2,40 x 2,40	HF, HQ, IE	

13 – Clínica ou centro de radiologia e clínica ou unidade de radioterapia

Clínica (centro) de radiologia

Radiologia: Ramo da medicina que, com fins de diagnóstico ou terapêuticos, emprega raios X, isótopos radioativos e radiação não ionizante (*Novo Dicionário Aurélio de Língua Portuguesa*, 2. ed., Rio de Janeiro, Nova Fronteira).

O diagnóstico por imagens evoluiu de forma excepcional nas últimas décadas. A partir do raio X surgiram a tomografia computadorizada, a ressonância magnética e os tomógrafos de última geração como o PET (Positron Emission Tomografy).

Esses equipamentos, normalmente, são instalados em hospitais gerais de grandes dimensões associando o diagnóstico, pela radiologia, e o tratamento, por meio da radioterapia (acelerador nuclear, bomba de cobalto, braquiterapia, ortovoltagem e simulador de radioterapia).

Por não exigirem uma retaguarda hospitalar nos seus procedimentos, têm surgido no país clínicas ou centros de radiologia com o objetivo único de processar o diagnóstico.

Além de manipularem raios X, tomógrafo e ressonância nuclear magnética, esses centros também executam procedimentos de ultrassonografia, mamografia, densitometria e medicina nuclear, através de cintilógrafos e gamacâmaras, completando um leque de serviços de alto nível.

Em função do peso dos equipamentos, convém proceder à sua instalação no térreo, dotando-os de todos os requisitos de segurança no tocante à emissão de radiações para as áreas vizinhas.

Sua estrutura ainda solicita uma grande quantidade de serviços complementares e administrativos, no sentido de bem atender os seus pacientes.

No programa a seguir, estão detalhadas as solicitações quanto ao controle de radiações e nos Desenhos de números 44 a 52 são apresentados modelos de plantas e detalhes propostos pelo autor para esse tipo de equipamento.

ÁREA: 1.000 a 1.500 m^2 para o programa considerado a seguir. É importante a taxa de ocupação da clínica não ultrapassar 70% da área do terreno.

Programa:

Área, Dimensões Mínimas, Instalações e Observações.

Clínica (unidade) de radioterapia

Radioterapia: Forma de tratamento empregada em várias doenças, a qual faz o uso dos raios X ou outra forma de energia radiante (*Novo Dicionário Aurélio de Língua Portuguesa*, 2. ed., Rio de Janeiro, Nova Fronteira).

A utilização do termo **Unidade de Radioterapia** adotado acima foi em função de que este tipo de tratamento requer uma retaguarda de apoio hospitalar por causa da complexidade dos seus procedimentos. Não deve ser instalada em clínicas isoladas. Deve ser uma unidade hospitalar.

A implementação de uma Unidade de Radioterapia é um processo longo e multidisciplinar, que envolve alto custo e requer profissionais de diversas áreas. A primeira fase para implementação desse serviço contempla a escolha e a aquisição do equipamento.

A seguir vem a fase do Projeto de Blindagem, parte central do Relatório Preliminar de Análise de Segurança (RPAS). Documento a ser apresentado à CNEN (Comissão Nacional de Energia Nuclear), para que o serviço obtenha os registros e autorizações necessários ao seu funcionamento. Aprovado o RPAS, a CNEN emite autorização para construção (ou modificação) e o serviço pode iniciar as obras físicas para receber as máquinas.

Encerrada a construção, a instalação dos equipamentos e dos testes de aceitação dos mesmos, deve-se apresentar o Relatório Final de Análise de Segurança (RFAS), que é o Plano de Radioproteção que, aprovado, habilitará a operação dos equipamentos e o início do tratamento de pacientes.

A preparação dessa documentação é de responsabilidade da direção da instituição onde será implantado o serviço. O RPAS deve ser elaborado por um profissional experiente, preferencialmente um físico supervisor de radioproteção.

Para o projeto e a construção, o grupo encarregado comporta: representante do hospital contratante, médico radioterapêutico, arquiteto, físico nuclear, engenheiro civil, engenheiro eletricista, engenheiro mecânico, construtor e fornecedor do equipamento. É vital a interação entre esses profissionais, para que o processo transcorra normalmente. A coordenação geral deve ser do **arquiteto** com assistência direta do **físico**, que trabalharão juntos até o final da obra e serão o elo entre o contratante e os outros, principalmente o fabricante dos equipamentos e o construtor.

A obra é demorada e o cronograma deve ser realista. Um prédio para radioterapia não é uma simples construção de tijolos e concreto. É exigida uma integração de serviços de energia elétrica, iluminação, condicionamento de ventilação e temperatura, fornecimento de água, drenagem, gases medicinais, acabamento e ambientação e ainda ergonomia e segurança.

A RDC 50 – Anvisa/MS exige que, para a implementação de uma unidade de radioterapia, considere-se a necessidade de realizar consultas médicas de programação, preparação do paciente, realização de serviços de enfermagem, efetuar o planejamento do tratamento (cálculos, moldes, máscaras, simulação etc), aplicar radiações ionizantes terapêuticas com equipamentos apropriados, além de zelar pela segurança e proteção dos pacientes, dos operadores e do ambiente. O programa apresentado a seguir orienta os ambientes para tais atividades.

O Papel do arquiteto

A CNEN, na sua publicação sobre **Blindagem em Radioterapia**, dentro do Programa de Qualidade em Radioterapia, destaca a importância do arquiteto em coordenar estes projetos.

A unidade deve ser instalada no térreo, na periferia do edifício hospitalar, com a finalidade de se evitar os problemas de radioproteção que surgem se as salas de tratamento estiverem próximas a locais de alta ocupação. De preferência, deve ser um bloco independente e exclusivo, sem ocupação sobre o teto. Essa recomendação é importante, pois implantada a unidade em edifício com pavimentos acima da unidade de radioterapia, os custos com radioproteção serão muito maiores. Daí a necessidade de uma boa escolha do terreno. Evidentemente, com a inexistência de terrenos maiores nas cidades brasileiras, este é um ponto a ser ponderado ao se planejar um hospital e a possibilidade de se adotar um partido horizontal ou vertical.

Continuando neste objetivo, construções subterrâneas são aceitáveis, mas caras. A situação em relação ao hospital deve ser de total integração, facilitando-se a entrada de pacientes ambulatoriais e maior interação com outras áreas do hospital, principalmente com pacientes internados e as áreas de exames complementares.

Definida a área de construção, com as máquinas e as necessidades do serviço, o **arquiteto**, **líder do projeto**, começa a encaixar todas as peças, detalhando o projeto.

Toda a equipe de planejamento deve participar: médico, físico, administradores e engenheiros, os quais devem garantir que a construção estará pronta no prazo previsto e que todos os prerrequisitos exigidos pelos fabricantes estejam providenciados na chegada dos equipamentos.

Solicitar, sempre que necessário, o apoio do fabricante. Todos possuem equipes de ajuda ao usuário e podem fornecer as informações necessárias.

No caso de uma nova sala ou departamento, o arquiteto deve preparar vários desenhos em escala, incluindo locação do terreno, planta de situação, fachada e diagrama de cobertura, planta detalhada do departamento e plantas e cortes detalhados das áreas blindadas, incluindo vizinhanças, para atender as normas legais de construção.

Itens a serem considerados ao se projetar uma sala de tratamento:

Acesso

- Para máquina
- Para macas e cadeiras de rodas

Segurança

- Blindagem
- Porta de entrada
- Sinalização de radiação
- Indicação de feixe ligado
- Botões de emergência
- Microchaves de segurança

Comunicação com o paciente

- Janela ou circuito fechado de TV
- Intercomunicação oral

Armazenamento dentro da sala

- Aplicadores
- Blocos de blindagem
- Dispositivos de imobilização

Armazenagem na área de controle de prontuário do paciente

- Registro dos tratamentos
- Registro dos defeitos e emergências
- Registro do controle de qualidade
- Registro de performance da máquina
- Equipamentos de dosimetria
- Equipamentos de testes
- Peças de reposição
- Dispositivo de alinhamento por laser
- Controle de iluminação

Energia elétrica

- Para a máquina
- Para instrumentos de dosimetria

Água e esgoto

Gases medicinais

Ambientação

Acomodação dos pacientes

- Sala de espera
- Boxes para troca de roupa

Outros ítens que merecem a atenção do arquiteto

- Detalhar as áreas blindadas (espessura das paredes indicada para cada máquina) com assessoria do físico nuclear.

- Extremo cuidado no direcionamento do feixe primário para o teto e paredes e o melhor posicionamento da máquina em relação ao labirinto, porta e área de controle. Máquinas isocêntricas pedem o desenvolvimento do projeto em torno do isocentro da sala.

- O fabricante deve fornecer o Manual do Equipamento, indicando todos os aspectos da instalação, inclusive dimensões mínimas da sala, e mais:

  1. Se há necessidade de recessos no chão ou sustentadores de peso no teto.

  2. Métodos de instalação, manutenção, natureza e tamanho da máquina.

  3. Equipamentos auxiliares tais como: gabinete do modulador, gabinete eletrônico, controles, resfriadores, reguladores de tensão etc.

- O projeto de blindagem, incluindo espessuras das paredes e portas e a posição do labirinto, requer intensa colaboração com o físico que fornecerá, ao arquiteto, todos os detalhes necessários à execução e montagem da sala.

- A partir daí, o arquiteto planejará os espaços para equipamentos auxiliares, as salas de recepção, espera, troca de roupa, tratamento e controles.

- Junto com a sala de tratamento, o arquiteto deve planejar a sala de controle. A opção será entre uma sala fechada ou aberta. Na fechada, os técnicos e equipamentos ficam visivelmente isolados dos pacientes. Na aberta, os técnicos podem realizar suas atividades e, ao mesmo tempo, supervisionar os pacientes em espera. Em ambos os casos é importante situar a mesa de controles e equipamentos de modo que se tenha total e permanente controle de acesso à sala de tratamento e que os pacientes em espera não vejam os que estão sendo tratados. Nessa fase do projeto, é essencial ouvir os técnicos responsáveis pela operação dos equipamentos para posicionar melhor as máquinas.

- Cuidado com reformas! A sala já existente, muitas vezes, não permite alterações nas suas dimensões e no labirinto. Tal fato pode exigir a fixação de materiais de blindagem mais densos, dificultando a entrada das máquinas. Em alguns casos, é preciso demolir as paredes e até mesmo o teto para entrada do equipamento. Deve-se tomar cuidado especial no caso de a sala ser muito antiga e a máquina a ser instalada solicitar potência energética maior que a substituída. Além do mais, salas antigas podem ter sido projetadas obedecendo a normas de proteção menos restritivas e não oferecerem blindagem adequada. Em ambos os casos, as blindagens terão de ser aumentadas para atender normas vigentes e, muitas vezes, tal medida é impossível em serviços já executados.

Materiais de radioproteção

- Os mais comuns são o concreto de densidade normal, ou o de alta densidade, placas de aço e/ou lâminas de chumbo. Concreto comum é o mais barato e simples de usar. Caso haja restrição de espaço, deve-se adotar materiais alternativos.

- Geralmente na reforma de uma sala ou em construções próximas a áreas muito ocupadas, onde o espaço é fundamental, pode ser necessário usar placas de aço ou uma combinação de aço e concreto, com o objetivo de manter mínima a espessura da blindagem e máximo o tamanho da sala.

- Embora o concreto seja o material mais indicado, sua densidade não é tão uniforme quanto a do aço ou do chumbo e, por isso, seu uso exige cuidado. A equipe de projeto deve assegurar, por monitorações frequentes, que o controle de qualidade da mistura e da concretagem atenda às especificações de blindagem e segurança.

- Cuidados especiais na armação, nas juntas, na sequência do lançamento, na vibração e na cura do concreto podem evitar o aparecimento de fissuras, fendas ou dilatações.

- Nas novas construções, é utilizado o concreto de densidade média: 2.350 kg/m^2. Admitindo-se pequena flutuação pela variação local dos componentes. Concretos de alta densidade (com Barita e Hematita) e/ou aço só devem ser usados quando o espaço for limitado. Chumbo e aço são indicados para revestimento de portas e, às vezes, para recessos de paredes onde se instalam lasers e caixas de junção.

O papel do engenheiro

É muito importante o trabalho do engenheiro na construção de uma Unidade de Radioterapia. Responsável pela boa execução da obra, esse profissional deve ficar atento para os seguintes pontos:

- Assegurar que sala seja executada conforme planejada.

- Para paredes de concreto, assegurar a correta armação dos ferros e da concretagem e, se forem usadas placas de aço ou de chumbo, a forma como serão fixadas nos locais indicados.

- Adotar método construtivo que elimine fendas ou juntas, pelas quais a radiação possa escapar. Controlar especificações, materiais, dosagens, densidade, propriedades mecânicas, elásticas e térmicas.

- Em caso de reforma, é mais simples aumentar a blindagem das paredes do que do teto, onde as condições de trabalho são limitadas pelo espaço. Em geral, é mais fácil construir ou suportar estruturas sobre o teto que sob ele, mas é necessário tomar cuidado com a carga adicional e com o isolamento hidráulico.

- Se a blindagem for adicionada abaixo do teto, deve-se sustentá-la por vigas de aço ou de concreto e apoiá-la nas paredes laterais existentes ou em colunas de aço dentro da sala.

- Ter sempre o cuidado de não diminuir o tamanho da sala.

- Devem ser programados adequadamente, com os demais integrantes da equipe de projeto, os serviços de suprimento elétrico, hidráulicos, ar condicionado, gases medicinais etc. que interligarão a máquina da sala de tratamento aos equipamentos associados na sala de controle e outros locais. As rotas para esses serviços devem ser cuidadosamente planejadas, antes da concretagem do piso.

- Verificar o diâmetro das tubulações, como elas se interligam nos diferentes equipamentos, qual a profundidade e cobertura adequada e como penetram na sala blindada.

- Antes de tudo, deve-se evitar passagem direta da radiação pela estrutura de blindagem. Isso se consegue por meio da entrada de dutos em curvas ou por acesso sob o alicerce da sala.

- Para garantir ao máximo a segurança, todas as passagens e dutos devem atravessar a blindagem fora do **feixe primário** de radiação.

- Passagem de ar condicionado deve chegar, pela bandeira da porta, à região do labirinto.

- Cabos de dosímetros devem penetrar próximos ao controle por tubo de 10 mm de diâmetro, inclinados em relação à parede em direção ao piso interno.

- Os cabos elétricos e a alimentação hidráulica devem penetrar na sala por canaleta profunda, próxima ao controle.

- O engenheiro deve ficar atento aos recessos no chão necessários à implantação das bases de sustentação da máquina e da maca.

- Como as bases exigem uma abertura no chão, deve-se saber quanto às condições de sustentação e hidrografia do solo, de modo a evitar infiltrações e abatimentos. Tanto piso como recesso devem ser impermeabilizados, antes do acabamento.

- Verificar, em caso de reforma, se as plantas existentes na unidade estão atualizadas. Geralmente, estão defasadas ou incompletas. A carga elétrica, por exemplo, pode ser insuficiente, ou os dutos elétricos e hidráulicos estão mal posicionados.

- Acabamento e ambientação compõem a parte final do projeto. Devem ser planejados cuidadosamente, se possível, com um arquiteto de interiores. A primeira preocupação deve ser facilidade de limpeza e desinfecção. Paredes pintadas com tinta à base de epóxi, piso de granito e teto rebaixado de gesso acartonado oferecem bom acabamento.

- As cores, texturas e mobiliário etc. devem proporcionar sensação de equilíbrio, tranquilidade e limpeza. Quadros, plantas humanizam o ambiente. As salas de tratamento e controle devem apresentar uniformidade de ambientação com as demais salas da unidade.

- É importante a sinalização da circulação indicando claramente as áreas de acesso restrito. Prever boa e fácil comunicação visual.

Detalhamento

- O acesso à sala de tratamento deve ser largo o suficiente para possibilitar a entrada de máquinas, macas e cadeiras de rodas.

- O piso deve suportar as pesadas cargas dos equipamentos e permitir a circulação das caixas, sem interferências.

- A instalação de uma porta é para evitar o acesso não apropriado de pessoas. Caso o labirinto seja bem projetado, a porta poderia até ser dispensada.

- A blindagem da porta é necessária quando não houver espaço para um bom labirinto. Também quando a sala receber equipamento, cuja demanda energética seja mais alta.

- Caso seja feito um reequipamento da sala, o aparelho dotado de "*beam-stopper*" pode vir a ser boa opção.

- Para máquinas com energia fótons e/ou elétrons, igual ou maior que 10 MV, pode ser necessário blindar a porta com fotonêutrons, principalmente se o labirinto for único e curto.

- Portas movidas por sistemas eletrônicos devem ter um mecanismo auxiliar que permita abertura no caso de falha mecânica ou elétrica. Como são lentas, a adoção de "meia-abertura" facilitará o trabalho dos técnicos.

- É importante que a porta possa ser aberta dos dois lados. Embora não possua fechadura, deve-se instalar um dispositivo magnético que lacre o fechamento numa exposição.

- Portas com giro sobre pinos, desde que bem balanceadas, são mais fáceis de manejar. A blindagem da porta deve ser contínua e homogênea e se estender além da abertura por alguns centímetros, para evitar frestas. É importante que seja "corta-fogo" e possua intertravamento elétrico.

- A sala de controle deve ser colocada adjacente à porta, para que os técnicos mantenham vigilância permanente de acesso e o trabalho se torne mais eficiente. A sala deve ser ampla o suficiente para acomodar, com conforto, pessoal, mobiliário, equipamento de controle e dosimetria, possuir bom número de interruptores e tomadas para o acionamento de instalações do equipamento, iluminação, circuitos fechados de TV, intercomunicador, dosímetro, computadores, impressoras etc. Deve possuir uma chave geral para ser utilizada numa emergência. Todas as tomadas devem estar aterradas e possuir mesmo potencial e fase.

- Os cabos condutores de eletricidade devem estar fora de vista, mas com fácil acesso. Devem penetrar facilmente na sala de tratamento, preferencialmente por meio de canaletas sob o piso e possuir diâmetro compatível com as funções que atender.

- É importante a adoção de dutos de reserva, tanto para cabos elétricos como para água, esgoto e ar-condicionado. Não é raro que dutos de serviços, notadamente água e esgotos, fiquem entupidos com o uso e impeçam o bom funcionamento da sala.

- O material para dutos deve ser compatível com a sua utilização. Por exemplo; cabos elétricos em tubos de PVC e água em dutos de cobre.

- Muito cuidado com sinalização de segurança. Afixar na porta a marca internacional de presença de radiação (**trifólio**), com a advertência – **Cuidado Radiação** – os telefones dos responsáveis e a quem acionar numa emergência. Um sinal automático de prontidão para irradiar e outro de presença de radiação devem ser instalados na mesa de controle, na entrada da porta e na sala de tratamento. Geralmente, esse sinal é feito com duas lâmpadas: uma verde para indicar prontidão e uma vermelha para indicar radiação.

- O fabricante já fornece o sinal no console do controle. Mas a sinalização da entrada e a do interior da sala de tratamento são instaladas pelo contratante.

- Deve ser total a visibilidade dos avisos de segurança. Tanto as cores como a intensidade devem possuir tamanho apropriado. Na sinalização verde deve estar escrito **Área Restrita** e na vermelha **Radiação – Entrada Proibida** – piscando intermitentemente durante a exposição. A verde deve ser acesa quando a porta for fechada e permanecer assim até sua abertura. A vermelha deve permanecer acionada enquanto houver exposição. Ambas devem ser incandescentes.

- Salas de telecobalterapia e braquiterapia de alta taxa de dosagem devem possuir um detector ambiental de radiação independente com sinalizador de exposição na entrada da sala e na mesa de controle. O monitor deve indicar a condição de fonte exposta e ser visível. Este equipamento é obrigatório, pois independe das condições de operação da máquina de tratamento.

- Botões de emergência devem ser instalados nas áreas de controle e de tratamento e seu posicionamento deve ser de uma forma que facilite a indentificação e impeça acidentes.

- As salas de tratamento exigem a instalação de sistemas de água para resfriamento do Acelerador Linear e de água e esgoto para higiene das mãos e para dosimetria.

- Exige-se um sistema de ar-condicionado e, muitas vezes, de um sistema de gases medicinais para anestesia e recuperação do paciente. Alguns autores defendem a adoção de uma sala de cirurgia e de recuperação, anexa à sala de tratamento, para o caso de aplicação de radioterapia ou braquiterapia, feita com apoio de procedimentos cirúrgicos, onde são aplicadas as sementes de iodo radioativo ou ouro em volta do tumor, para modular os feixes de radiação e sua intensidade, e evitar queimaduras nos tecidos sadios. Com essa sala auxiliar pode-se reduzir bastante o número de cabos a penetrarem na sala de tratamento.

- Os circuitos de resfriamento são fechados e conectados a um reservatório externo. Seus dutos condutores devem seguir a orientação do fabricante e, como precaução, ser instalados em duplicata. Devem correr sobre o piso em canaletas desmontáveis.

- O reservatório externo, especificado pelo fabricante, deve ser instalado próximo à sala de tratamento e possibilitar os serviços, a drenagem e a limpeza.

- Bombas de recalque devem ser instaladas, em duplicata, e com possibilidade de serem acionadas da parte interna da sala de tratamento. O sistema de esgoto do lavatório deve ser bem adaptado e ter ralo no chão para, quando necessário, drenar a água do resfriamento, da dosimetria e facilitar a limpeza da sala.

- A entrada de todos os dutos na sala de tratamento deve ficar fora do feixe primário e devem ser curvos para evitar o escape de radiação.

- Pisos e recessos devem ser impermeabilizados.

Ar-condicionado
Central ou do tipo split

- Adotando-se o sistema central, deve ser pela bandeira da porta para evitar saída de radiação secundária. O duto deve ser blindado por lâminas de chumbo ou por absorvedores de fotoneutrons de modo que o duto penetre em curva sobre a porta.

- Já o sistema Split facilita a radioproteção, pois os dutos são de pequenos diâmetros, podendo entrar na sala fazendo curvaturas e evitando vaza-

mento de radiação. Esse sistema exige renovação de ar, pois o sistema não possui recirculador. A sua melhor rota dentro da sala é sobre um forro rebaixado seguindo o labirinto. Estrutura externa para abrigar o maquinário. Aparelhos de parede não são admitidos.

- Várias tomadas e interruptores elétricos, como já foi visto, devem ser instalados nas paredes principalmente próximos ao GANTRY. São necessários para: iluminação, lasers de posicionamento, limpeza e manutenção, equipamentos de dosimetria, câmaras de TV, monitor ambiental de radiação, ventiladores (em caso de pane no ar condicionado), botões de emergência, sinalizadores etc. Recessos devem ser iluminados.

- Caso as caixas de passagens de lasers sejam embutidas nas paredes blindadas, deve-se fixá-las em placas de aço fundido no concreto com dimensões de 4 cm de espessura e margem extra de 2,5 cm em relação à caixa. Essas peças de fixação de blindagem são necessárias tanto para os recessos internos quanto para os externos à sala.

Visualização do paciente

- 2 câmaras de TV posicionadas defronte ao aparelho. Uma no isocentro. Outra, dando uma visão panorâmica do paciente e da máquina. O sistema de duas câmaras amplia o campo de monitoração e uma serve de reserva para a outra, em caso de defeito.

- Nenhum tratamento deve ser realizado sem o paciente estar visualmente monitorado. Caso o tratamento seja feito fora da mesa ou do isocentro (nas irradiações de corpo inteiro), deve-se provisionar a melhor posição de instalações. Dispositivos automáticos possibilitam o ajuste automático do foco, do zoom, do controle da iris e da direção. É obrigatório o sistema intercomunicador oral de duas vias (paciente e técnico).

Mobiliário

O mobiliário da sala de tratamento deve oferecer condições para o armazenamento de todos os dispositivos usados no serviço.

Sala de teleterapia

- Blocos de blindagem, bandejas, máscaras de fixação, filtros em cunha, aplicadores de elétrons, posicionadores, material de bólus, acessórios da unidade de tratamento, fantomas para dosimetria, eletrômetros, réguas, espessômetros etc. Piso antiestático nas salas de tratamento e controle, já que computadores, dispositivos eletrônicos e gases inflamáveis serão utilizados.

Dutos para cabos de dosimetria

- Muita atenção com a instalação apropriada para passagem dos cabos de dosimetria. De fundamental importância para facilitar e agilizar os procedimentos dosimétricos e nas salas com longos labirintos.

- Esses dutos devem sair da sala de controle próxima à mesa, atravessando a parede blindada, de modo a impedir a incidência de radiação primária e secundária. Nenhum tubo deve entrar perpendicularmente à parede. Normalmente, os cabos de dosimetria correm sobre o piso, mas, se possível, deve-se fazer com que fiquem embutidos para evitar danos.

- A dosimetria moderna exige uma variedade de cabos:
  1. Calibração padrão.
  2. Movimentação automática de câmaras de ionização dentro de fantomas.
  3. Para dosimetria ao vivo.
  4. Para conexão de computadores.

- Planejar o duto adequadamente:
  Se algum cabo for permanente, deve-se provisionar sua entrada pela canaleta de serviço, sua saída próxima à mesa de tratamento e evitar que corra pelo piso. O acabamento do duto de dosimetria, no lado externo, deve ter maior espaço para ser preenchido por blindagem extra removível quando não estiver sendo usado.

- A presença do lintel interno, muitas vezes exigido pela estrutura, é uma boa forma de reduzir radiação espalhada pelo labirinto, principalmente para fotonêutrons. Chicanas e bicos também contribuem, já que aumentam a trajetória de reflexão. Como diminuem o espaço livre, devem ser projetados com cuidado para não interferirem no acesso à sala de tratamento.

ÁREA: 1.200 a 1.500 m².

Programa:

Área, Dimensões Mínimas, Instalações e Observações.

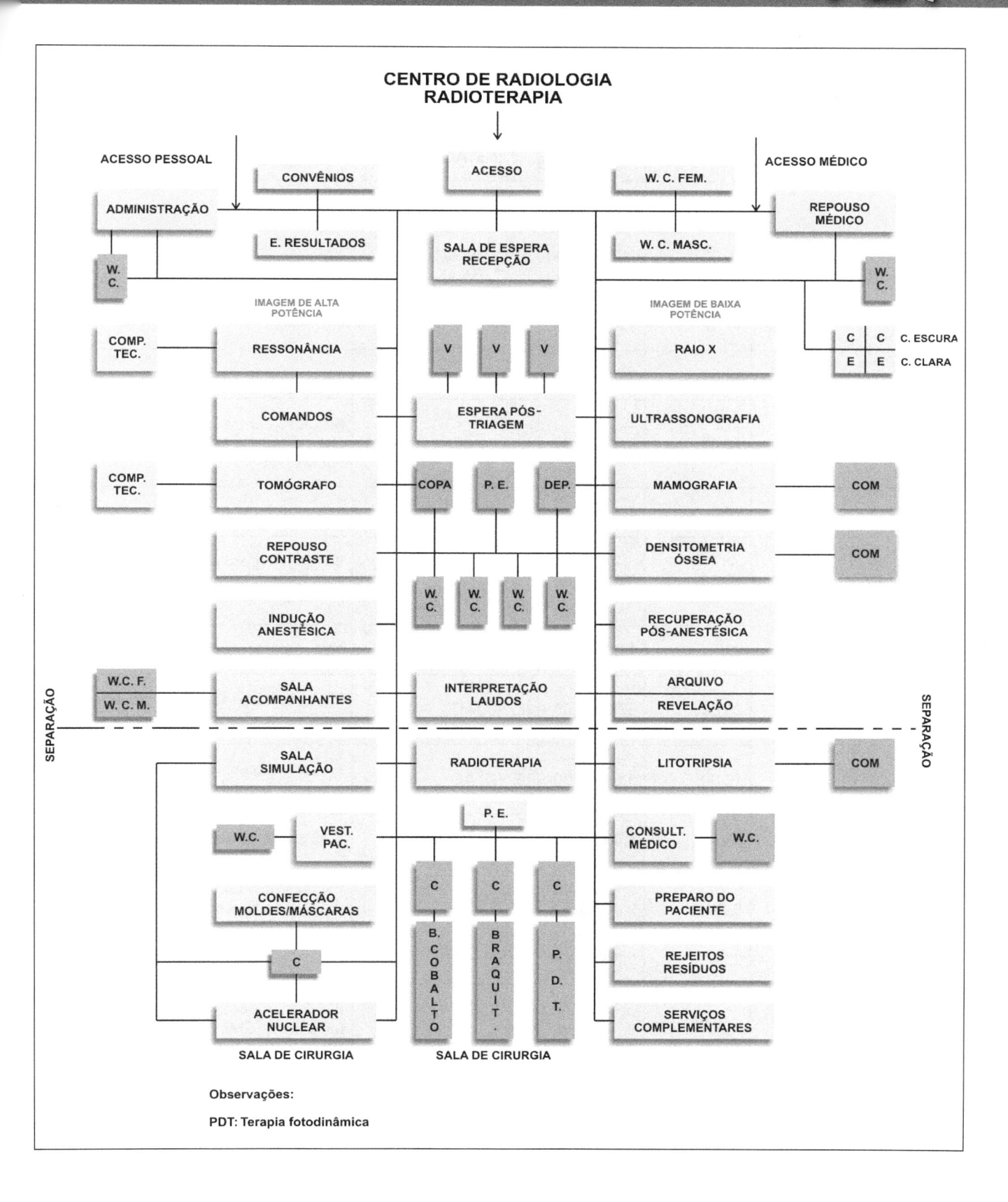

CENTRO DE RADIOLOGIA
RADIOTERAPIA

Observações:

PDT: Terapia fotodinâmica

Clínica e Centro de Radiologia			**Setor: Privado** **Público: CS, Ambulatório**	
AMBIENTE	**ÁREA M²**	**DIM. MÍN.**	**INSTALAÇÕES**	**OBSERVAÇÕES**
Recepção	12,00	2,00 × 6,00	IE, IT	
Sala de espera Marcação de consultas	64,00 40,00	4,00 × 16,00 4,00 × 10,00	IE, IT, TV, AC, HF IE, IT, TV, AC, HF	
W.C. público	11,52	2,40 × 4,80	IE, HF, HE	1 por sexo
Consultório diferenciado	12,00	3,00 × 4,00	IE, HF, HE, TV, IT	1 por tipo de apartamento
Ultrassonografia	12,00	3,00 × 4,00	IE, ED, AC	Proteção contra interferência eletromagnética (EMI) 2345 e lâmpadas fluorescentes
W.C. anexo	2,88	1,20 × 2,40	IE, HF	
Mamografia	12,00	3,00 × 4,00	IE, ED, AC	Blindagem para piso, parede e teto com barita. Portas de chapas de chumbo. Acabamento não deve refletir a luz
Vestiário anexo	2,88	1,20 × 2,40		1 por sala de exames/mínimo
Raios X (sala)	25,00	5,00 × 5,00	IE, ED, AC	Idem mamografia. Indicação externa de equipamento em uso
Comando	12,00	3,00 × 4,00	IE, ED, AC	Prever vidro com plúmbífero entre o comando e a sala de raios X
Sala para laudos	23,04	4,80 × 4,80	IE, ED, AC, HF	Para atender todo o centro
Câmara clara Câmara escura	5,76 5,76	2,40 × 2,40 2,40 × 2,40	IE, HF	Prever exaustão e indicação externa de equipamento em uso
Vestiário pacientes	2,88	1,20 × 2,40	IE, HF, HQ	
Ressonância magnética	38,40	4,80 × 8,00	IE, ED, AC, HF	Blindagem por lâminas ou blocos de ferro doce (CM). Blindagem contra radiofrequência (RF) à base de cobre ou alumínio, ou aço inox, vidro armado ou gradeado

(continua)

Clínica e Centro de Radiologia (*continuação*)			Setor: Privado Público: CS, Ambulatório	
AMBIENTE	**ÁREA M²**	**DIM. MÍN.**	**INSTALAÇÕES**	**OBSERVAÇÕES**
Tomografia computadorizada	30,00	5,00 x 6,00	IE, ED, AC	Idem mamografia
Comando	19,80	3,60 x 5,50	IE, ED, AC	Pode atender à ressonância e tomografia
Sala para componentes	12,00	2,40 x 6,00	IE, ED, AC	1 por equipamento
Densitometria	12,00	3,00 x 4,00	Idem ultra-som	Idem ultrassom
Comando	7,20	2,40 x 3,00	IE, ED, AC	
Cintilografia	25,00	5,00 x 5,00	IE, ED, AC, indicativo externo de equipamento em uso	Divisórias de concreto. Mantas ou blocos de chumbo. Poço ou cofre de chumbo. Blindagem de proteção radiológica, segundo CNEN
Comando	12,00	3,00 x 4,00	IE, ED, AC	
Posto de enfermagem	7,20	2,40 x 3,00	IE, ED, AC, IT, HF	1 por setor
Sala de espera privativa	34,56	4,80 x 7,20	IE, ED, AC, IT, HF	O mais humanizada possível
W.C. público	8,64	2,40 x 3,60	IE, ED, IT, HF	1 por sexo
Sala de repouso e contraste	51,84	4,80 x10,80	IE, ED, HF, HE, IT. AC	Divisórias de cortina entre macas
Copa e lanchonete	5,76	2,40 x 2,40	IE, HF, HQ, IT	
Sala para entrega de resultados	18,00	4,00 x 4,50	IE, HF, HQ, TV, AC	
Sala administrativa	24,00	4,00 x 6,00	IE, HF, IT, TV, AC	Ver sala de reunião
Secretaria	24,00	4,00 x 6,00	IE, TV, IT, HF	
Espera privada	19,20	4,00 x 4,80	IE, TV, IT, HF, AC	

(*continua*)

Clínica e Centro de Radiologia *(continuação)*			Setor: Privado Público: CS, Ambulatório	
AMBIENTE	**ÁREA M²**	**DIM. MÍN.**	**INSTALAÇÕES**	**OBSERVAÇÕES**
Espera geral	44,00	4,00 x 11,00	IE, TV, IT, HF, AC	
Estar médicos	15,00	3,00 x 5,00	IE, TV, IT, HF, AC	
Reuniões	15,00	3,00 x 5,00	IE, TV, IT, HF, AC	
Almoxarifado	21,60	3,60 x 6,00	IE, AC	
Rejeitos	12,00	3,00 x 4,00	ADE	Segundo CNEN
DML	3,60	1,80 x 2,00	IE, HF, IT	
Utilidades	3,60	1,80 x 2,00	Idem	
Vestiário pessoal	15,00	3,00 x 5,00	IE, HF, HQ	1 por sexo

14 – Clínica de urologia

Urologia: Parte da medicina que se ocupa das doenças dos rins que demandam intervenções cirúrgicas, e dos demais órgãos das vias urinárias (*Novo Dicionário Aurélio de Língua Portuguesa*, 2. ed., Rio de Janeiro, Nova Fronteira).

Ao se projetar uma Clínica de Urologia, alguns aspectos devem ser considerados e tratados com os proprietários:

1. Se será uma clínica isolada ou implantada com uma unidade de diálise e nefrologia (caso em que o programa se tornará mais complexo, merecendo uma outra abordagem).

2. Caso seja isolada, se haverá procedimentos cirúrgicos.

Normalmente, em clínicas isoladas, os procedimentos cirúrgicos são de pequena complexidade, tais como vasectomias, dilatação uretral e, quando muito, cirurgias de postectomia, por exemplo. São intervenções cirúrgicas que, muitas vezes, não são consideradas para remuneração pelo sistema público ou privado de saúde e, quando o são, não compensam. Depois, estas cirurgias às vezes podem ser feitas em consultórios. Cirurgias de maior porte, como transplante renal, devem ser realizadas dentro de uma estrutura hospitalar.

Para clínicas isoladas, algumas recomendações importantes devem ser feitas:

• Separar as salas de espera de pacientes clínicos da sala de espera de pacientes cirurgiados. Estes últimos, para continuar o tratamento pós-operatório, voltam às clínicas portando sondas via uretral com bolsas de urina, dificuldade de locomoção, entre outros casos, exigindo um ambiente específico onde possam esperar atendimento, evitando constrangimentos inúteis.

• O setor de atendimento deve ser bem dimensionado.

• Local coberto para embarque e desembarque de pacientes.

ÁREA: 300 a 400 m². Caso possua um pequeno centro cirúrgico.

Programa:

Área, Dimensões Mínimas, Instalações e Observações.

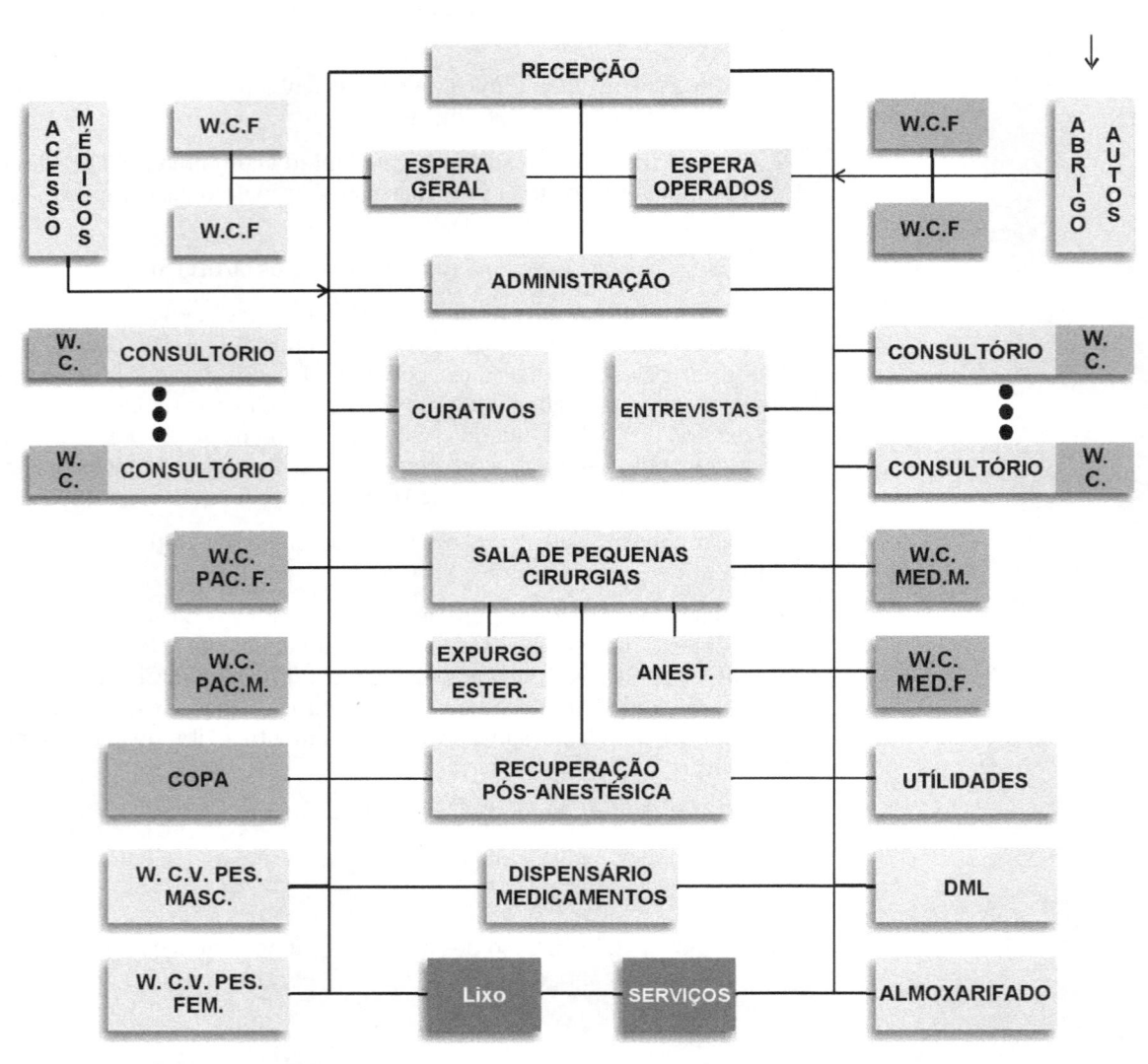

CLÍNICA DE UROLOGIA

OBS:Sanitário de dificiente
deve ser junto dos demais
sanitários.

Exemplos: Pequenas cirurgias:
1- Alargamento de uretra
2- Vasectomia
3- Retirada de pontos de curativos de cirurgia

Clínica de Urolologia

AMBIENTE	ÁREA M²	DIM. MÍN.	INSTALAÇÕES	OBSERVAÇÕES
Recepção		2,40 x 4,80	IE, HF, AC, IT	Atende as duas salas
Espera geral	25,92	3,60 x 7,20	IE, AC, HF, TV	
Espera operados	25,92	3,60 x 7,20	IE, AC, HF, TV	Acesso protegido isolado
W.C.	17,28	3,60 x 4,80	IE, HF	1 por sexo para cada sala de espera
Acesso isolado para médicos			Variável	De preferência um abrigo para pelo menos 1 automóvel
Consultório + W.C.	12,00 5,76	3,00 x 4,00 2,40 x 2,40	IE, AC, HF, EA, HE, IT, TV	N° x de dependentes da clínica. Aterramento para computadores
Entrevista	5,76	2,40 x 2,40	IE, IT, HF, AC	
Curativos	17,28	3,60 x 4,80	IE, IT, HF, HQ, AC	
Sala de pequenas cirurgias	23,04	4,80 x 4,80	IG, FA, FO, FN, ED, EE, HF, Ralo e etc.	Alargamento de uretra. Fimose. Vasectomia etc.
Expurgo, Esterilização	5,76 11,52	2,40 x 2,40 2,40 x 4,80	IE, HF, HQ, ED, HE	Vapor
Vestiário para médicos	17,28	3,60 x 4,80	IE, HF, HQ	1 por sexo
Vestiário para pacientes	8,64	2,40 x 3,60	IE, HF, HQ	1 por sexo (previsão para sanitário de deficientes)
Recuperação pós-anestesia	21,60	3,60 x 6,00	Idem sem cirurgia	
Copa	5,76	2,40 x 2,40	IE, HF, HQ, h e IT	
Utilidades	5,76	2,40 x 2,40	IE, HF	
DML	5,76	2,40 x 2,40	IE, HF, HQ	

Clínica de Urolologia (*continuação*)

Depósito	2,88	1,20 x 2,40	IE	
Almoxarifado	12,96	3,60 x 3,60	IE, IT	
Vestiário pessoal masculino	12,98	3,60 x 3,60	IE, HF, HQ, HE	
Vestiário pessoal feminino	12,98	3,60 x 3,60	Idem	
Dispensário de medicamentos	5,76	2,40 x 2,40	IE, IT, AC	

15 – Clinica veterinária

Veterinária: Medicina dos animais – Zooiatria (*Novo Dicionário Aurélio de Língua Portuguesa*, 2. ed., Rio de Janeiro, Nova Fronteira).

As Clínicas Veterinárias surgiram nas cidades com o processo de urbanização brasileiro. Destinam-se mais para animais domésticos de pequeno porte, como cães e gatos, entre outros.

As mais estruturadas, além do atendimento clínico, efetuam exames de raios X, vacinação preventiva, exames laboratoriais e até intervenções cirúrgicas, seguidas de internamento.

Atualmente, essas clínicas sofisticaram-se; possuem farmácia especializada e prestam serviços de banhos, tosa e hotelaria (quando os proprietários do animal precisam viajar, por exemplo, e deixam-no "hospedado" em locais apropriados).

O seu correspondente público são os centros de zoonose.

Normalmente, essas clínicas são implantadas em estruturas improvisadas, muito embora estejam surgindo algumas planejadas.

ÁREA: 200 a 300 m^2.

Programa:

Área, Dimensões Mínimas, Instalações e Observações.

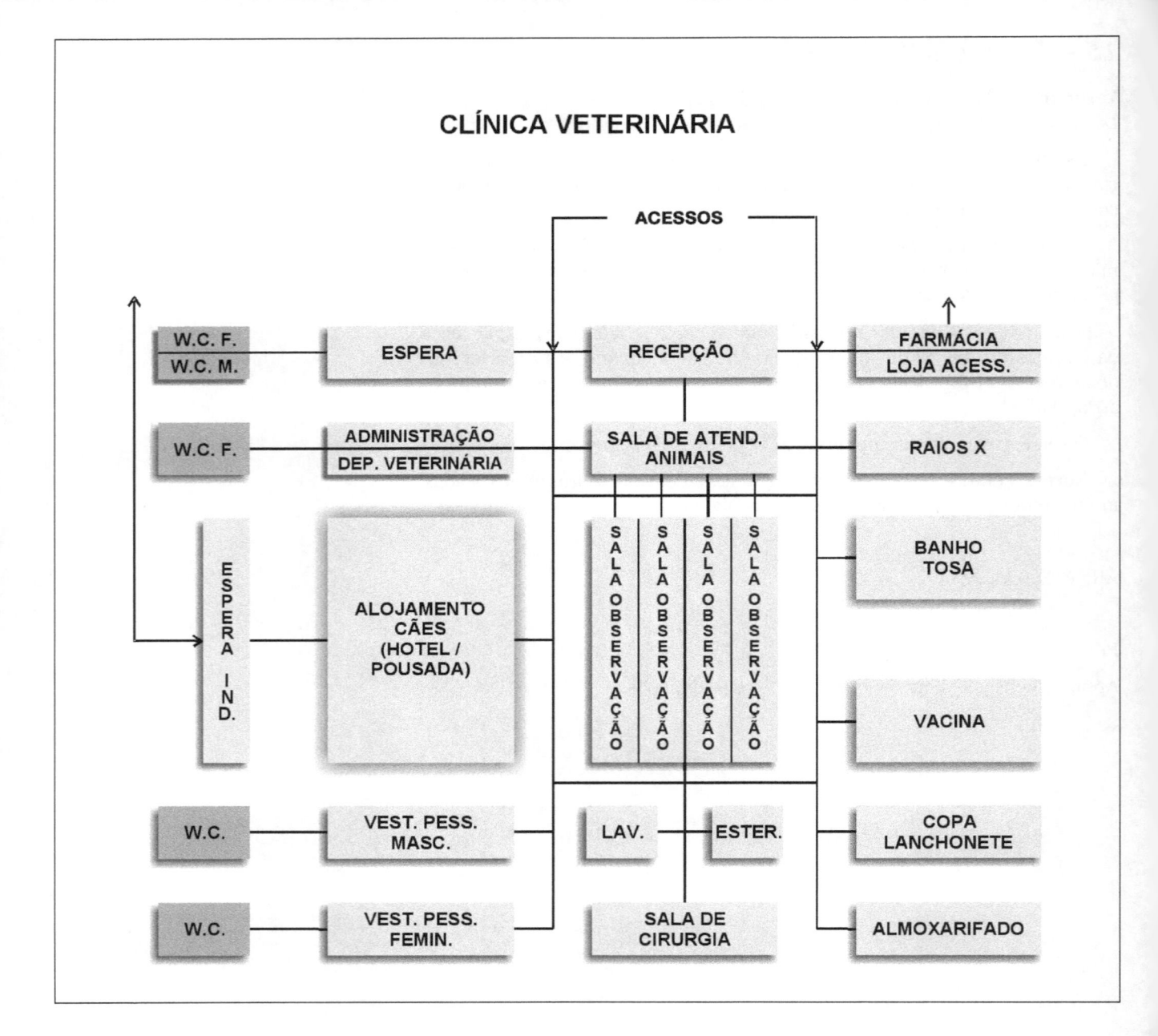

CLÍNICA VETERINÁRIA

Clínica Veterinária			Setor: Privado/Público	
AMBIENTE	ÁREA M²	DIM. MÍN.	INSTALAÇÕES	OBSERVAÇÕES
Espera	12,25	3,50 x 3,50	IE, TV, AC	
Farmácia	17,50	8,50 x 5,00	IE, HF	
Recepção	5,46	2,40 x 2,40	IE, HF, IT, AC	
Depósito	2,88	1,20 x 2,40	IE	
Atendimento	17,50	3,50 x 5,00	IR, HF, AC, IT	
W.C.	6,00	2,00 x 3,00	IE, HF, HE	
Raios X	25,00	5,00 x 5,00	IE, ED, AC	Comando: 1,50 x 1,50
Câmara escura	5,76	2,40 x 2,40	IE, HF, ED. AC	
Preparo	4,00	2,00 x 2,00	IE, HF	
Laboratório	27,50	5,00 x 7,50	IE, ED, HF, HQ, AC	
Diretoria	17,50	3,50 x 5,00	IE, IT, AC	
Contabilidade	6,00	2,00 x 3,00	IE, HF, IT, AC	
Alojamento de animais	60,00	5,00 x 12,00	IE, HF, HQ, ED, IT	
W.C.	6,00	2,00 x 3,00	IE, HF, ED, AC	
Cirurgia	25,00	5,00 x 5,00	FA, FD, FN, AC, IE, ED, EE, HF, RALO ETC.	
Lavagem	4,00	2,00 x 2,00	IE, HF, HQ, HE, RALO ETC.	
Esterilização	4,00	2,00 x 2,00	IE, ED, HF	
Necrópsia	17,50	3,50 x 5,00	IE, ED, HF, HQ	
Incineração	6,00	2,00 x 3,00	IE, ED	

16 – Centro de Diagnóstico

É o correspondente privado para o ambulatório geral, numa versão mais requintada, tendo em vista que o seu atendimento objetiva pacientes vinculados a planos e seguros de saúde.

Os altos custos dos equipamentos hospitalares, o processo de desospitalização, causado pelo avanço da medicina, com a consequente redução dos dias de internação, têm provocado a organização de Centros de Diagnóstico, tipo de instituição onde, a partir da alta qualidade dos equipamentos e do nível do corpo clínico, se dispõe das condições necessárias para atender vários hospitais, através de convênios e parcerias, deixando para os hospitais as funções de cura e reabilitação dos pacientes.

Programa Básico

Salas para consultórios e apoios. Salas em torno de 45 m² – boa flexibilidade

Setor de Rádio-Diagnóstico (ressonância, tomógrafos, ultrassonografia, radioscopia, medicina nuclear, mamografia, densitometria, hemodinâmica, eletrocardiógrafo, ecocardiógrafo etc).

Laboratório de Patologia Clínica

Setor de comércio e apoio: farmácia convencional, farmácia homeopática, farmácia de manipulação, boutique para médicos, salão de beleza, lanchonete ou restaurante, loja de vídeos, escritórios para planos de saúde, salão de exposições, biblioteca e auditório, equipamentos e ambientes para segunda opinião e bancos.

Estacionamento

Em alguns casos, estes centros comportam um hospital dia. Deve ser prevista a instalação de acesso independente, centro cirúrgico, recuperação e respectiva área de apoio.

Dimensionamento e localização

Equipamento mais indicado para grandes centros. Deve conter, para ser viabilizado, 200 consultórios. Deve estar instalado em área ligada à população médica em um raio de até três quilômetros do domicílio, consultório ou faculdade. Partido arquitetônico, preferencialmente, horizontal. Mas muitos, por questões de terreno, são verticais.

Para o paciente, sem os gastos com internação longa, o custo de todo o processo de tratamento é reduzido entre 20% e 30%.

17 – Hemocentro

Unidade destinada à coleta, análise, armazenamento, distribuição e transfusão de sangue e de seus hemocomponentes.

Essas unidades surgiram em decorrência do aparecimento da AIDs e da grande contaminação de pacientes que necessitavam de transfusão de sangue ou se submetiam a tratamento hemodialítico.

Hoje, todo sangue utilizado em hospitais ou qualquer outra unidade de saúde tem que ser processado nos hemocentros. Inicialmente, estes eram instalados em estruturas públicas. Atualmente, em função da grande demanda, são permitidas unidades privadas.

Exames necessários para procedimentos envolvendo transplante de medula são realizados dentro dessas estruturas que devem possuir laboratórios especializados para tal fim.

ÁREA: A depender do programa.

Programa:

Área, Dimensões Mínimas, Instalações e Observações.

HEMOCENTRO

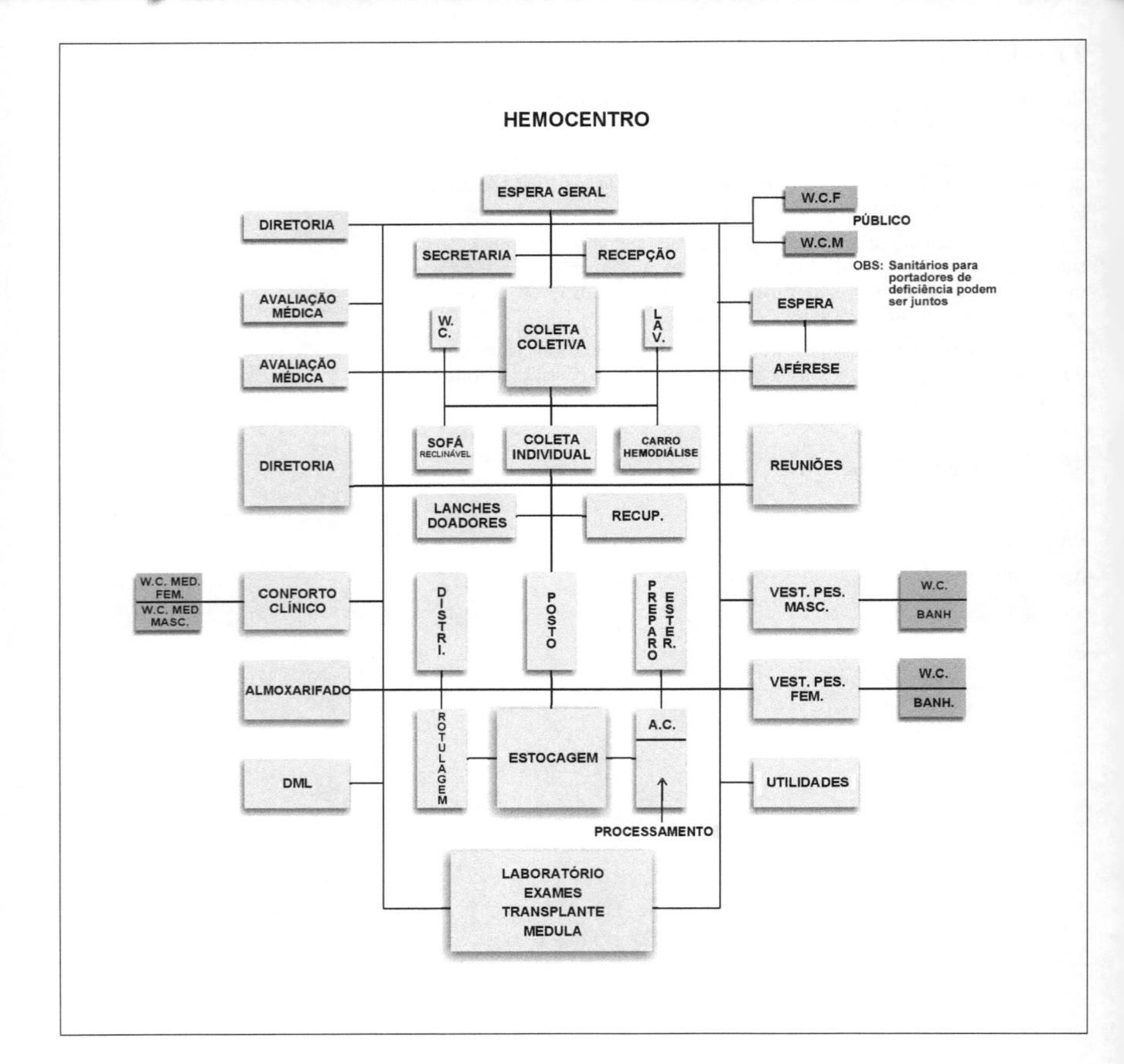

Hemocentro		Setor: Privado/Público		
AMBIENTE	ÁREA M²	DIM. MÍN.	INSTALAÇÕES	OBSERVAÇÕES
Espera geral	40,00	5,00 x 8,00	IE, HF, IT, AC	
Recepção	7,50	2,50 x 3,00	IE, IT	
W.C. público	1,80	1,20 x 1,50	IE, HF, HE	1 por sexo
Espera privada	14,00	2,50 x 4,00	IE	
Aférese	16,20	3,60 x 4,50	IE, HF, IT	
Consultório avaliação	6,25	2,50 x 2,50	IE, IT, AC, HF	2 no mínimo
Lavabo	4,00	2,00 x 2,00	IE, HF, HQ, HE	
Coleta coletiva	51,25	7,00 x 7,50	IE, HF, HQ, AC, TV	
Lanchonete dos doadores	14,00	3,50 x 4,00	IE, HF, HQ	
Copa	8,64	2,40 x 3,60	IE, HF, HQ	
Repouso e observação	26,29	Variável	IE, HF, HQ, AC, IT	
Almoxarifado	12,00	3,00 x 4,00	IE, IT, AC	
W.C. vestiário pessoal	10,64	2,80 x 3,80	IE, HF, HQ, HE	1 por sexo
Laboratório	116,25	2,50 x 15,50	IT, HE, HF, HQ, HE, ED, AC	Para realização de exames Transplantes de medula
Estocagem de sangue e derivados	11,25	2,50 x 4,50	IE, HF, HQ, HE, ED, AC	
Espera geral Recepção	30,00	5,00 x 6,00	IE, HF, IT, AC	
Ambiente semirestrito	20,00	4,00 x 5,00	IE, HF, HQ, IT, AC	Preparação de pacientes 2 w.c. para ambos os sexos

(continua)

Hemocentro (*continuação*)		**Setor: Privado/Público**		
Recepção	4,00	2,00 x 2,00	IE, IT, AC	
Esterilização	4,00	2,00 x 2,00	IE, HF, HQ, ED, AC	
Lavagem	4,00	2,00 x 2,00	HE, IE, HF, HQ, ED, AC	
Expurgo	4,00	2,00 x 2,00	HE, IE, HF, HQ, ED, AC	
Diretoria	14,00	3,50 x 4,00	IE, HF, IT, AC, TV	
Secretaria	9,00	3,00 x 3,00	IE, HF, IT, AC	
Reuniões	14,00	3,50 x 4,00	IE, HF, IT, AC, TV	
Repouso	12,00	3,00 x 4,00	IE, HF, IT, AC, TV	
Serviços	25,00	5,00 x 5,00	IE, HF, HQ, IT, HE	Inclui DML, utilidades, roupa suja/roupa limpa

Capítulo 4

Laboratórios

I – Laboratório

Edifício ou parte deste, onde se fazem experiências científicas, exames e/ou preparo de medicamentos, exames clínicos, controle de qualidade de materiais, equipamentos e produtos. Trabalhos fotográficos ou cinematográficos. Fig. Teatro de notáveis operações ou transformações (*Novo Dicionário Aurélio da Língua Portuguesa*, 2. ed., Rio de Janeiro, Nova Fronteira).

Conceitos

É bastante recente a preocupação, em maior escala, de se planejar o laboratório.

Em geral, as empresas não tinham esta preocupação e só após algum tempo verificavam a necessidade de implantar este equipamento. Mesmo assim, geralmente, as instalações eram improvisadas ou adaptadas e não atendiam às exigências (layout, ergonomia, climatização, iluminação etc.) mais elementares.

Hoje o laboratório possui um lugar de destaque dentro da empresa, onde preocupações com a inovação tecnológica, produtividade e qualidade ocupam posições determinantes nas atividades das empresas e o laboratório é um instrumento fundamental na obtenção de um produto competitivo.

O planejamento e o projeto de laboratórios

Mesmo com os progressos obtidos, com a conscientização de administradores em geral (médicos, bioquímicos, industriais, engenheiros de produtos etc.) ainda é comum a pergunta: "Afinal, qual o objetivo de um plano de arranjo físico?" – depende de cada caso, o planejamento das instalações de um laboratório ou indústria, por exemplo, de medicamentos, pode aparentar ser tão simples quanto movimentar máquinas e equipamentos numa área, arranjando-os e rearranjando-os até conseguir uma disposição satisfatória para a produção de qualquer produto. A uma dona de casa que, periodicamente, gosta de mudar a decoração de sua casa, esta definição seria razoável. Entretanto para um laboratório ou uma indústria este procedimento seria uma grande perda de tempo, ociosidade de equipamento e interrupção e insatisfação dos funcionários durante o processo de produção. Além de acarretar sérios erros na utilização dos espaços (seja interno ou externo), baixa ou inadequada utilização das instalações (elétrica, hidráulica, lógica, informática, telefônica etc.), demolição de edifícios, paredes e bancadas que ainda poderiam ser utilizadas.

O tempo despendido no planejamento do espaço físico antes de sua implantação evita perdas de grandes proporções e permite a adoção de um desenho que possibilite futuras ampliações e/ou adequações, dentro dos conceitos, muito adotados em hospitais, de *contiguidade*, *flexibilidade*, *expansibilidade*, *conformidade* e *valência*, os quais proporcionam, a partir de um programa coerente, o estabelecimento de uma dinâmica lógica para as mudanças.

É mais fácil manipular modelos sobre uma folha de papel ou na tela de um computador do que movimentar máquinas e equipamentos, demolir paredes e reordenar cabos e fios de diversos tipos de instalações.

Pode-se cometer todos os erros durante a fase de planejamento, mas todos eles serão importantes se forem úteis para evitar erros na execução. Os custos de implantação de um bom layout ou de um layout deficiente podem ser praticamente iguais. Entretanto, uma vez executado um modelo deficiente, os custos relativos para efetuar uma correção irão acarretar paralizações na produção e os investimentos necessários para estas modificações dificilmente, na relação custo benefício, proporcionarão um arranjo espacial eficiente.

Ao se defrontar com o desafio de se planejar e projetar um laboratório, seja uma nova instalação ou a reforma de uma instalação já existente, o arquiteto encontra-se sempre frente ao dilema:

1. Repetir o layout existente, com a devida revisão espacial/dimensional, introduzindo alguma modernização ou atualização.

2. Não deixar passar a oportunidade de repensar o conceito do laboratório quanto aos seus modelos, paradigmas ou práticas consagradas, a partir de uma visão crítica, questionando o próprio modelo implantado até os mínimos detalhes.

A proposta espacial

A proposta espacial geralmente resume-se a 3 elementos básicos:

1. O produto.

2. O volume de serviços.

3. Máquinas e equipamentos.

O produto

Material ou serviço que é produzido ou oferecido. Entendendo-se por *produto*, tudo aquilo que é produzido pela empresa ou espaço em questão. A matéria prima, peças montadas ou tratadas, mercadorias e/ou serviços prestados e processados.

O volume de serviço

O quanto de cada item deve ser produzido.

Máquinas e equipamentos

Elementos necessários (dependendo do *tipo de laboratório e sua finalidade*), ao funcionamento do laboratório (capelas, bancadas, microscópios, autoclaves etc.).

Definidos esses 3 elementos, é importante definir o *roteiro* ou *sequência* dos processos de produção, da instalação de *máquinas* e *equipamentos* e sua distribuição no espaço físico, apoiando-se nos *fluxos de produção*, previamente estabelecidos. Importante definir a lista de equipamentos antecipadamente, suas dimensões e características essenciais.

É importante não esquecer a *infraestrutura de apoio*. Esta diz respeito às áreas de atendimento público, à administração, à manutenção de máquinas e equipamentos, à alimentação, ao atendimento médico de primeiros socorros, aos vestiários e sanitários, às áreas de armazenamento e de descanso, à biblioteca, à casa de máquinas, à central de gases etc. Muitas vezes essas áreas superam a área propriamente dita do laboratório. Importante aqui definir o *organograma administrativo* e a consequente hierarquia da empresa.

Outro aspecto importante a ser levado em consideração é o *tempo e os tipos* e *períodos de demandas*. Em geral, isto acarreta problemas de aumento ou redução de pessoal ou adaptações no espaço físico para a implantação de máquinas e outros equipamentos. Geralmente este tipo de ocorrência acarreta alterações ou demandas nas instalações (elétricas, hidráulicas etc.), exigindo do projetista um conhecimento prévio dessas oscilações na produção, tendo em vista um dimensionamento adequado do layout.

Esse conhecimento prévio deverá ser fornecido pelo contratante com base na engenharia de produção, na estatística e na experiência acumulada pela empresa.

Observar, também, aspectos relativos à *versatilidade*. A introdução de processos de automação e robótica, que substituíram práticas de base analítica e instrumental, determinam hoje, nos laboratórios modernos, projetos flexíveis e adaptáveis às novas tecnologias.

Tipos de laboratórios

Em geral classificam-se os laboratórios em dois grandes grupos:

A. Pesquisa e desenvolvimento.

B. Controle de qualidade.

Os do tipo A possuem características distintas, pois dependerão das suas funções específicas e do produto ou matéria-prima com que irão trabalhar.

Os do Tipo B, por possuírem, em geral, rotinas estabelecidas antecipadamente, comportam um layout mais rígido.

Pré-dimensionamento

Metodologicamente, cada arquiteto tem uma maneira própria de efetuar a abordagem de um projeto. Principalmente nos estudos iniciais de predimensionamento. Em geral, os projetos são divididos em grupos e subgrupos que representam a sua estrutura física: o *Diagrama Composto*, ou estrutura geral do edifício, e os *Diagramas de Grupos*, ou estruturas que representam as suas partes, integrantes do todo. Normalmente a abordagem do problema é feita da *parte para o todo*, definindo-se cada uma das partes do edifício isoladamente, ordenando-as e compondo o todo. Geralmente, inicia-se pelo programa, organograma administrativo, lista de atividades, áreas, lista de equipamentos, fluxogramas e interações entre as partes formando-se, a partir daí, os *histogramas espaciais*. Só em seguida inicia-se a montagem do projeto arquitetônico, propriamente dito, com estudos preliminares, anteprojeto, projeto básico, projeto executivo etc.

Conhecendo-se a área útil de cada setor, obtém-se a área total necessária. Adiciona-se a esse valor 15 a 20% para circulações, paredes e ajustes. Importante verificar a possibilidade de futuras ampliações.

De uma forma geral, o projeto arquitetônico de um laboratório segue os mesmos caminhos de qualquer outro tipo de edificação, diferenciando-se muito, entretanto, na parte relativa às instalações de um modo geral, na qual preocupações com contaminações, substâncias inflamáveis, central de gases, salas especiais, cuidados com o meio ambiente, incêndios e rotas de fuga são fatores a serem considerados de uma maneira muito mais exigente e cuidadosa. Outro cuidado a ser levado em conta é com a grande quantidade de redes de dutos e instalações para atender aos sistemas de exaustão, insuflamento, ar-condicionado (*climatização* e de *fluxo laminar* em salas especiais) eletricidade, esgotos especiais, água fria e quente, gases, entre outros.

Materiais de acabamento

Muito importante no projeto de um laboratório é a escolha dos revestimentos para pisos, paredes e tetos, levando-se em consideração os seguintes aspectos:

Pisos

Inicialmente, considerar a compatibilidade entre os serviços a serem realizados no laboratório e os materiais escolhidos para revesti-los.

- De fácil limpeza e que esta não comprometa o eventual material de rejunte.
- Reduzir ou mesmo eliminar pisos com juntas.
- Possibilitar fácil manutenção e eventual substituição.
- Antiderrapantes.
- Manter um estoque razoável, em torno de 10% da área total, para eventuais reparos.

Paredes

Inicialmente, como nos pisos, considerar a compatibilidade entre os serviços do laboratório e os materiais escolhidos para revesti-las.

- Utilizar material lavável e que evite incrustações. Evitar azulejos ou materiais com muitas juntas.
- Evitar material brilhante.
- Usar cores claras e neutras.
- Considerar a relação de custos entre paredes de alvenaria de tijolos cerâmicos e tijolos de gesso e divisórias, sempre em função de se obter uma melhor flexibilidade no arranjo espacial.
- Verificar a possibilidade de utilizar visores e pass-thru, elementos muito utilizados em laboratórios.

Tetos

Como preocupação inicial, avaliar o melhor tipo de forro no tocante à compatibilização com luminárias, acústica, estática, tubulações de exaustão de capelas, sistemas de climatização, acabamento, estética (cor, forma, e textura) e manutenção.

Esquadrias

Recomendáveis as de alumínio e que evitem a incidência direta da luz solar. Pode-se utilizar elementos arquitetônicos externos, como brises, por exemplo, nessa tarefa. Evitar cortinas. Utilizar vidros especiais ou películas de proteção contra luz solar direta.

Bancadas

Utilizar laminados de fórmica, granito ou corian, em cores compatíveis com as atividades de cada setor. Projetar de forma a considerar aspectos ergonômicos (altura, largura e profundidade) e tipos de pias. Cuidados especiais com as dimensões das bancadas que servirão de base para capelas, dimensionando-as rigorosamente de acordo com as especificações do fabricante. Observar alternativas para o trabalho realizado sentado e o realizado de pé.

Ergonomia

Ergonomia é o estudo da adaptação do trabalho ao homem. (Iida, Itiro. p. 1, São Paulo, Blucher, 1992)

Ergonomia é o estudo do relacionamento entre o homem e o trabalho, equipamento e ambiente, enfatizando a aplicação de anatomia, fisiologia e psicologia na solução dos problemas surgidos desse relacionamento. (Ergonomics Research Society, Inglaterra).

O trabalho, aqui com uma acepção bastante ampla, considerando não apenas aquelas máquinas e equipamentos utilizados para transformar os materiais, mas também toda a situação em que ocorre o relacionamento entre o homem e seu trabalho. Envolve o ambiente físico, os aspectos organizacionais de como o trabalho é programado e controlado para produzir os resultados desejados.

A adaptação sempre ocorre do trabalho para o homem. A recíproca nem sempre é verdadeira. É mais difícil adaptar o homem ao trabalho. A ergonomia parte do conhecimento do homem para fazer o projeto do trabalho.

Alguns conceitos

O Homem: características físicas, fisiológicas, psicológicas e sociais do trabalhador, com influência de sexo, idade, treinamento e motivação.

Máquina: toda ajuda material que o homem utiliza no seu trabalho, englobando equipamentos, ferramentas, mobiliário e instalações.

Ambiente: características do espaço físico que envolve o homem durante o trabalho, como a própria edificação, temperatura, ruídos, vibrações, luz, cores, gases etc.

Informação: reporta-se às comunicações existentes entre os elementos de um sistema, à transmissão de informações, ao processamento e à tomada de decisões.

Organização: a conjugação dos elementos acima citados no sistema produtivo.

Consequências do trabalho: questões relativas ao controle como tarefas de inspeções, estudo dos erros e acidentes, além dos estudos sobre gastos energéticos, fadiga e estress.

Como se depreende dos conceitos acima, a ergonomia é de fundamental importância na organização do trabalho, notadamente em tarefas onde é alta a incidência da relação entre a máquina (conceito mais amplo) e o homem, característica intrínseca ao ambiente de um laboratório

Basicamente, essas são as indicações básicas a serem seguidas quando da elaboração de um projeto arquitetônico de um laboratório.

2 – Laboratório de análises e controle de águas NBR 13035

Esta norma fixa as condições exigíveis e necessárias para o planejamento e instalações de laboratórios para análises e controle de águas, a fim de que sejam economicamente viáveis, funcionais, eficientes e seguros em seu desempenho sob os pontos de vista biológico, microbiológico e físico-químico. No planejamento e instalação do laboratório a primeira fase deve ser constituída por indagações básicas relacionadas aos objetivos que devem ser alcançados.

Considerando-se a complexidade que envolve a respectiva implantação é necessário ao planejamento das ações subsequentes efetuar um balanço da disponibilidade dos recursos econômicos, de pessoal e de equipamentos.

O projeto deverá ser elaborado por arquiteto assessorado desde o início por especialistas das diferentes áreas: engenheiro civil, engenheiro químico, microbiologista, farmacêutico químico, biólogo e químico.

É importante uma consulta à Norma 13035 e às tabelas constantes neste livro fundamentadas no Manual de Planejamento Físico Para Laboratórios de Saúde Pública, editado pela Fundação Nacional de Saneamento (Funasa).

Observar, igualmente, qual o órgão onde será instalado o laboratório, se público ou privado ou em alguma instituição universitária.

Principais pontos a serem considerados no planejamento

01. Documentos complementares:

01.1. NBR 5410. Instalações elétricas de baixa tensão – Procedimentos.

01.2. NBR 5413. Iluminação de interiores – Procedimentos.

01.3. NBR 5580. Tubos de aço carbono para rosca Whitwort – Gás para usos comuns na condução de fluidos – Especificação.

01.4. NBR 6493. Emprego de cores fundamentais para tubulações industriais – Procedimentos.

01.5. NBR 7229. Construção e instalação de fossas sépticas e disposição dos efluentes finais – Procedimentos.

01.6. NBR 7661. Tubo de ferro fundido centrifugado, de ponta e bolsa, para líquidos sob pressão, com junta não elástica Especificação.

01.7. NBR 9814. Execução de rede coletora de esgotos sanitários Procedimentos.

01.8. DIN 12912. Keramische fhesen für labortische labortischfese.

O histograma anexo orienta no sentido de mostrar a distribuição das áreas gerais de um laboratório, inclusive quanto à sua forma modular, na qual pode-se estudar separadamente os módulos dos laboratórios físico-químico, microbiológico etc., que podem ser construídos separadamente, considerando-se, ainda, as tabelas onde são listados o mobiliário e o equipamento.

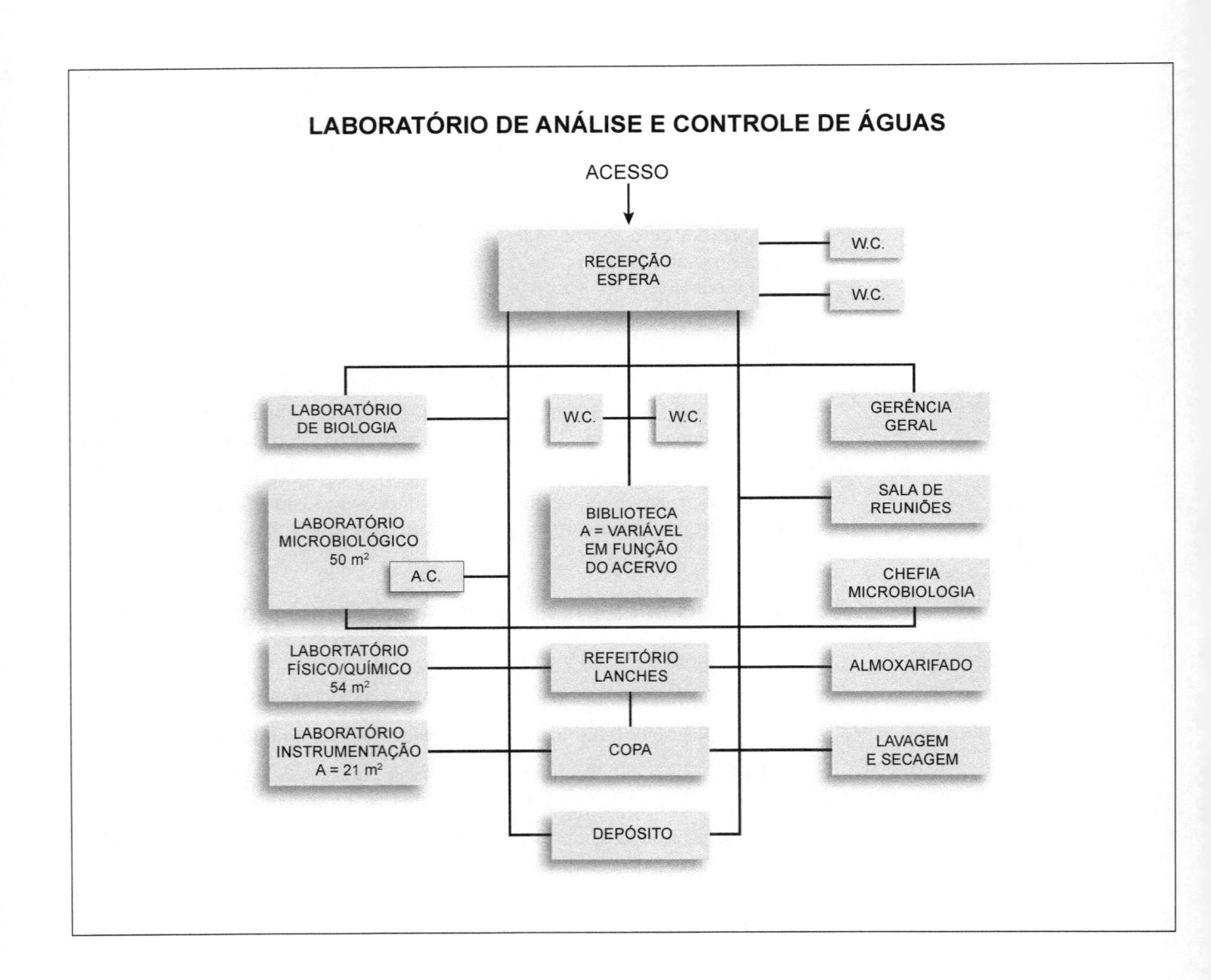

3 – *Laboratório e banco de ossos e peles humanas*
RDC 220 – Anvisa/MS

O Banco de Ossos e Peles Humanas, regulamentado pela RDC 220/2006, representou um grande avanço em relação à Portaria 1.686/2002 do Ministério da Saúde, que trata exclusivamente de normas para autorização de funcionamento e cadastramento de banco de ossos pelo Sistema Unificado de Saúde (SUS). Para o Banco de Peles, as regras são pioneiras.

A RDC 220 é a primeira legislação sanitária para o setor. Ela estabelece questões técnicas sanitárias, como espaço físico, equipe técnica, materiais e equipamentos essenciais. Dispõe também, sobre controle de produção, dispersão e descarte dos tecidos e sobre os critérios para triagem clínica dos doadores.

Pelas novas Normas, os Bancos de Ossos e Peles deverão ter, além da autorização para funcionamento emitida pela *Coordenação Geral do Sistema Nacional de Transplantes* – CGSNT – a licença sanitária da vigilância local. As equipes transportadoras (profissionais de saúde) também necessitarão estar autorizadas para solicitar os tecidos.

O CGSNT é o órgão responsável pela coordenação de transplantes no SUS, cujo órgão administrativo é a *Central Nacional de Notificação, Captação e Distribuição de Órgãos* (CNCDO) que conta também com o auxílio de centrais estaduais que cobrem todo o território brasileiro.

A RDC 220/2006 determina, ainda, que esses serviços precisarão de um regimento interno com a definição do responsável legal e do responsável técnico, além de um manual técnico operacional permanente, disponível para consulta. A qualidade dos tecidos disponíveis para distribuição, por exemplo, será de responsabilidade do Banco. A responsabilidade de utilização final do tecido é do profissional que efetuar o procedimento terapêutico.

Mensalmente, os bancos precisarão enviar à Anvisa e à CGSNT relatórios com os dados de produção, estoque, bem como os descartes dos tecidos pelos bancos profissionais e o número de transplantes realizados. Também terão de manter arquivo próprio de cada doador, tecido e receptor, durante 20 anos, no sentido de possibilitar informações e indicadores para o setor.

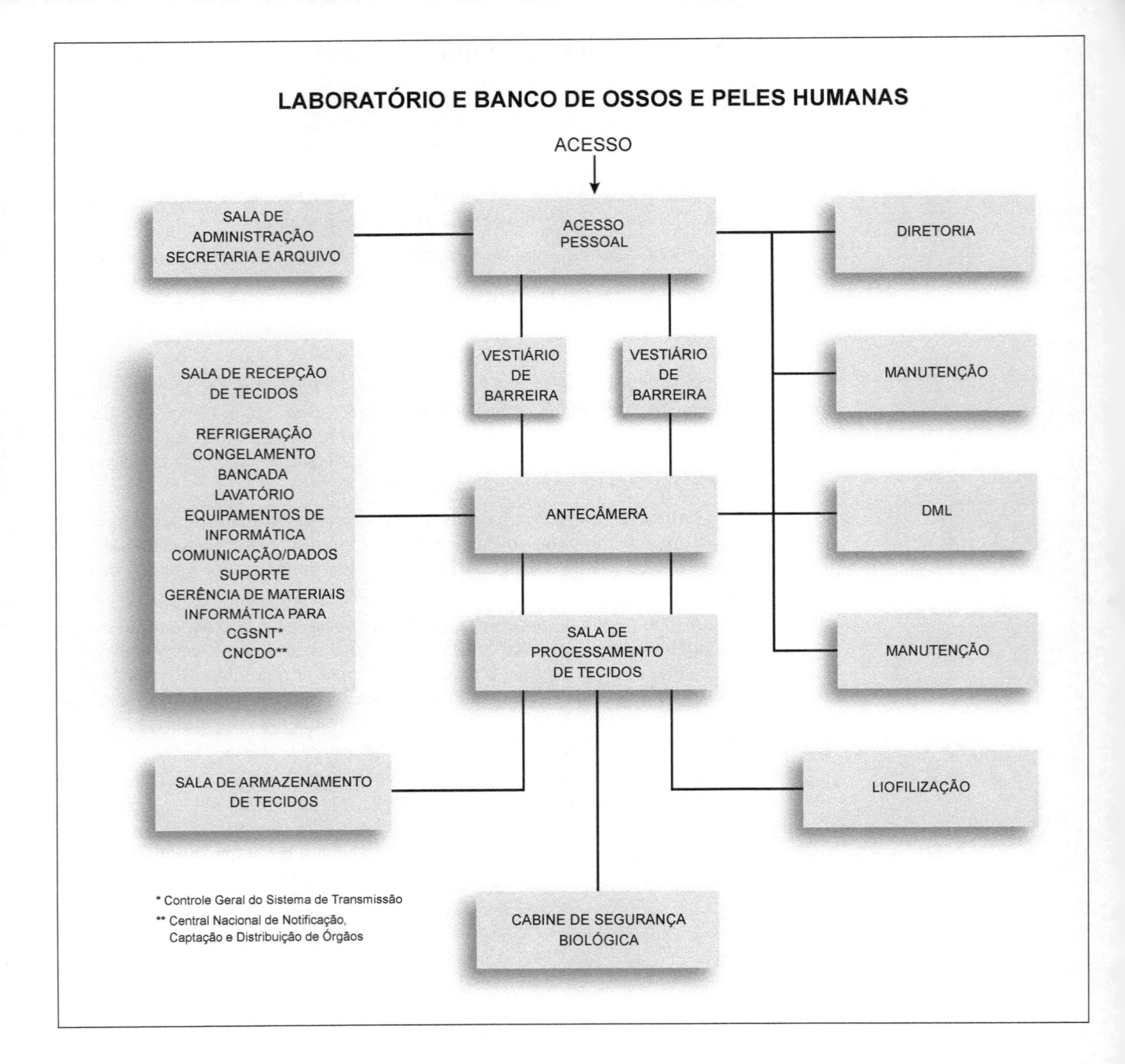

LABORATÓRIO E BANCO DE OSSOS E PELES HUMANAS

4 – Laboratório de anatomia patológica

Quando, na estrutura hospitalar, tem a função de realizar necrópsia, exames histopatológicos (biópsias) e possui câmaras frigoríficas para cadáveres em unidades de até 50 leitos. Além do médico patologista, um novo profissional trabalha dentro dessa estrutura, o tanatólogo (de Tanatos, deus grego da morte), profissão recentemente regulamentada, a quem caberão as funções de guarda e tratamento do cadáver para fins de sepultamento, embalsamamento e preparo complementar sobre órgãos retirados para transplantes. Exames de macroscopia e microscopia. Para exames de biópsias deve-se prever área de repouso do paciente.

Caso o hospital possua estrutura para velório, é recomendável a instalação próxima do Laboratório de Anatomia Patológica.

Em unidades isoladas, privadas, raramente são realizados procedimentos de necrópsia.

ÁREA: A depender do programa.

Programa:

Área, Dimensões Mínimas, Instalações e Observações.

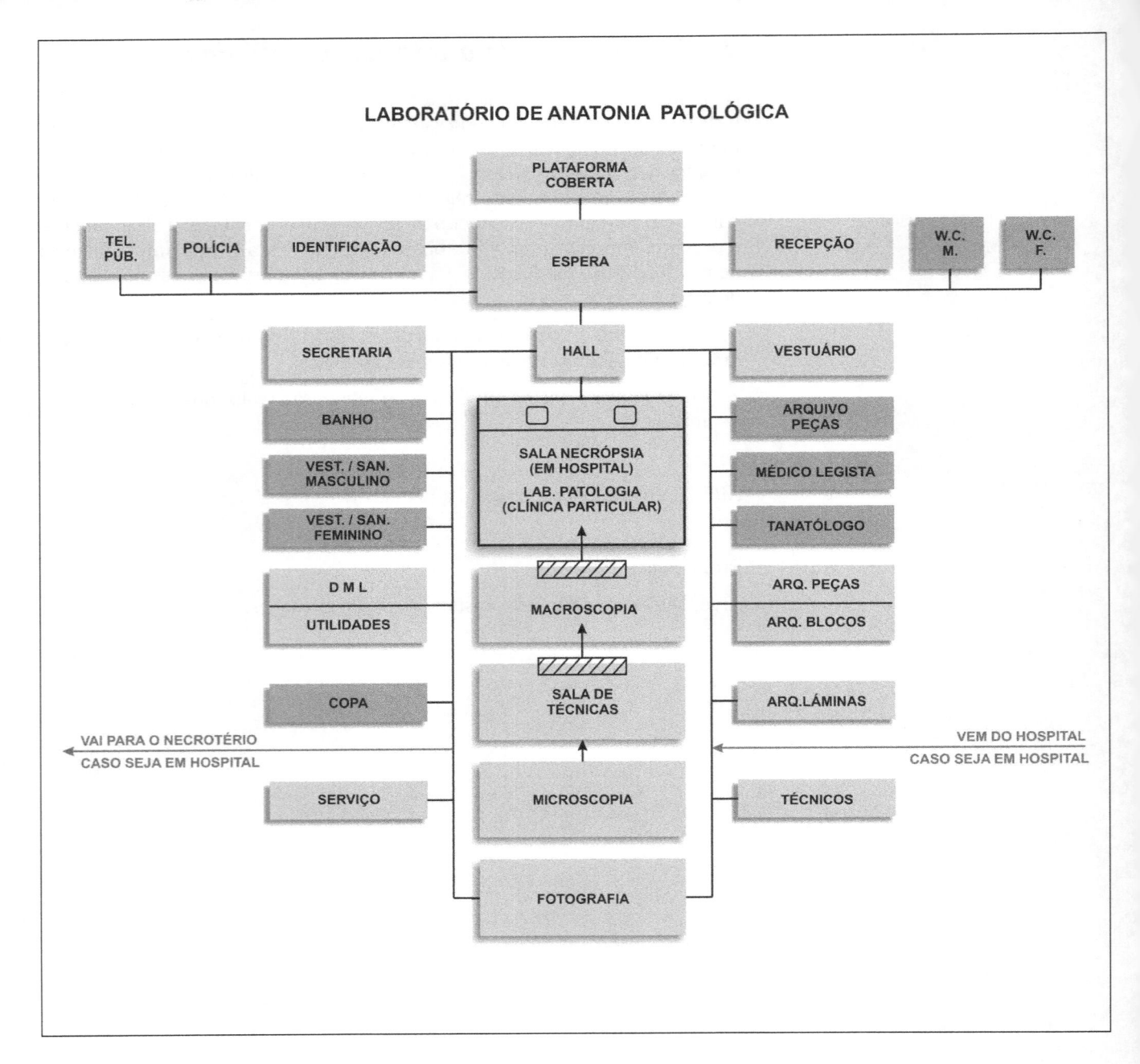

LABORATÓRIO DE ANATONIA PATOLÓGICA

Laboratório de Anatomia Patológica

AMBIENTE	ÁREA M²	DIM. MÍN.	INSTALAÇÕES	OBSERVAÇÕES
Espera	36,10	6,00 x 6,00	IE, IT, TV	Prever plataforma coberta
Recepção	6,48	1,80 x 3,60	IE, IT	
Identificação	5,76	2,40 x 2,40	IE, IT	
Posto policial	5,76	2,40 x 2,40	HF, IE, IT	
Telefone público	5,76	2,40 x 2,40	IT, IE	
Sanitário público	12,96	3,60 x 3,60	HF, E	1 por sexo + deficiente físico
Secretaria	17,28	3,60 x 4,80	HF, IE, IT	
Vestiário pessoal	17,28	3,60 x 4,80	HF, HQ, E	1 por sexo
Banho	12,96	3,60 x 3,60	HF, HQ, ED	
Arquivo de peças	7,20	2,40 x 3,60	HF, IE	
Arquivo de blocos	7,20	2,40 x 3,60	HF, IE	
Arquivo de lâminas	7,20	2,40 x 3,60	HF, IE	
Médico legista	12,00	3,00 x 4,00	HF, IE, IT AC	
Tanatólogo	12,00	3,00 x 4,00	HF, IE, IT, AC	
Técnicos	8,64	2,40 x 3,60	HF, IE, AC	
Sala de necrópsia	28,80	4,80 x 6,00	HF, E, EE, ADE	Caso haja câmara frigorífica para cadáver + 3,00 m² por câmara
Macroscopia	7,20	2,40 x 3,00	HF, IE, E	
Sala de técnicas	17,28	3,60 x 4,80	HF, IE	Área para biópsia de congelamento + área citológica

(continua)

Laboratório de Anatomia Patológica (*continuação*)

AMBIENTE	ÁREA M²	DIM. MÍN.	INSTALAÇÕES	OBSERVAÇÕES
Microscopia	7,20	2,40 x 3,00	HF, IE, E	
Fotografia	5,76	2,40 x 2,40	HF, E	+ área para câmara clara e câmara escura
Copa	6,76	2,40 x 2,40	HF, E, IE	
DML	5,76	2,40 x 2,40	HF, E	
Utilidades	5,76	2,40 x 2,40	HF, E	
Vestiário e banheiro pessoal	17,28	3,60 x 4,80	HF, HQ, E	1 por sexo

5 – Laboratório de patologia clínica

Pode ser dividido em três níveis: pequeno, médio e grande porte, conforme histogramas anexos, onde, inclusive, são indicados tipos de exames que podem ser realizados em cada tipo de estrutura e os serviços prestados à população.

Pode ser implantado isoladamente, geralmente privado, ou em postos de saúde, centros de saúde, ambulatórios, unidades mistas ou na estrutura hospitalar.

Realiza os exames relacionados abaixo, tendo-se o cuidado de confinar os espaços onde são realizados exames de bacteriologia, parasitologia, virologia e manuseio de células.

Prever salas de repouso para os exames de prolactina, creatinina, curva glicêmica e cortizol.

É importante uma pequena lanchonete para fornecer lanches a pacientes que, por motivo dos exames, chegam em jejum ao laboratório.

Via de regra, esses laboratórios são instalados em estruturas improvisadas. Entretanto, em função da diversidade de equipamentos, da concorrência e da exigência de órgãos públicos e planos de saúde, essas unidades vêm adotando cada vez mais o planejamento na sua implantação.

Dimensionamento

Estimativa para unidades isoladas privadas:

Pequeno porte: 50 m² a 100 m² (incluindo área de apoio).

Médio porte: 100 m² a 600 m² (incluindo área de apoio).

Grande porte: 600 m² a 1.500 m² (dependendo da finalidade e o modelo de atendimento).

Distribuição de áreas:

Bioquímica:	24%
Microbiologia:	23%
Inorgânicos:	19%
Orgânicos:	8%
Nutrientes:	8%
Administração:	8%
Biologia:	8%
Instrumentação:	4%
Total:	100%

Para laboratórios que realizam exames de glicemia, prolactina e cortizol e curva glicêmica, que exigem área de repouso, acrescentar 8% sobre a área total.

Custos

O custo da construção do m² varia de região para região do país. Em média está avaliado em U$ 400,00, assim distribuídos:

Trabalhos de construção e estrutura: 39%
Bancadas e acabamentos: 13%
Instalações: 48%

Total: 100%

O custo do projeto é de 5 a 7% do valor estimado da obra, assim distribuídos:

Arquitetura: 50%
Estrutura: 25%
Instalações: 25%

Principais exames efetuados em laboratórios de patologia clínica

Bacteriologia
Estudo e exames para o diagnóstico de doenças em geral, pela presença de bactérias e parasitas do corpo humano.

Bioquímica
Estudo e exames para avaliação do sangue e da urina, das taxas de colesterol, triglicérides, glicoses etc. do corpo humano.

Citologia
Estudo e exames normais, principalmente lâminas de útero, para o diagnóstico e prevenção do câncer.

Eletroforese
Estudo e exames de partículas de uma solução coloidal sob a influência de um campo elétrico.

Hematologia
Estudo e exames para avaliação, no sangue humano, dos glóbulos brancos e vermelhos.

Histologia
Estudo e exames sobre a estrutura microscópica normal de tecidos e órgãos.

Histopatologia
Estudo e exames para elaboração de biópsias.

Micologia
Estudo e exames para o diagnóstico de micoses.

Parasitologia
Estudo e exames para o diagnóstico sobre a presença, no corpo humano, de parasitos causadores da equistossomoses, da doença de chagas etc.

Virologia
Estudo e exames para o diagnóstico sobre a presença, no corpo humano, de algum tipo de vírus.

Laboratório de Patologia Clínica

CARGOS	PEQUENO PORTE		MÉDIO PORTE		GRANDE PORTE	
	EXISTÊNCIA	N°	EXISTÊNCIA	N°	EXISTÊNCIA	N°
Diretor de serviço	+	1	+	1	+	1
Chefe de seção	–	0	+	1	+	1
Chefe de seção administativa	+	1	+		+	
Encarregado de setor	–	0	+	4	+	6

Legenda: – negativo; + positivo

Relação de Tipos de Exames × Porte dos Laboratórios

N°	UNIDADE	PEQUENO PORTE	MÉDIO PORTE	GRANDE PORTE
01	Hematologia	+	+	+
02	Imunologia	+	+	+
03	Meios de cultura	–	+	+
04	Bacteriologia	+	+	+
05	Virologia	–	–	+
06	Líquor	+	+	+
07	Citogenética	–	+	+
08	Parasitologia	+	+	+
09	Bioquímica de sangue	+	+	+
10	Urinálise	+	+	+
11	Hormônios	–	+	+
12	Métodos novos	–	+	+
13	Automação	–	+	+
14	Urgência	+	+	+
15	Biotério	–	+	+
16	Comparação de dados	–	–	+
17	Coleta de material	+	+	+
18	Lavagem de material	+	+	+
19	Ensino	–	+	+
20	Recepção	+	+	+
21	Almoxarifado	–	+	+
22	Arquivo	+	+	+
23	Secretaria	+	+	+
24	Oficina de vidros	–	–	+
25	Coleta de material (domiciliar)	–	–	+

Legenda: – negativo; + positivo

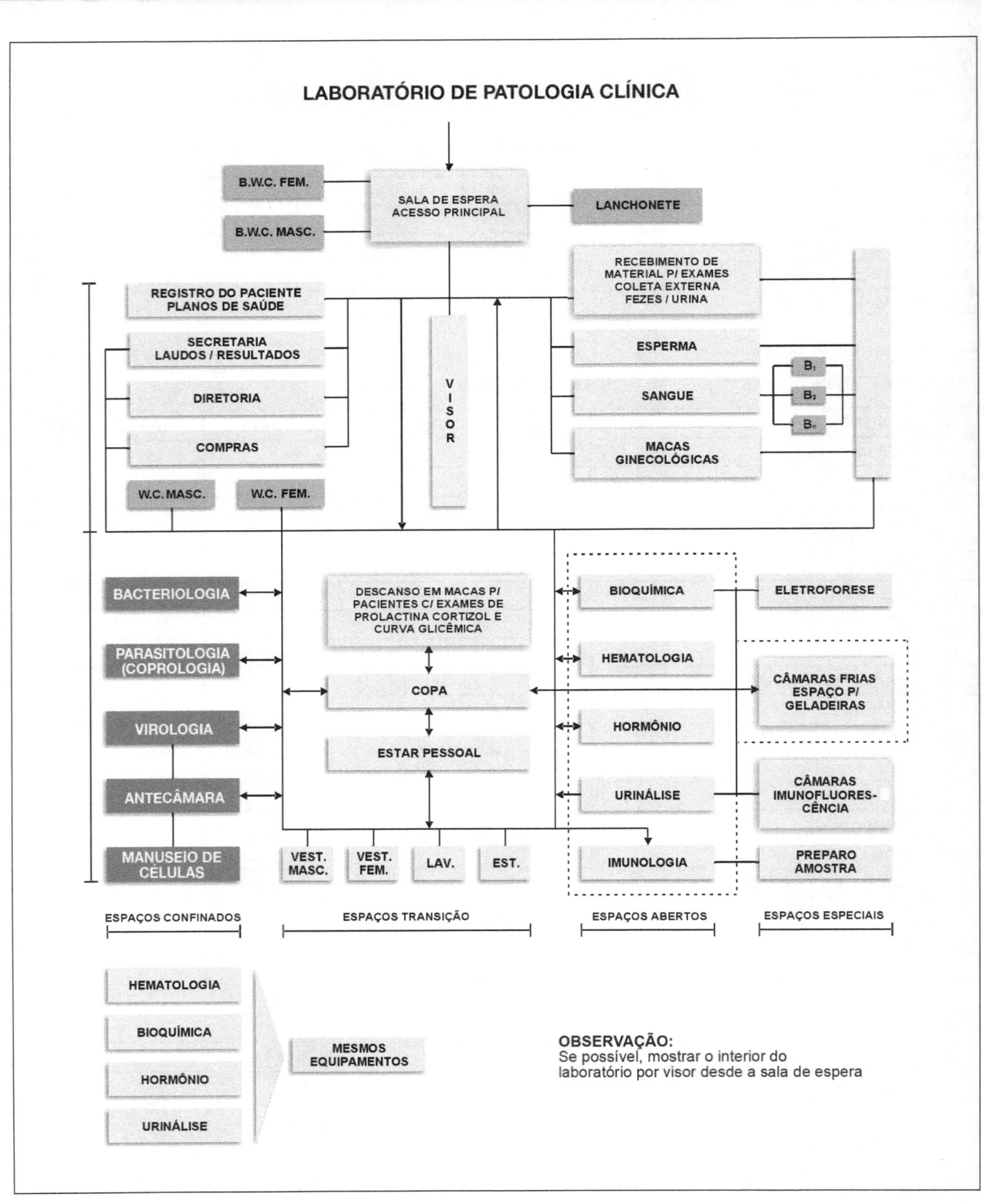

LABORATÓRIO DE PATOLOGIA CLÍNICA

B.W.C. FEM.

B.W.C. MASC.

SALA DE ESPERA
ACESSO PRINCIPAL

LANCHONETE

RECEBIMENTO DE
MATERIAL P/ EXAMES
COLETA EXTERNA
FEZES / URINA

**REGISTRO DO PACIENTE
PLANOS DE SAÚDE**

**SECRETARIA
LAUDOS / RESULTADOS**

DIRETORIA

COMPRAS

W.C. MASC.   **W.C. FEM.**

V
I
S
O
R

ESPERMA

SANGUE B_1 B_2 B_n

**MACAS
GINECOLÓGICAS**

BACTERIOLOGIA

**PARASITOLOGIA
(COPROLOGIA)**

VIROLOGIA

ANTECÂMARA

**MANUSEIO DE
CÉLULAS**

DESCANSO EM MACAS P/
PACIENTES C/ EXAMES DE
PROLACTINA CORTIZOL E
CURVA GLICÊMICA

COPA

ESTAR PESSOAL

**VEST.
MASC.**   **VEST.
FEM.**   **LAV.**   **EST.**

BIOQUÍMICA   **ELETROFORESE**

HEMATOLOGIA

HORMÔNIO   **CÂMARAS FRIAS
ESPAÇO P/
GELADEIRAS**

URINÁLISE   **CÂMARAS
IMUNOFLUORES-
CÊNCIA**

IMUNOLOGIA   **PREPARO
AMOSTRA**

ESPAÇOS CONFINADOS   ESPAÇOS TRANSIÇÃO   ESPAÇOS ABERTOS   ESPAÇOS ESPECIAIS

HEMATOLOGIA

BIOQUÍMICA

HORMÔNIO

URINÁLISE

**MESMOS
EQUIPAMENTOS**

OBSERVAÇÃO:
Se possível, mostrar o interior do
laboratório por visor desde a sala de espera

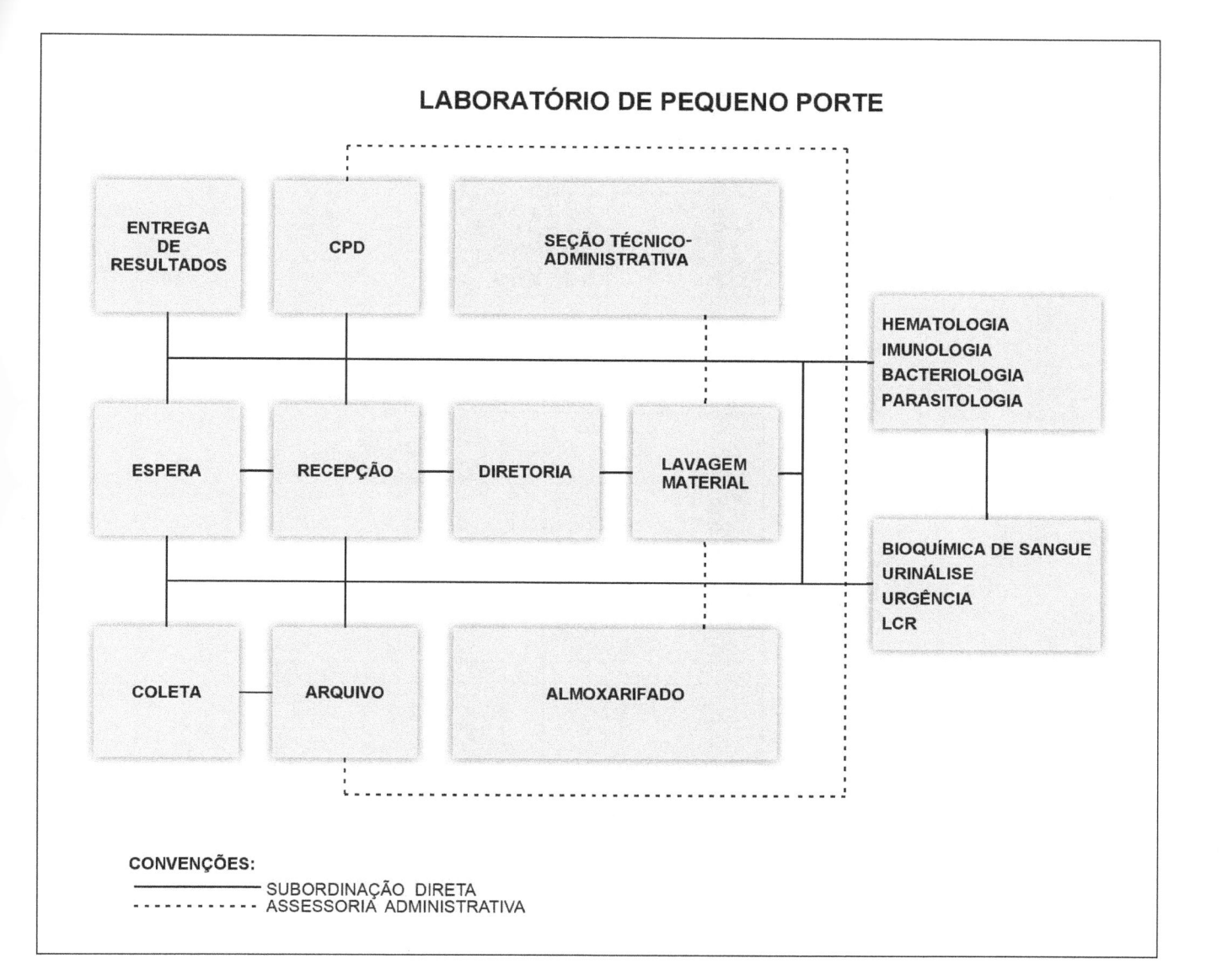

LABORATÓRIO DE PEQUENO PORTE

CONVENÇÕES:
——————— SUBORDINAÇÃO DIRETA
- - - - - - - - - - - ASSESSORIA ADMINISTRATIVA

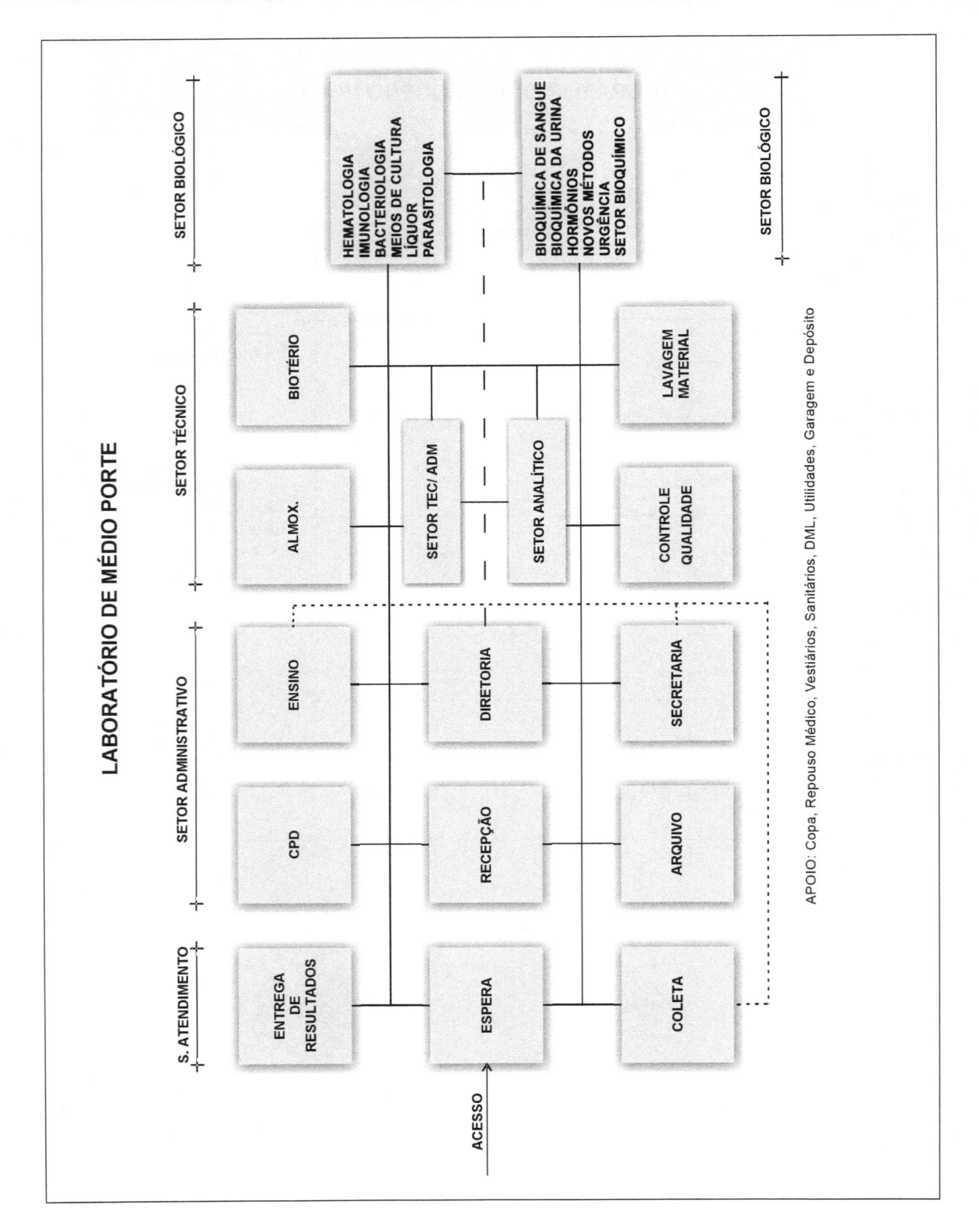

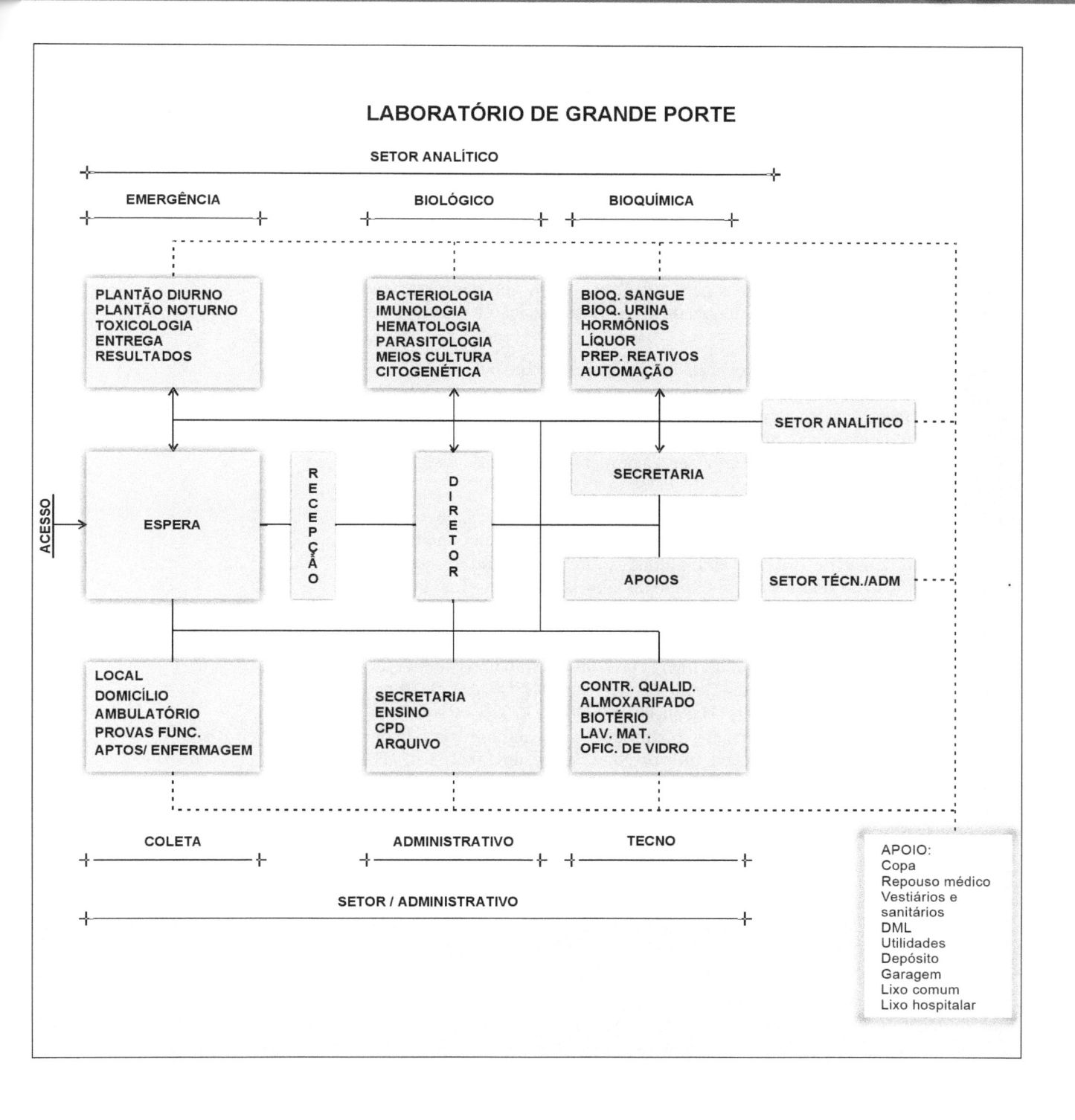

LABORATÓRIO DE GRANDE PORTE

SETOR ANALÍTICO

EMERGÊNCIA   BIOLÓGICO   BIOQUÍMICA

PLANTÃO DIURNO
PLANTÃO NOTURNO
TOXICOLOGIA
ENTREGA
RESULTADOS

BACTERIOLOGIA
IMUNOLOGIA
HEMATOLOGIA
PARASITOLOGIA
MEIOS CULTURA
CITOGENÉTICA

BIOQ. SANGUE
BIOQ. URINA
HORMÔNIOS
LÍQUOR
PREP. REATIVOS
AUTOMAÇÃO

SETOR ANALÍTICO

SECRETARIA

ACESSO

ESPERA

RECEPÇÃO

DIRETOR

APOIOS

SETOR TÉCN./ADM

LOCAL
DOMICÍLIO
AMBULATÓRIO
PROVAS FUNC.
APTOS/ ENFERMAGEM

SECRETARIA
ENSINO
CPD
ARQUIVO

CONTR. QUALID.
ALMOXARIFADO
BIOTÉRIO
LAV. MAT.
OFIC. DE VIDRO

COLETA   ADMINISTRATIVO   TECNO

SETOR / ADMINISTRATIVO

APOIO:
Copa
Repouso médico
Vestiários e
sanitários
DML
Utilidades
Depósito
Garagem
Lixo comum
Lixo hospitalar

6 – Laboratório de certificação de alimentos e controle de processos

ÁREA: 350 a 400 m²

Em função da globalização da economia, um novo mercado vem surgindo para os laboratórios: as atividades de certificação de produtos. O caso apresentado neste trabalho é um exemplo para certificação da produção de alimentos na área de carcinocultura. A produção de camarões no Nordeste brasileiro e a crescente exportação do produto para a Europa e EUA têm despertado a atenção de laboratórios multinacionais da área de certificação e o desejo de atuarem no Brasil.

No plano internacional, o processo de padronização das atividades dos laboratórios de ensaio e calibração teve início com a publicação da ISO/IEC Guia 25 em 1988, revisado posteriormente em 1993. No continente europeu, existe a dificuldade de aceitação da ISO Guia 25, razão pela qual vigorava a EN 45001 como norma para reconhecer a competência das atividades dos laboratórios.

A ISO Guia 25 e a EN 45001 mostraram-se insuficientes nos aspectos relacionados aos níveis de detalhamento por não permitirem uma aplicação/interpretação consistente e sem ambiguidades em itens como apresentação na declaração da política de qualidade do laboratório, a rastreabilidade das medições, as operações relacionadas à amostragem e o uso de meios eletrônicos.

A ISO, para eliminar essas lacunas, iniciou em 1995 os trabalhos de revisão da ISO Guia 25, através do Working Group 10 (WG 10) da ISO/CASCO (Commitee on Conformity Assessment). Daí surgiu a ISO/IEC 17025 – Requisitos Gerais Para a Competência de Ensaios e Calibração – oficialmente datada de 15 de dezembro de 1999 e publicada, internacionalmente, em 2002. A ABNT publicou a NBR/ISO/IEC 17025 em 2001.

Ela vem substituir a ISO Guia 25 e a EN 45001 e estabelece critérios para aqueles laboratórios que desejam demonstrar sua competência técnica, oferecendo um sistema de qualidade efetivo e sendo capazes de produzir resultados tecnicamente válidos.

As principais modificações introduzidas pela ISO 17025, em relação à ISO Guia 25, podem ser divididas em duas partes: mudanças estruturais e mudanças conjunturais.

As estruturais dizem respeito à introdução de novos conceitos e enfoques, bem como ao ordenamento e disposição dos requisitos listados na ISO/IEC 17025, cuja apresentação é muito diferente da estrutura contida na ISO Guia 25. Trata-se de diferenças de forma e também de conteúdo, onde a nova norma oferece orientações mais amplas e atuais para que os laboratórios desenvolvam um gerenciamento mais eficaz das suas atividades, seguindo padrões internacionalmente válidos e acatados. Ela aprofunda, ainda, alguns requisitos de caráter técnico, só listados superficialmente pela ISO Guia 25, propiciando que os laboratórios demonstrem de forma mais segura sua competência técnica.

As mudanças de caráter conjuntural dizem respeito a melhorias e modificações pontuais que se constituem em ponto de partida para os aspectos gerenciais e de competência técnica. Estes, na ISO Guia 25, eram falhos e geravam dúvidas, omissões e conflitos.

Programa: Ver Anexo.

Área, Dimensões Mínimas, Instalações e Observações.

Observações importantes:

Este tipo de laboratório exige uma cooperação total entre cliente e arquiteto. São de fundamental importância também a participação do engenheiro eletricista e uma boa assessoria na área de equipamentos.

Um dado importante na área do arranjo espacial é a sua flexibilidade. Observar também uma taxa de ocupação do terreno que permita uma boa aeração natural dos ambientes, muito embora todos os espaços sejam climatizados artificialmente por exigências de função.

O Programa Básico é dividido, em dez setores:

01. Recepção;
02. Atendimento;
03. Administração;
04. Recepção de matéria-prima e congelamento (com entrada independente);
05. Setor de Química de Água;
06. Setor de Histopatologia;
07. Setor de Biologia Molecular (com circulação restrita);
08. Setor de Microbiologia (com circulação restrita);
09. Setor de Apoio e Serviços;
10. Setor de Pessoal.

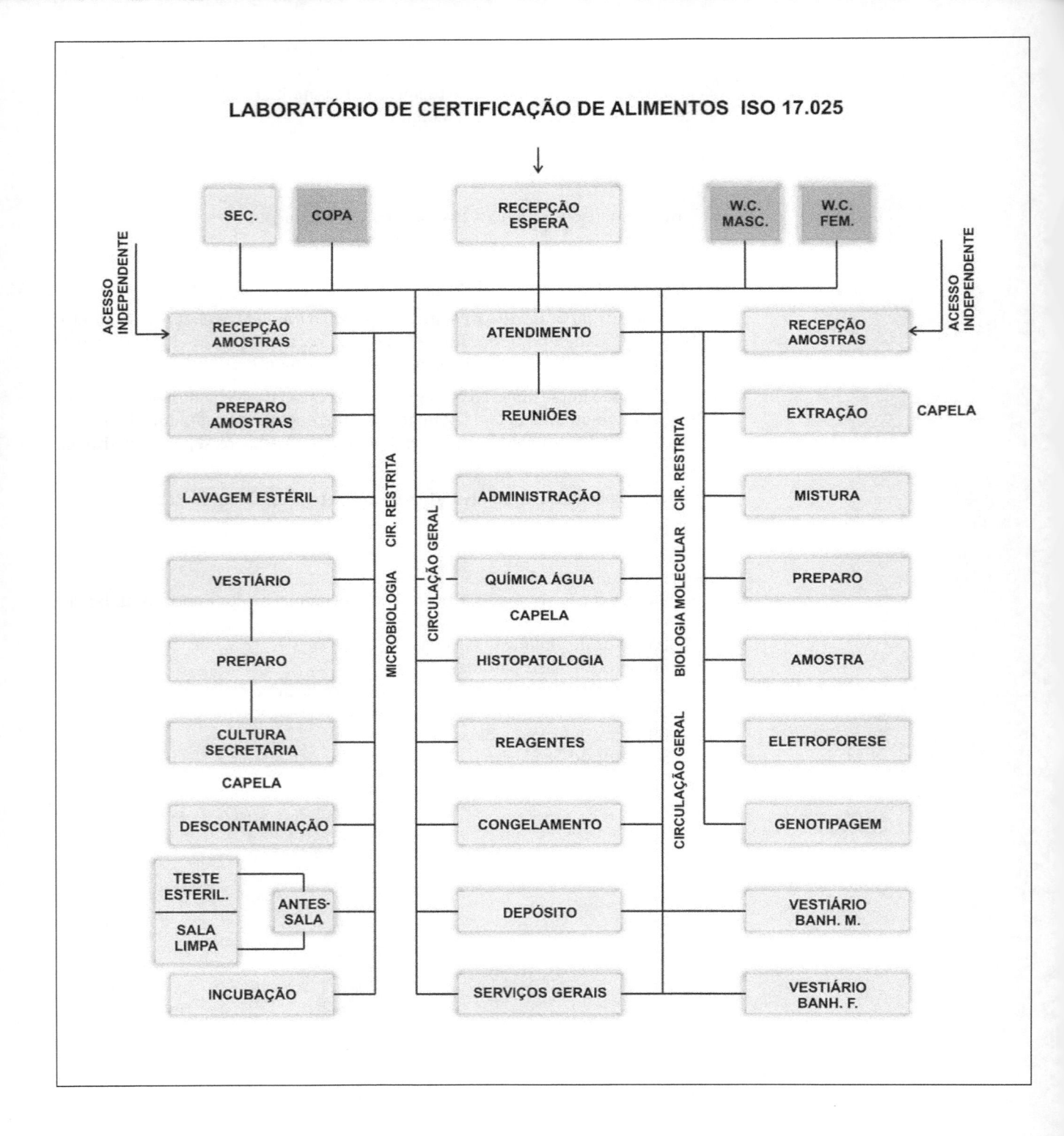

LABORATÓRIO DE CERTIFICAÇÃO DE ALIMENTOS ISO 17.025

Laboratório para Certificação de Alimentos, segundo ISO 17.025 (padrões e dimensões)				
AMBIENTE	ÁREA M²	DIM. MÍN.	INSTALAÇÕES	OBSERVAÇÕES
Geral				
Recepção/espera	36,00	6,00 x 6,00	IT, IE, TV	
W.C.	5,76	2,40 x 2,40		1 por sexo
Copa	5,76	2,40 x 2,40		
Segurança	5,76	2,40 x 2,40	IT. IE	
Atendimento	30,24	3,60 x 8,40		
Reuniões	17,28	3,60 x 4,80		
Administração	17,28	3,60 x 4,80	IT, IE	
Química da água	17,28	3,60 x 4,80	FG, FV, FN, HF, HE, ED, EX	
Histopatologia	15,00	3,00 x 5,00	IT, HF, IE, AC	
Reagentes	8,64	3,40 x 3,00		
Congelamento	9,00	3,00 x 3,00	IE	
Depósito	11,52	2,40 x 4,80	IE	
Serviços gerais				
Microbiologia				Com circulação restrira
Recepção de amostras	12,96	3,60 x 3,60	IT, IE	
Preparo de amostras	15,00	3,00 x 5,00	FV, HF, ED	
Lavagem e esterilização	9,00	3,00 x 3,00	HF, IE	

(continua)

Laboratório para Certificação de Alimentos, segundo ISO 17.025 (padrões e dimensões) *(cont.)*

AMBIENTE	ÁREA M²	DIM. MÍN	INSTALAÇÕES	OBSERVAÇÕES
Vestiário	17,28	3,60 x 4,80	HF, IE	1 por sexo
Preparo	9,00	3,00 x 3,00	HF, IE	
Semeadura/cultura	9,00	3,00 x 3,00	FG, HF, ED	
Descontaminação	10,80	3,00 x 3,60	HF, EX, ED	
Antessala	5,76	2,40 x 2,40	IE	
Teste de esterilização	9,00	3,00 x 3,00	–	
Incubação	9,00	3,00 x 3,00	–	
Biologia molecular				**Com circulação restrita**
Recepção de amostra	12,96	3,60 x 3,60	IT, IE	
Extração	12,00	3,00 x 4,00	AC, HF, EE	
Mistura				
Preparo	12,00	3,00 x 4,00	AC, HF, EE	
Amostras				
Eletroforese	15,00	3,00 x 5,00	AC, HF	
Genotipagem	15,00	3,00 x 5,00	No break, AC, HF	
Vestiários	–	3,60 x 4,80	AF	
Amplificação	–	–	No break, AC	

Laboratório de Certificação de Alimentos, segundo ISO 17.025 (recursos)		
AMBIENTE	**EQUIPAMENTOS**	**MOBILIÁRIOS**
Geral		
Recepção/espera	Telefone, fax, microcomputador	Balcão de recepção
W.C. público	Prever apoio para deficientes físicos	
Copa	Geladeira, forno de micro-ondas, liquidificador, centrífuga	Balcão, mesas e cadeiras
Segurança	Sistema para circuito interno de TV	Mesas, cadeiras
Atendimento	Microcomputadores, fax, telefone	Mesas, cadeiras
Reuniões	Telefone, projetor multimídia	Mesas e cadeiras para reuniões
Administração	Microcomputadores, fax, telefone	Mesas, cadeiras
Química da água	Capela, microcomputador, geladeira e freezer, chuveiro de emergência e lava-olho	Bancada com pia, bancada com e sem castelo
Histopatologia	Área para preparo de amostras: separar, parafinar, cortar e colorir lâminas, área para microscopia, microscópio	Bancada de trabalho livre e com cuba
Reagentes		
Congelamento	Freezers	
Depósito	Telefone, microcomputador	Prateleiras
Serviços gerais		
Microbiologia		
Recepção de amostras	Microcomputador, geladeira, freezer	
Preparo de amostras	CSB: Cabine de segurança biológica, freezers, geladeiras, homogeneizador, balança semianalítica	Bancada com mesa, pia e armário

Laboratório de Certificação de Alimentos, segundo ISO 17.025 (recursos) *(continuação)*

AMBIENTE	INSTALAÇÕES	OBSERVAÇÕES
Lavagem e esterilização		
Vestiário/banheiro pessoal	Escaninhos	
Preparo		Bancada com pia e armários
Semeadura/cultura	Bico de Bunsen, estufas, banho-Maria, geladeira e colorímetro	Bancadas com pia, armários e capela
Descontaminação	Autoclave, estufa de secagem, esterilização, destilador de água	Bancada com cuba profunda mais armários
Antessala	CSB e estufas, mínimo 3	Armários revestidos com laminados em ambas as faces, bancada com pia na 1ª antessala
Teste de esterilização Sala limpa	Classe 10.000 (pressão positiva, com filtragem do ar com filtros: grosso, fino e absoluto). Duas antessalas com controle de pressão e temperatura	ADE
Incubação		
Biologia molecular		
Recepção de amostra	Microcomputador, geladeira e freezer	Mesa-balcão, armário e arquivo
Extração	CSB, frezzer −70 °C, capela de exaustão, banho-maria, termobloco, microcentrífuga	Bancada de trabalho livre e com cuba, mesa e armário
Mistrura		
Preparo	CSB, geladeira, freezer −20 °C, balança analítica, agitador de tubo, micro-ondas, centrífuga, sistema de purificação de água, balança digital comum	Bancada de trabalho livre e armários
Amostras		
Eletroforese (sala escura)	Fonte e cubas para eletroforese, sistema completo para fotodocumentação digital	Bancada de trabalho (livre e com cuba rasa)
Genotipagem	Sequenciados (prever estabilizador e *No break*)	Bancada de trabalho (livre com cuba rasa)
Vestiários	Escaninhos	
Amplificação	Termociclador (prever estabilizados e *No break*)	

7 – Laboratório de microscopia de alimentos e medicamentos

ÁREA: 200 a 300 m²

Laboratório destinado ao controle de qualidade para alimentos e medicamentos. Para certificação e controle, a norma que regulamenta as suas atividades é a ISO/IEC 17025.

Programa:

Área, Dimensões Mínima, Instalações e Observações.

Observação importante:

Verificar todas as recomendações feitas para o Laboratório para Certificação de Alimentos e mais:

01. Facilitar a realização correta dos procedimentos do laboratório.

02. Condições ambientais conforme especificações, métodos ou procedimentos quando influenciam a qualidade dos resultados.

03. Separação efetiva para áreas vizinhas, nas quais são realizadas atividades incompatíveis (evitar e prevenir a contaminação cruzada).

04. Em relação à qualidade dos procedimentos, deve-se controlar o acesso e o uso de áreas.

05. Manter sempre uma boa limpeza e arrumação do laboratório.

06. O laboratório deve ter: dimensões, construção, localização adequada, salas ou áreas, instalações, equipamentos e suprimentos que assegurem a realização dos exames e armazenamento de materiais, documentos, reagentes e sistemas biológicos.

Programa Básico

01. Recepção;
02. Atendimento;
03. Administração;
04. Setor de Alimentos;
05. Setor de Medicamentos;
06. Setor de Apoio e Serviços;
07. Setor de Pessoal.

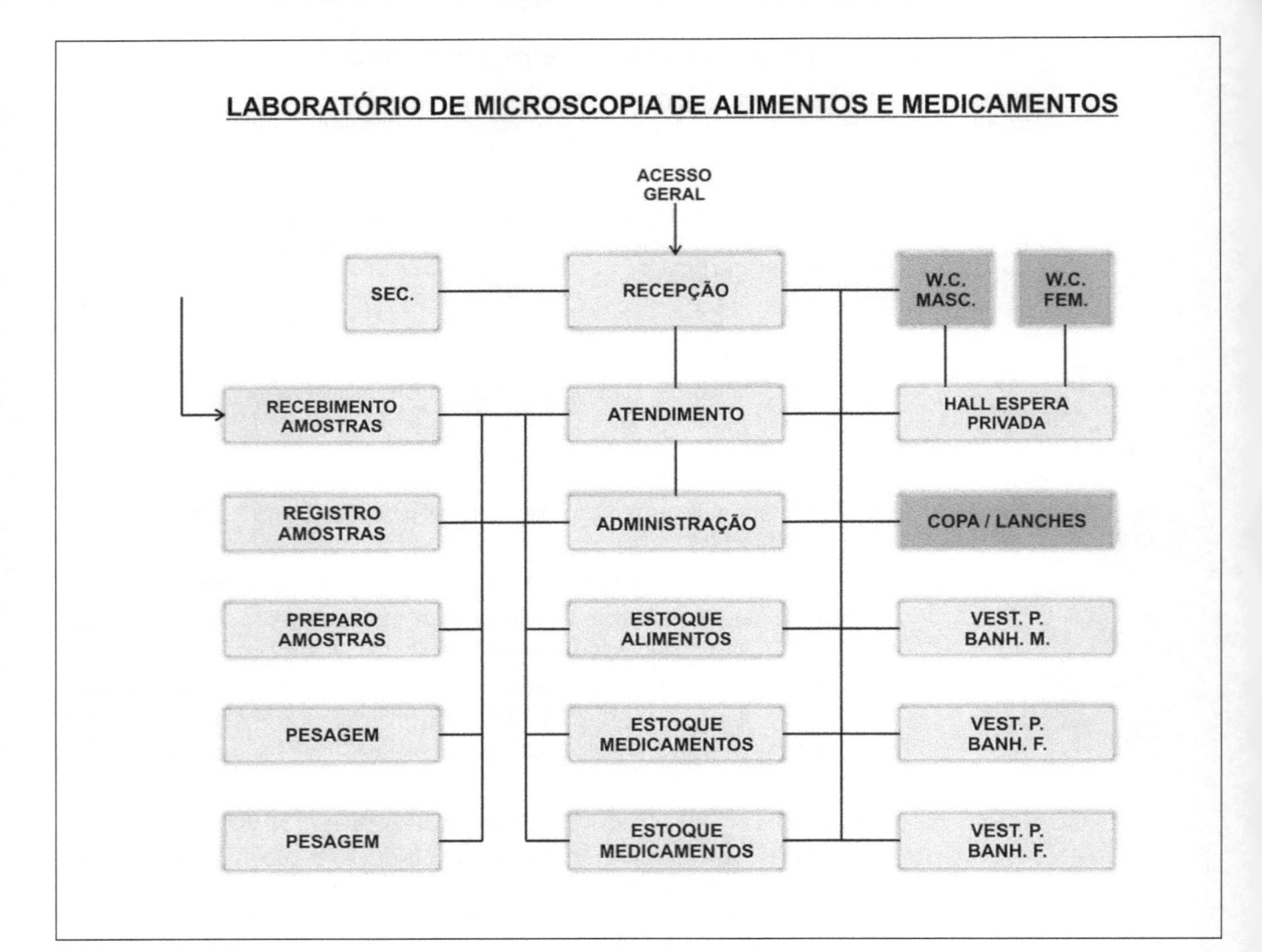

LABORATÓRIO DE MICROSCOPIA DE ALIMENTOS E MEDICAMENTOS

Laboratório de Microscopia de Alimentos e Medicamentos (padrões e dimensões)

AMBIENTE	ÁREA M^2	DIM. MÍN.	INSTALAÇÕES	OBSERVAÇÕES
Recepção geral	12,96	3,60 x 3,60	IT, IE	
W.C. público	5,76	2,40 x 2,40	HF, IE	1 por sexo
Segurança	5,76	2,40 x 2,40	IE, IT	
Atendimento	16,56	3,60 x 4,80	IE, IT, AC	
Administração	12,96	3,60 x 3,60	IE, IT, AC	
Estoque de alimentos	12, 96	3,60 x 3,60	IE, AC	
Estoque de medicamentos	12, 96	3,60 x 3,60	IE, AC	
Copa lanches	5,76	2,40 x 2,40	HF, IE, IT	
Vestiário e banhero para pessoal	14,52	2,40 x 4,80	HF, IE	1 por sexo
Recebimento de amostras	11,52	2,40 x 4,80	IT, IE, AC	Circulação restrita
Registro de amostras	8,64	2,40 x 3,60		
Preparo de amostras	11,52	2,40 x 4,80	HF, HE, FG, FV, EX, ED	Ver página anexa
Pesagem	11,56	2,40 x 4,80	ED	
Análise microscopia	15,00	3,00 x 5,00	ED	
Área de lavagem de vidros e outros materiais	8,64	2,40 x 3,60	HF	

Laboratório de Microscopia de Alimentos e Medicamentos

AMBIENTE	EQUIPAMENTOS	MOBILIÁRIOS
Recepção geral	Microcomputadores, freezers, geladeira	Mesa, bancada, armários
W.C. público		
Segurança	Sistema para circuito interno de TV	Mesas, cadeiras
Atendimento	Microcomputadores, fax, telefone	Mesas, cadeiras
Administração	Idem	Idem
Estoque de alimentos	Geladeiras e freezers	Armários e prateleiras
Estoque de medicamentos	Idem	Idem
Copa lanches	Geladeira, forno de micro-ondas, liquidificador, centrífuga	Balcão, mesas e cadeiras
Vetiário e banherio para pessoal	Escaninhos	
Recebimento de amostras	Microcomputador, geladeira, freezer	Balcão
Registro de amostras	Idem	Idem
Preparo de amostras	Agitadores magnéticos com aquecimento, mínimo 3. Agitadores mecânicos, mínimo 3. Autoclave com exaustão. Capela química para solventes. Capela química para substâncias corrosivas. Chapas elétricas, mínimo 3. Estufa, freezer, geladeiras para solventes, geladeira comum, filtros de água acoplados às torneiras elétricas (30 °C). Sistema hidráulico com água filtrada aquecida (50 a 70 °C), jato e aerador.	Bancada com castelo e pias Bancada com canaleta e ligação de esgotos, pias e exaustão de gases Armários
Pesagem	Balança analítica e semianalítica	Mesa antivibratória para balança Bancadas e armários
Análise microscopia	Microscópio óptico binocular, microscópio esterioscópio com zoom	Bancada com castelos e armários
Área de lavagem de vidros e outros materiais	Máquina de lavar, estufa para secagem	Bancada com cuba, bancada de preparo, armários

Almoxarifado de Materiais, Equipamentos e Reagentes				
AMBIENTE	MOBILIÁRIO	EQUIPAMENTO	INSTALAÇÕES	OBSERVAÇÕES
Área para recepção e controle	Balcão de recepção	Arquivos	IT	Fácil acesso externo
Área para armazenagem de equipamentos e materiais			EX, IT	Separação de materiais de acordo com o tipo para evitar incompatibilidade
Área para armazenagem de reagentes	Estantes, armários		EX, IT	Necessidade de ventilação (exaustão); Piso resistente
Distribuição de materiais, equipamentos e reagentes		Carrinhos		

Fonte: Laboratórios de Saúde Pública – Funasa

Apoio e Infraestrutura Predial

AMBIENTE	MOBILIÁRIO	EQUIPAMENTO	INSTALAÇÕES	OBSERVAÇÕES
Área para gerador de emergência; Central de ar-condicionado; Reservatório de água				Localização externa; não necessariamente estas centrais deverão estar todas reunidas num mesmo local
Depósito dos gases				Localização externa à edificação; Boa ventilação
Abrigo para resíduos sólidos			HF, HE	Observar recomendações para armazenamento externo da RDC 33/2003 da Anvisa
Abrigo de resíduos químicos			HF, HE	Observar recomendações para armazenamento externo da RDC 33/2003 da Anvisa
Área de tratamento de resíduos; Área de tratamento ou despejo de esgoto				Verificar a necessidade ou não dependendo do nível de segurança
Garagem; Estacionamento				Depende da localidade do terreno e do edifício

Bacteriologia

AMBIENTE	MOBILIÁRIO	EQUIPAMENTO	INSTALAÇÕES	OBSERVAÇÕES
Área para recepção de amostras e administração	Bancada de trabalho, mesa, estantes e arquivo	Geladeira, microcomputador	IT	Pode ser o mesmo ambiente
Área de sorologia	Bancada de trabalho (livre e com cuba) e armários	Banho-maria, agitadores, estufas e geladeira	AC, HF	
Sala para cultivo e testes com bactérias	Bancada de trabalho (livre e com cuba)	CSB, estufa, banho-maria, bico de Bunsen, agitadores e geladeira	FG, HF, AC, EE	Pode ser planejado um ambientge para cada grupo de bactérias afins
Análise automatizada		Aparelho de automação para identificação de bactéria	AC, EE, HF	Ambiente opcional
Área para microscopia	Bancada de trabalho	Microscópio – campo claro e escuro	AC	
Sala para microscopia	Bancada de trabalho	Microscópio de fluorescência	AC	Sala escura
Área para reagentes e meios	Armário com prateleiras e estantes	Geladeira duplex	AC, EE	Guardar material de uso imediato
Sala de freezers		Freezer, geladeiras –20 °C e –70 °C	AC, EE	Bacterioteca, soroteca
Área de descontaminação e lavagem	Bancada com cuba profunda, armários e estantes	Auclaves, forno Pasteur, estufas	EX, HF, HDD	Ambiente opcional, os materiais podem ser acondicionados e encaminhados para descontaminação em outro local
Área para preparo e coloração de lâminas	Bancada com cuba e prateleira	Bico de Bunsen (opcional)	AC, HF, FG	

Nota: para manipulação com bactérias classificadas para a classe de risco 3 (incluindo *mycobacterium tuberculosis*).
Fonte: Laboratórios de Saúde Pública – Funasa.

Biologia Molecular

AMBIENTE	MOBILIÁRIO	EQUIPAMENTO	INSTALAÇÕES	OBSERVAÇÕES
Área para recepção de amostras e anotações	Bancada de trabalho, mesa e estantes	Geladeira, microcomputador	IT	Pode ser o mesmo ambiente
Sala de extração	Bancada de trabalho (livre com cuba rasa) mesa e armários	CSB, freezer −70 °C, balança, agitador de tubos, micro-ondas, centrífuga, sistema de purificação de água, balança digital comum	AC, HF, EE	
Sala para preparo de soluções	Bancada de trabalho livre e armários	CSB, geladeira, freezer −20 °C, balança, agitador de tubos, micro-ondas, centrífuga, sistema de purificação de água, balança digital comum	AC, HF, EE	
Sala para amplificação	Bancada de trabalho livre	Termociclador	AC	
Sala para eletroforese e fotodocumentação	Bancada de trabalho (livre com cuba rasa) mesa e armários	Fonte e cubas para eletroforese, sistema completo para fotodocumentação digital	AC, HF	Sala escura
Sala de genotipagem	Bancada de trabalho (livre com cuba rasa) mesa e armários	Sequenciador	AS, HF	Opcional

Nota: 1) Recomenda-se estabilizador de voltagem e *no-break* para todos os equipamentos, especialmente para o termociclador e o sequenciador; 2) Deve-se estar atento para o descarte de material contaminado com reagentes químicos (brometo de etídio, policrilamida, fenol etc.), planejando espaço físico para recipientes de tamanhos variados.
Fonte: Latoratórios de Saúde Pública – Funasa.

Contaminantes Químicos

AMBIENTE	MOBILIÁRIO	EQUIPAMENTO	INSTALAÇÕES	OBSERVAÇÕES
Área para recepção e registro de amostras e administação	Mesa e/ou balcão, armários e arquivos	Microcomputador, geladeira e freezer	IT	Pode ser o mesmo ambiente
Área de preparo de amostras	Bancadas com pia, bancadas com castelo, armários	Estufa, estufa a vácuo, chapa elétrica, banho-maria, capela química para substâncias corrosivas, multiprocessador, liquidificador, moinho, vortex, ultrassom, centrífuga, ultraturrax, agitador magnético, geladeira (mínimo 3), freezer (mínimo 3)	FG, FV, EX, HE	
Sala de pesagem	Mesa antivibratória para balança, bancada, armário	Balança anlítica, balança semianalítica	ED	
Área de extração com solventes	Bancada com pia e sistema de exaustão, armário	Chapa elétrica, extrator soxlet, capela química para solventes, rota vapor, geladeira para solventes, manta de aquecimento, agitador orbital, vortex	HE, EX, ED	
Sala de análise de cinzas	Bancadas com sistema de exaustão	Estufa, mufla	EX	
Área de leituras em equipamentos de pequeno porte	Bancadas com pia, armários	Potenciômetro, espectrofotômetro UV-VIS, câmara de luz UV	HF, ED	
Sala de análise por cromatografia gasosa	Bancada com recuo para a manutenção do equipamento	Comatógrafo a gás, micro e impressora	Central de gases (FS, FH, FN), RE, AC, ED, ADE	
Sala de análise por comatografia líquida	Bancada com recuo para a manutenção do equipamento	Comatógrafo líquido, micro e impressora	Hélio, RE, HE, AC, ADE	

(continua)

Contaminantes Químicos (*continuação*)

AMBIENTE	MOBILIÁRIO	EQUIPAMENTO	INSTALAÇÕES	OBSERVAÇÕES
Sala de análise de metais pesados e minerais	Bancada com recuo e com pia	Espectrofotômetro de absorsão atômica com forno de grafite com sistema de refrigeração específico, gerador de hidretos, micro e impressora, sob sistema de exaustão	ED, EX, FN, FA, AC, Argônio puro, Acetileno	Central de gases e compressor instalados em área externa
Análise de metais em água para diálise, antessala, sala limpa	Armários revestidos de laminados em todas as faces, bancadas com pia	Espectrofotômetro de absorsão atômica com forno de grafite com sistema de refrigeração específico, gerador de hidretos, micro e impressora, sob sistema de exaustão	Argônio, interfone, ED, EX, HF	Sala limpa classe 10000 com ilhas classe 100 (pressão positiva, com filtragem do ar com filtros: grosso, fino e absoluto, antessala)
Área para lavagem e descontaminação de vidrarias e materiais de laboratórios para análise de metais, resíduos de pesticidas e microtoxinas	Bancadas com cuba profunda, bancada de preparo, armários	Máquina de lavar vidrarias, destilador de água, deionizador ou osmose reversa, estufas para secagem, capela química para substâncias corrosivas, capela química para solventes, lavador de pipetas	AC, HF, FN e Hélio	Contígua à área de determinações diversas
Área de lavagem de materiais	Pias com cubas profundas, bancada, armários	Máquina de lavar vidrarias, destilador de água, deionizador ou osmose reversa, estufa para secagem	HF, ED, EX	

Fonte: Laboratórios de Saúde Pública – Funasa.

Físico-Química

AMBIENTE	MOBILIÁRIO	EQUIPAMENTO	INSTALAÇÕES	OBSERVAÇÕES
Área para recepção de amostras e administração	Mesa e/ou balcão e armário e mesas	Microomputador, geladeira e freezer	IT	Pode ser o mesmo ambiente
Área de determinações diversas*	Bancadas com pia, bancadas com e sem castelo	Estufa, estufa a vácuo, chapa elétrica, capela química para substâncias corrosivas, multiprocessador, Liquidificador, moinho, vortex, ultrassom, centrífugas, autoclave, agitador magnético com e sem aquecimento, desintegrador, dissolutor, friabilômetro, durômetro, geladeira, freezer, câmara de luz	FG, FV, FN, HF, HE, ED, EX	
Sala de pesagem	Mesa antivibratória para balança, bancada, armário	Balança analítica, balança semianalítica, Karl Fischer**	AC, EX	
Área de extração com solvente	Bancada com pia e sistema de exaustão, armários	Chapa elétrica, extrator soxlet, capela química para solventes, geladeira para solventes à prova de explosão, rotovapor	HE, HF, ED, EX	
Área de análise de proteínas	Bancada com pia, armários	Sistema para determinação de proteínas (digestor, destilador e neutralizador de gases)	HF, HE	
Área de análise de cinzas	Bancadas com sistema de exaustão	Estufa, mufla	EX, ED	

Nota: *Determinações diversas: homogeneização, digestão, umidade, titulação, dissolução – dureza – desintegração – friabilidade de medicamentos e outras determinações afins. ** Opcional.

(continua)

Físico-Química (*continuação*)

AMBIENTE	MOBILIÁRIO	EQUIPAMENTO	INSTALAÇÕES	OBSERVAÇÕES
Área para leitura em equipamento de pequeno porte	Bancadas com pia, armários	Potensiômetro, polarímetro, espectrofotômetro UV-VIS, refratômetro, crioscópio, fotômetro de chama, espectrofluorômetro, turbidímetro	EX, ED, HF	
Área para análise por cromatografia gasosa	Bancada com recuo para manutenção do equipamento	Cromatógrafo a gás, microcomputador, impressora	Central de gases (FS, FH, FN), AC, Hélio, ADE	Contígua à área de determinações diversas
Análise por cromatografia líquida	Bancada com recuo para manutenção do equipamento	Cromatografia líquida, microcomputador, impressora	AC, HF, FN e Hélio	Contígua à área de determinações diversas
Área de lavagem de materiais	Pias com cubas profundas, bancada, armários	Máquina de lavar vidrarias, destilador de água, deionizador ou osmose reversa, estufa para secagem	HE, HF, EX	

Fonte: Laboratórios de Saúde Pública – Funasa.

Microbiologia				
AMBIENTE	MOBILIÁRIO	EQUIPAMENTO	INSTALAÇÕES	OBSERVAÇÕES
Área para recepção de amostras e administração	Mesa e/ou balcão, armários e arquivos	Microcomputador, geladeira e freezer	IT	Pode ser o mesmo ambiente
Área de preparo de amostras	Bancadas com pias, armários	CSB, freezers, geladeiras, homogeneizador, balança semianalítica	FV, HF, ED	Contígua à recepção
Área de semeadura, cultura e repique	Bancadas com pia, armários	Bico de Bunsen, estufas, (mínimo 3) banho-maria, geladeira, colorímetro	FG, HF, ED	
Área de coloração e leitura de lâminas e contagem de placas	Bancada com pias, armários	Microscópio ótico, contador de colônias, câmara de luz UV	HF	
Sala de descontaminação	Bancada com cuba profunda, armários	Autoclave, estufa de secagem e esterelização, destilador de água	HF, EX, ED	
Sala de teste de esterilidade Antessala Sala limpa	Armários revestidos em ambas as faces Bancada com pia na primeira antesala Bancada de aço inox na sala limpa	CSB, estufas (mínimo 3)	FG, IT, Interfone, AC, HF, ED	Sala limpa classe 10000 (pressão positiva, com filtragem do ar com filtros: grosso, fino e absoluto), duas antesalas, controle de pressão e temperatura
Área para pirogênio *in vitro* – método de gelificação	Bancada com pia, armários	Geladeira, banho-maria	HF, ED	

Fonte: Laboratórios de Saúde Pública – Funasa.

Microcospia de Alimentos e Medicamentos

AMBIENTE	MOBILIÁRIO	EQUIPAMENTO	INSTALAÇÕES	OBSERVAÇÕES
Área para recepção de amostras e administração	Mesa, bancada, armário	Microcomputador, freezer, geladeira	IT	Pode ser o mesmo ambiente
Área de preparo de amostras	Bancadas com castelo, bancadas com castelo e pia, bancada com canaleta com ligação de esgoto, com pia e sistema de exaustão de gases, armários	Agitadores magnéticos com aquecimento (mínimo 3), agitadores mecânicos (mínimo 3), autoclave (sob sistema de exaustão), capela química para substâncias corrosivas, capela química para solventes, chapas elétricas (mínimo 3), estufa, freezer, geladeira para solventes, geladeira, filtros de água acoplados às torneiras elétricas (30 °C), sistema hidráulico com água filtrada aquecida (50-70 °C) com jato e aerador	HF, HF, FG, FV, EX, ED	Sistema de exaustão específico para cada equipamento
Sala de pesagem*	Mesa antivibratória para balança, bancada, armário	Balança analítica, balança semianalítica	ED	
Sala de análise microscópica	Bancadas com castelo, armários	Microscópio ótico composto binocular, microscópio estereoscópio com zoom	ED	
Área de lavagem de vidraria e outros materiais	Bancada com cuba, bancadas de preparo, armários	Máquina de lavar, estufa para secagem	HE	

Nota: *Para determinação de poeiras em ambientes de trabalho é necessário uma microbalança analítica.
Fonte: Laboratórios de Saúde Pública – Funasa.

Parasitologia

AMBIENTE	MOBILIÁRIO	EQUIPAMENTO	INSTALAÇÕES	OBSERVAÇÕES
Área para recepção de amostras e administração	Bancada de trabalho, mesa, estantes	Geladeira, microcomputador	IT	Pode ser o mesmo ambiente
Área para sorologia	Bancada de trabalho (livre e com cuba)	Banho-maria, agitadores, estufas	AC, HF, EE	
Sala para exames parasitológicos de fezes	Bancada de trabalho com prateleiras (livre e com cuba)	Bico de Bunsen, triturador, centrífuga	FG, EX, HF	
Área para microscopia	Bancada de trabalho	Microscópio – campo claro e escuro	AC	
Sala para microscopia	Bancada de trabalho	Microscópio de fluorescência	AC	Sala escura
Área para cultivo	Bancada de trabalho com prateleiras (livre e com cuba)	Bico de Bunsen, CSB, estufas, banho-maria, centrífuga	AC, FG, HF, EE	
Área para diagnóstico de entomologia	Bancada de trabalho com prateleiras (livre e com cuba rasa)	Microscópio estereoscópico	AC, FG, HF	Opcional
Sala de frezzers		Freezers, geladeiras –20 °C e –70 °C	AC, EE	Bacterioteca, soroteca
Área para armazenagem	Armário com prateleiras, estantes	Geladeiras, freezer –20 °C e –70 °C	AC, EE	Guardar material de uso imediato e estoque, soros e agentes biológicos
Área de descontaminação e lavagem	Bancada com cuba funda, armários, estantes	Autoclaves, estufas	EX, HF, HDD	Ambiente opcional, os materiais podem ser acondicionados e encaminhados para descontaminação em outro local

Fonte: Laboratórios de Saúde Pública – Funasa.

Patologia (anatomopatologia/histopatologia, análises clínicas)				
AMBIENTE	**MOBILIÁRIO**	**EQUIPAMENTO**	**INSTALAÇÕES**	**OBSERVAÇÕES**
Área para recepção de amostras e anotações	Bancada de trabalho, mesa e estantes	Microcomputador, geladeira	IT	Pode ser o mesmo ambiente
Área para preparo de amostras: separar; parafinar; cortar; colorir lâminas	Bancada de trabalho (livre e com cuba)		HF	
Área para microscopia	Bancada da trabalho	Microscópios	AC	
Área para armazenagem: líquidos voláteis; blocos; lâminas; registros	Armários, estantes, bancadas com gavetas		EX	
Área de descontaminação e lavagem e área para acondicionamento de materiais utilizados	Bancadas com cubas profundas	Autoclaves, estufas	HF, HDD	Ambiente opcional, os materiais podem ser acondicionados para descontaminação em outro local

Fonte: Laboratórios de Saúde Pública – Funasa.

Recepção e Triagem de Amostras Biológicas				
AMBIENTE	MOBILIÁRIO	EQUIPAMENTO	INSTALAÇÕES	OBSERVAÇÕES
Recepção de amostras	Guichê com vidro, bancada	computador	IT	Lavatório
Triagem de amostras, guarda de amostras para posterior encaminhamento às áreas laboratoriais	Bancada com cuba	Geladeira	HF, ED	
Área de fracionamento de amostras	Bancada com cuba	Centrífuga, CSB	HF, EX	Lavatório
Distribuição das amostras para os laboratórios				Prever espaços para carrinhos
Área de recebimento e classificação dos resultados	Mesa, arquivo		IT	
Área de entrega de resultados	Guichê	Computador	IT	
Área de acondicionamento, materiais utilizados	Bancada com cuba profunda, estante		HF	Área para descarte de gelo, lavagem de isopor e guarda de isopor, lavatório
Área de trabalho administrativo, elaboração de anotações, registros, relatórios e estatísticas	Mesa, cadeiras	Computador	IT	

Fonte: Laboratórios de Saúde Pública – Funasa.

Virologia

AMBIENTE	MOBILIÁRIO	EQUIPAMENTO	INSTALAÇÕES	OBSERVAÇÕES
Área para recepção de amostras e administação	Bancada de trabalho, mesa, estantes e arquivos	Geladeira, microcomputador	IT	Pode ser o mesmo ambiente
Área para sorologia	Bancada de trabalho (livre e com cuba) e armários	Banho-maria, agitadores, estufas e geladeira	AC, HF	Adequar ao método: manual, semiautomatizado e automatizado
Área para microscopia	Bancada de trabalho	Microscópio – campo claro e escuro	AC	
Sala para microscopia	Bancada de trabalho	Microscópio de fluorescência	AC	Sala escura
Sala para preparo	Bancada de trabalho com cuba rasa e armários	Estufas, microscópio invertido	AC, EE, HF	Contígua às salas para manipulação
Sala para manipulação-linhagens celulares	Mesa de apoio com gavetas	CSB	AC, EE	
Sala para manipulação-isolamento viral	Mesa de apoio com gavetas	CSB	AC, EE, EX	
Biotério de experimentação				Opcional
Área para reagentes e meios	Armário com prateleiras e estantes	Geladeiras duplex	AC	Guardar material de uso imediato
Sala de freezers	Bancada com cuba profunda, armários e estantes	Autoclaves, forno Pasteur e estufas	EX, HF, HDD	Ambiente opcional, os materiais podem ser acondicionados e encaminhados para descontaminação em outro local
Área para preparo e coloração de lâminas	Bancada com cuba rasa e prateleira		AC, HF	

Nota: Para manipular vírus rábico, planejar instalações para sala de necropsia, de acordo com as normas para NB3.
Fonte: Laboratórios de Saúde Pública – Funasa.

A – Glossário

Ambulatório

Unidade do hospital ou de outro serviço de saúde destinada à assistência a pacientes externos para diagnóstico e tratamento.

Aço austenítico

Aço dotado de austenita – solução sólida de carbono em ferro gama – introduzida na composição do aço com o objetivo de aumentar a sua resistência. Material indicado para a confecção de bancadas de aço inoxidável pois evita manchas e ranhuras.

Audiometria

Sistema de avaliação e medição da capacidade auditiva.

Autoclave

Equipamento utilizado em hospitais, clínicas e laboratórios para processar serviços de esterilização de materiais.

Barita

Mineral ortorrômbico – sulfato de bário – espatopesado. Geralmente encontrado em poços de petróleo que, após processo industrializado, é transformado em um tipo de massa para utilização como blindagem em áreas que necessitam de proteção radiológica.

Beam stopper

Sistema de proteção (blindagem) utilizado para equipamentos ou outros objetos submetidos a radiações atômicas.

Bomba de cobalto

Equipamento que, utilizando fontes radioativas, é usado para o tratamento do câncer.

Braquiterapia

Equipamento com o qual, por meio da aplicação de sementes de iodo radioativo em volta do tumor, é possível modular os feixes de radiação e sua intensidade, reduzindo os prejuízos nos tecidos sadios. Muito utilizado no tratamento do câncer de próstata.

BreastCare

Equipamento que detecta anormalidades ou câncer por meio da análise da temperatura interna da mama. Possibilita o rastreamento da doença e possui custo mais reduzido que o mamógrafo pois dispensa gastos com instalações.

CAPS (Centro de Atenção Psicossocial)

Unidade de saúde pública introduzida pela Lei 10.216 de 06 de abril de 2001 – Lei Antimanicomial – para atendimento primário a pacientes portadores de doenças mentais.

Casa Terapêutica

Unidade de atendimento introduzido pela Lei 10.216 de 06 de abril de 2001 – Lei Antimanicomial – onde são internados pacientes, de forma não permanente, para processar a transição entre o hospital psiquiátrico e a residência do paciente.

Centro de Saúde

Unidade Sanitária mais complexa que um posto de saúde, destinada a prestar atendimento médico sanitário a uma comunidade, contando com consultórios e equipamento de apoio ao diagnóstico e ao tratamento.

Cintilógrafo

Equipamento que, por meio de processos de medicina nuclear, é utilizado para o diagnóstico, por imagens, com diversas aplicações médicas, tais como disfunções hepáticas, ósseas, coronarianas e cerebrais a partir de elementos específicos para cada patologia.

Consultório diferenciado

Consultório padrão onde são exigidos, pelas normas, alguns espaços complementares ou de dimensões diferenciadas. São diferenciados os consultórios de cardiologia (entradas e saídas independentes), ginecologia (obrigatoriedade de um sanitário), oftalmologia (dimensão máxima de 6.00 m) e urologia (obrigatoriedade de um sanitário).

Consultório indiferenciado

Consultório padrão, geralmente 12 m^2 (3,00 × 4 00), onde não existem exigências específicas para processar o atendimento ao cliente.

Dispensário de medicamentos

Local destinado, em unidade de saúde, para a guarda e manutenção de medicamentos.

Dosimetria

1 Medicina: sistema terapêutico baseado na ação de alcalóides tomados em pequenas doses, sob a forma de grânulos, em intervalos certos.

2 Química nuclear: conjunto de técnicas de medição da atividade de amostras radioativas ou da intensidade de radiações ionizantes.

D.P.A.C. (Diálise Peritonial, Ambulatorial Contínua)

Tipo de tratamento utilizado em pacientes com disfunções renais.

D.P.I. (Diálise Peritonial Intermitente)

Tipo de tratamento utilizado em pacientes com disfunções renais.

Eletrocardiógrafo

Equipamento que, por meio de sinais elétricos, é utilizado para análise e funcionamento do coração.

Eletroencefalógrafo

Equipamento que, por meio de sinais elétricos, é utilizado para análise e funcionamento do cérebro.

Eletromiógrafo

Equipamento que, por meio de sinais elétricos, é utilizado para análise e funcionamento dos músculos.

Endoscopia

Sistema que utiliza uma microcâmara introduzida pela boca ou pelo reto, possibilitando a visualização de todo o aparelho digestivo (menos o intestino delgado), por meio de um monitor. Possibilita imagens fotográficas. É utilizada na localização de úlceras, tumores no esôfago, estômago e intestino grosso.

Esfigmomanômetro

Equipamento utilizado para a medição da pressão arterial. Pode ser manual, digital e com pedestal de apoio (para salas cirúrugicas, por exemplo).

Esporômetro

Equipamento utilizado para medir a respiração.

Feixe primário

Nos procedimentos de radioterapia é a principal radiação ionizante saída do equipamento em uso. É a radiação que estabelece todo o dimensionamento mais resistente da blindagem do ambiente.

Fisiatra

Médico de formação geral e especializado em fisioterapia.

Fisioterapeuta

Profisional formado exclusivamente em fisioterapia.

Gantry

Espécie de guindaste ou pórtico eletromecânico, dotado de articulações, utilizado para movimentar aparelhos médicos de radiodiagnóstico.

HBs Ag⁺

Designação para os pacientes de hemodiálise portadores de hepatite.

Hematita

Material trigonal, sexquióxido de ferro, um dos mais importantes minérios de ferro, utilizado para blindagem em salas de radioterapia.

Hebiatra

Médico de formação geral especializado no tratamento de adolescentes (de 13 a 20 anos de idade). O nome deriva de Hebe, deusa grega da juventude.

Hemocentro

Laboratório especializado na coleta, armazenamento, distribuição e transfusão do sangue e hemocomponentes.

Labirinto

Antecâmara, de feitio sinuoso ou irregular, obedecendo a padrões da física nuclear, construída nas salas onde são efetuados procedimentos de radioterapia com o objetivo de evitar a difusão de raios de origem nuclear.

NAPS: Núcleo de Atenção Psicossocial

Unidade de saúde pública introduzida pela Lei 10.216 de 6 de abril de 2000 – Lei Antimanicomial, para atendimento, no nível mais elementar, a pacientes portadores de doenças mentais.

Negatoscópio

Equipamento utilizado para leitura de radiografias nos seus mais diversos níveis.

Ortovoltagem

Equipamento que utiliza raios X para tratamento de câncer.

Ortorrômbico

Sistema cristalino que pode referir-se a três eixos cristalográficos desiguais dispostos em ângulo reto e caracterizado, no essencial, por um eixo de simetria dupla, que é a interseção de dois planos de simetria, ou, então, perpendicular a dois eixos de simetria.

Quimioterapia

Tratamento por meio de agentes químicos que, além de poder interferir de modo variável sobre a doença, são passíveis de causar efeitos tóxicos de maior ou menor intensidade no organismo do paciente.

Raios X transportável

Equipamento de raios X , de pequeno porte, instalado sobre chassis com rodízios – metálicos ou de borracha – utilizado para diversos tipos de tratamento.

Simulador de radioterapia

Equipamento utilizado para efetuar o planejamento da exposição da radioterapia e assinalar, mediante processos de informática de alta precisão, a área a ser tratada evitando sobrexposição do paciente e prejuízos nos tecidos sadios adjacentes.

SUS

Designação do Sistema Unificado de Sáude da rede de atendimento público de saúde do Brasil, compreendendo as ações federais, estaduais e municipais, devidamente integradas naquele atendimento.

Tanatólogo

Profissional, reconhecido em lei, preparado para a guarda, conservação e preparação de cadáveres e órgãos retirados para pesquisa, estudo e transplante. O nome deriva de Tanatos, deus grego da morte.

Terapia fotodinâmica

Radioterapia de última geração, indicada no tratamento de tumores ou lesões pré-cancerosas superficiais de pele ou mucosa. Por via venosa, o paciente recebe a droga inicialmente inativa, que concentra-se seletivamente no tumor por meio da luz de laser, após o que será ativada, tornando-se tóxica e destruindo o tumor sem interferir nos tecidos sadios adjacentes. O paciente não sofrerá queda de cabelos ou qualquer sintoma, devendo, entretanto, permanecer de três a quatro semanas sem expor-se à luz solar.

Tomógrafo

Equipamento que, por meio de raios X, é utilizado nos mais diversos tipos de diagnóstico. Mais indicado nos problemas localizados no sistema nervoso central, coluna, tórax e abdômen.

Trifólio

Tipo de trevo aquático que, desenhado de forma estilizada, indica a presença de material atômico em ambientes, embalagens, containers etc.

Ultrassonografia

Equipamento que, por meio de ondas sonoras de alta frequência, produzem ecos ao transpassar os tecidos. Cada tecido apresentará um tipo específico de eco. Um computador converte essas respostas sonoras em imagens. Utilizado para detectar distúrbios no abdômen e na região pélvica. Insubstituível no diagnóstico e acompanhamento da gravidez.

Unidade mista

Unidade sanitária, acrescida de leitos de internação de pacientes nas especialidades: clínica pediátrica, ginecológico, obstétrico e médico cirúrgico de emergência. De um modo geral, é mais utilizada para parturientes de parto normal e internação não superior a 24 horas.

Utilidades

Ambiente destinado à limpeza, desinfecção e guarda de utensílios sanitários usados no atendimento de pacientes. Também pode ser utilizado para guarda de material de limpeza e roupa usada da unidade em que esteja instalado.

Vidro plumbífero

Vidro confeccionado à base de chumbo (nome atômico – plumbu), utilizado em ambientes que necessitam de intercomunicação visual tais como, sala de radioterapia x sala de comando, sala de tomografia x sala de comando e assim sucessivamente.

B – Tipos e siglas adotadas

Em serviços preliminares
- Canteiro de obras ....PC
- Demolição .... PD
- Terraplanagem ....PT
- Rebaixamento de lençol freático ....PR

Em fundações e estruturas
- Fundações .... EF
- Estruturas de concreto .... EC
- Estruturas metálicas ....ES
- Estruturas de madeira ....EM

Em arquitetura e urbanismo
- Arquitetura .... AR
- Comunicação visual.. AC
- Interiores ....AI
- Paisagismo ....AS
- Pavimentação .... AP
- Sistema viário ....AV

Em instalações hidráulicas e sanitárias
- Água fria .... HF
- Água quente ....HQ
- Drenagem de águas pluviais .... HP
- Esgotos sanitários ....HE
- Resíduos sólidos ....HR

Instalações eletroeletrônicas
- Instalações elétricas...IE
- Elétrica emergencial .... EE
- Elétrica diferenciada..ED
- Telefonia ....IT
- Detecção e alarme/incêndio II
- Sonorização .... IN
- Relógios sincronizados...IR
- Antenas coletivas TV-FM ....IA
- Circuito fechado..IC
- Sinalização enfermagem ....IS
- Lógica...IL
- Televisão ....TV

Instalações fluido-mecânicas
- Gás combustível .... FG
- Vapor condensado ....FV
- Ar comprimido (medicinal e industrial) .... FA (M)
- Vácuo clínico/limpeza ....FV (C)
- Oxigênio medicinal.. FO
- Óxido nitroso .... FN

Instalação para proteção de descargas elétricas .... P

Prevenção para combate a incêndio...CI

Instalações de climatização ....A
- Ar-condicionado .... AC
- Ventilação mecânica...ACV

C – Desenhos e plantas

Nas páginas a seguir, mostramos plantas e desenhos de diversos tipos de clínicas e laboratórios.

Pretendemos com isso apenas ilustrar, mostrar as várias possibilidades, não sendo necessariamente sugestões de construção. A importância desses desenhos fica restrita à necessidade de que a construção de uma clínica, seja ela para qualquer finalidade, tenha os requesitos necessários para um bom funcionamento, mantendo todos, clientes, médicos e funcionários satisfeitos e, por conseguinte, felizes.

Anexos

197

Desenho 1

Preparo do paciente e identificação

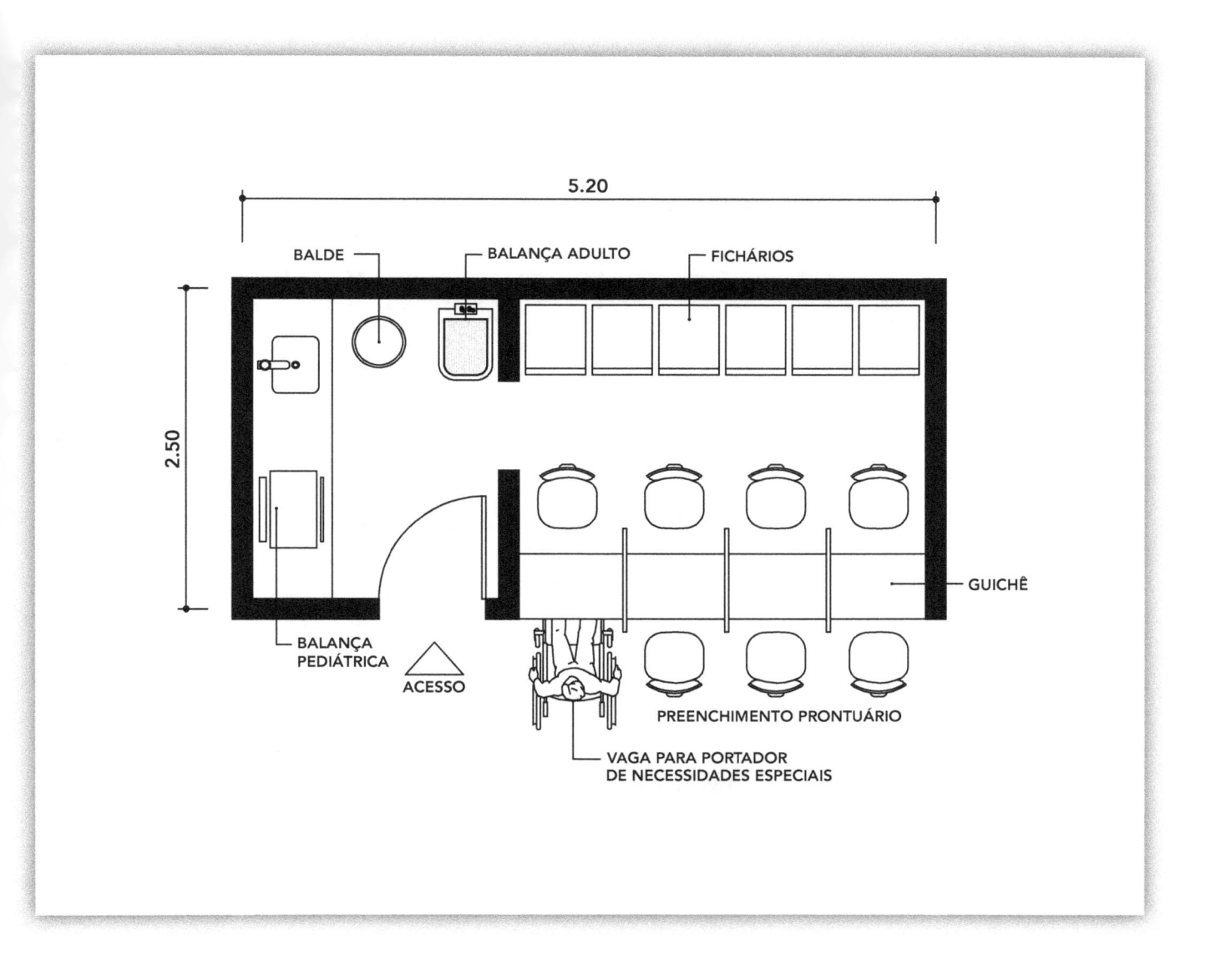

Desenho 2

Imunização, Posto de Saúde/Ambulatório

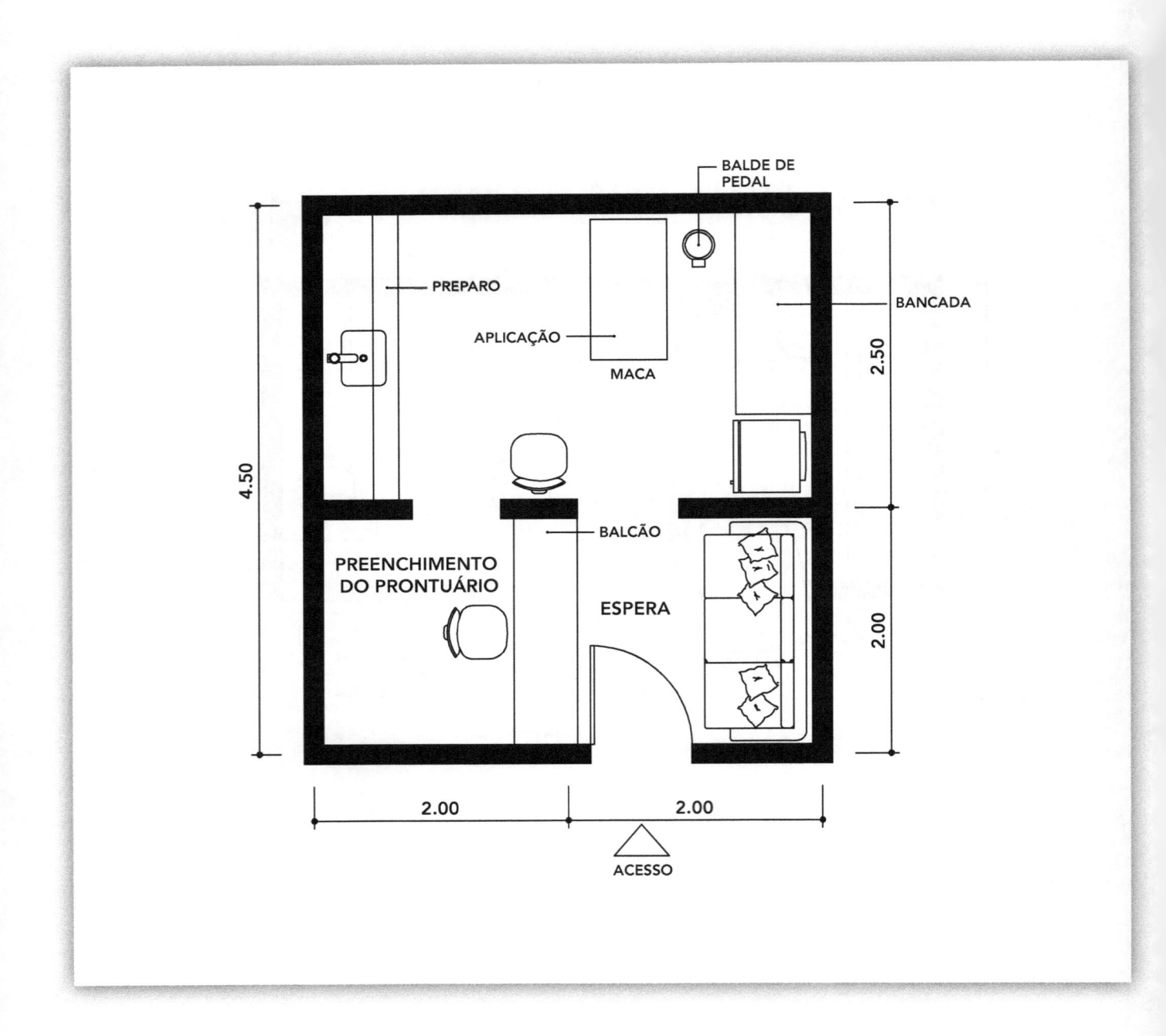

Desenho 3

Sala de curativos

Para Posto de Saúde, Unidade Mista/Ambulatório

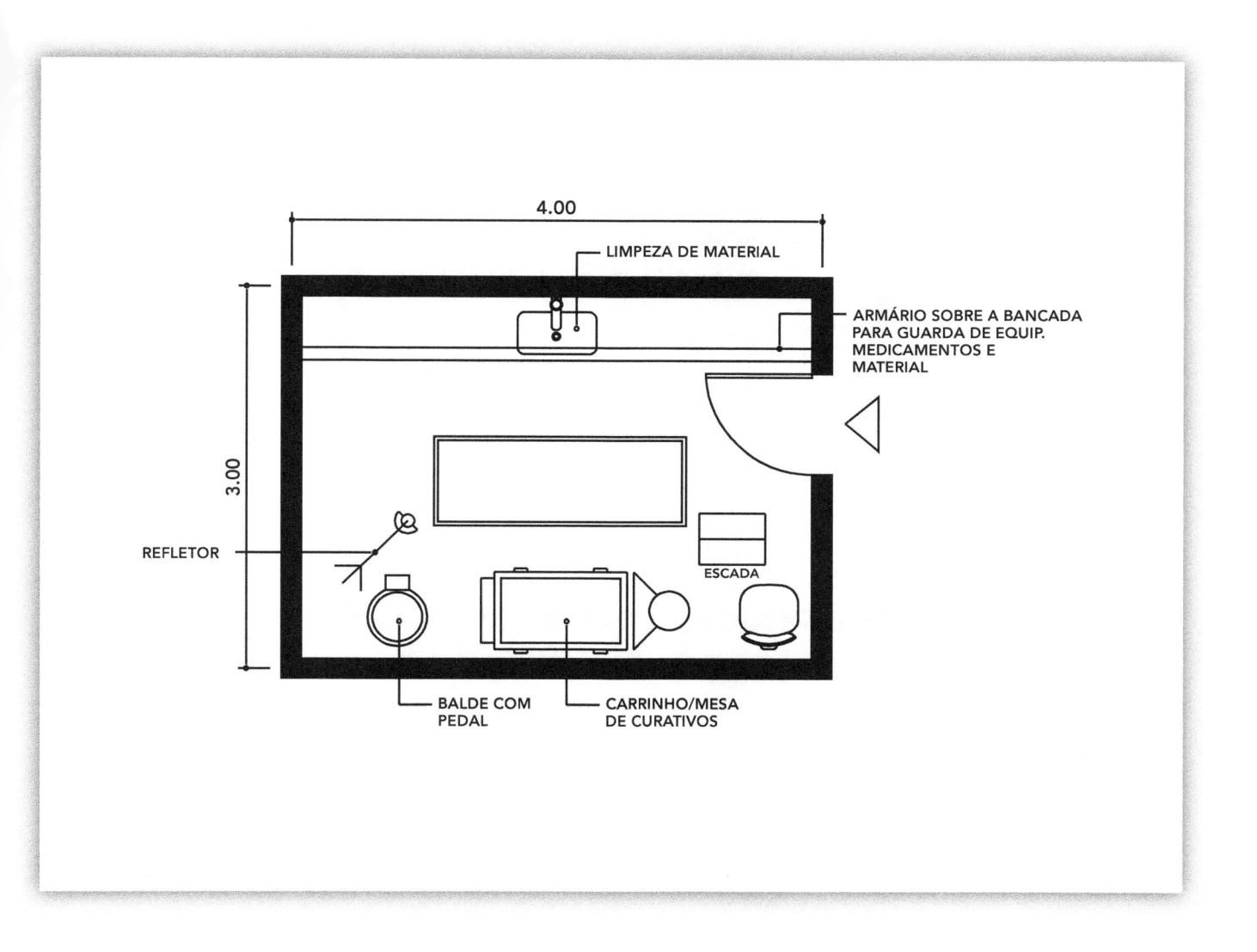

Desenho 4

Sala de reidratação oral

Para Posto de Saúde, Unidade Mista/Ambulatório

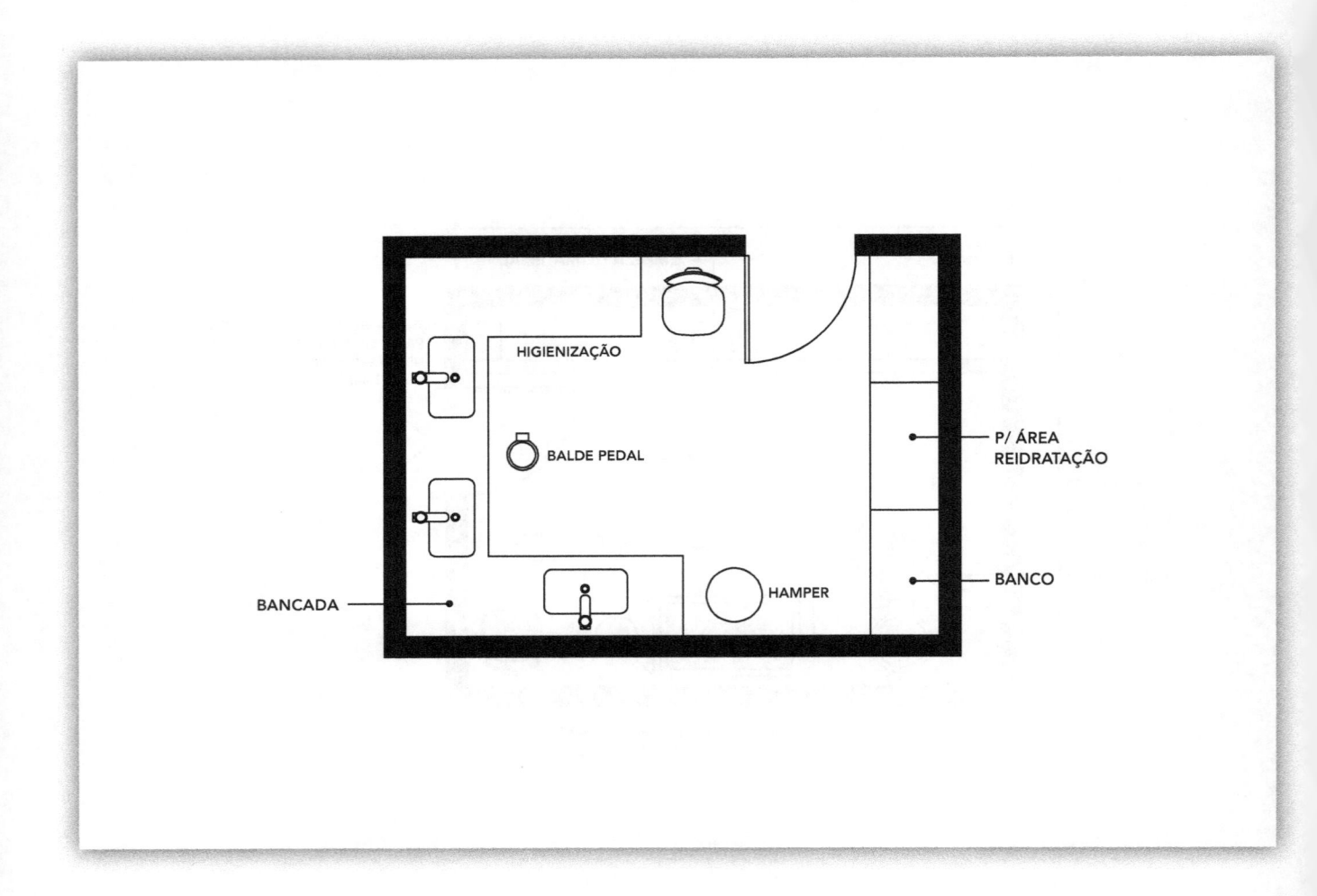

Desenho 5

Sala de gesso

Para Posto de Saúde, Unidade Mista/Ambulatório

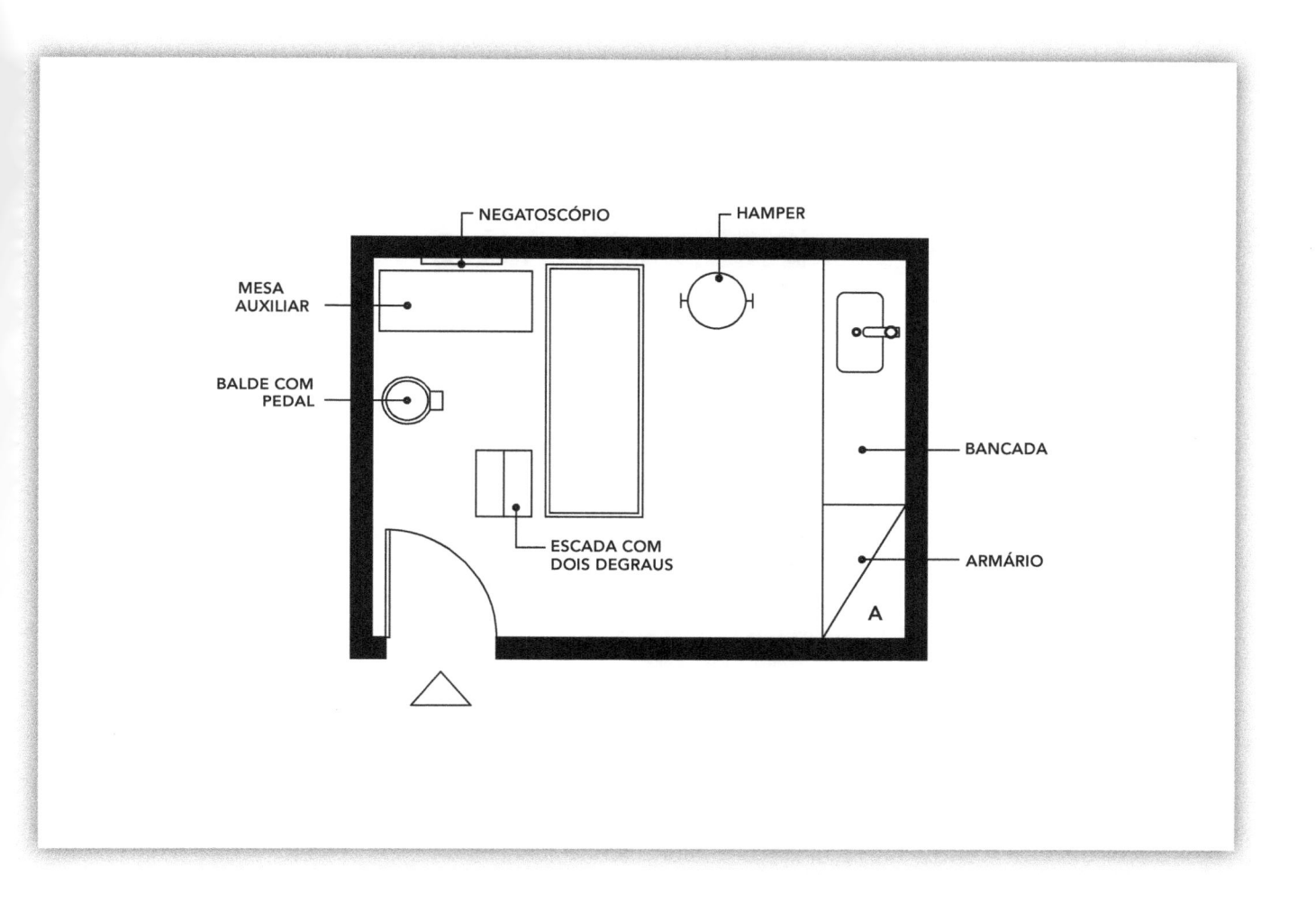

Desenho 6

Postinho de enfermagem

Para Posto de Saúde, Unidade Mista/Ambulatório

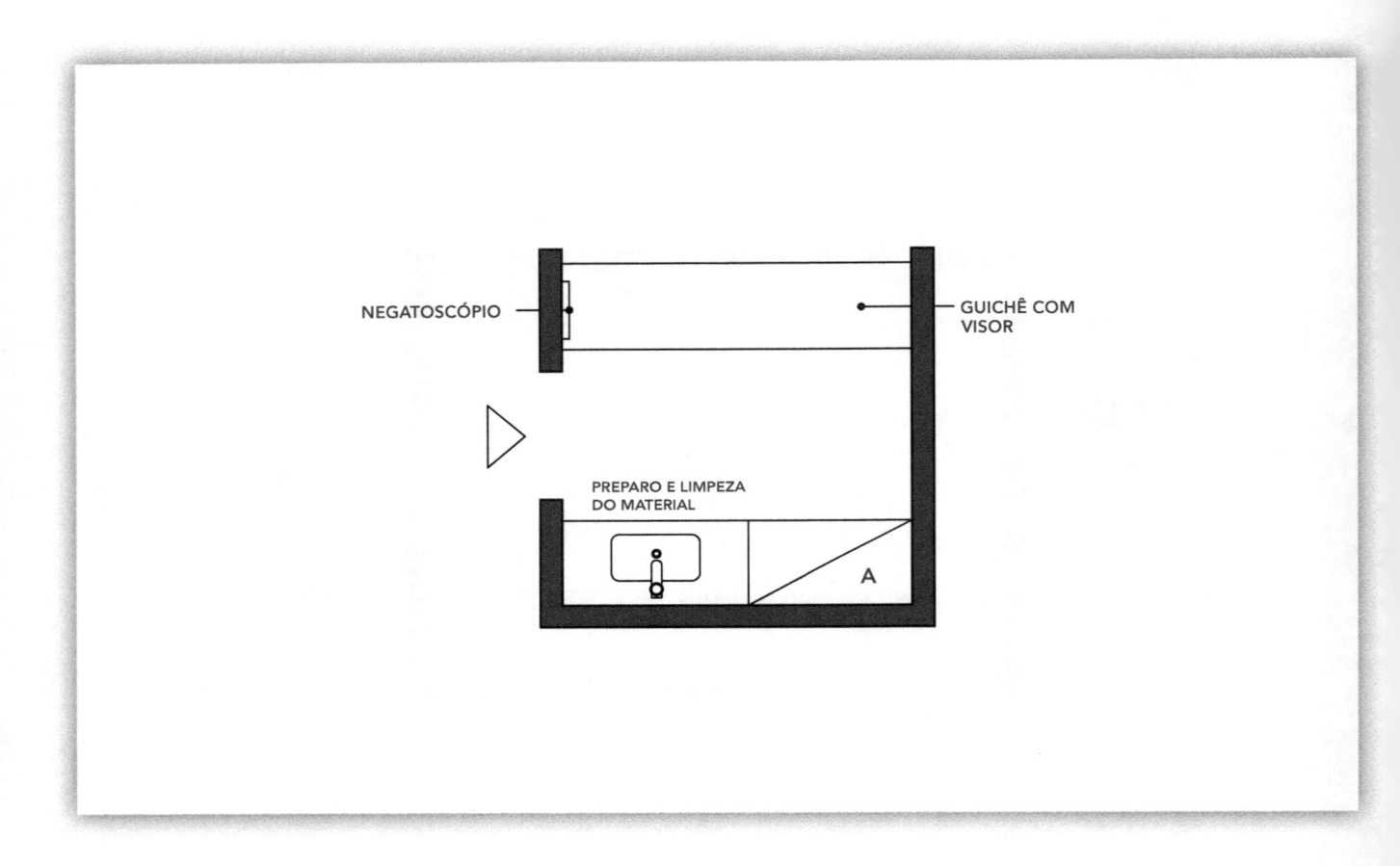

Desenho 7

Inaloterapia

Para Posto de Saúde
Ambulatório

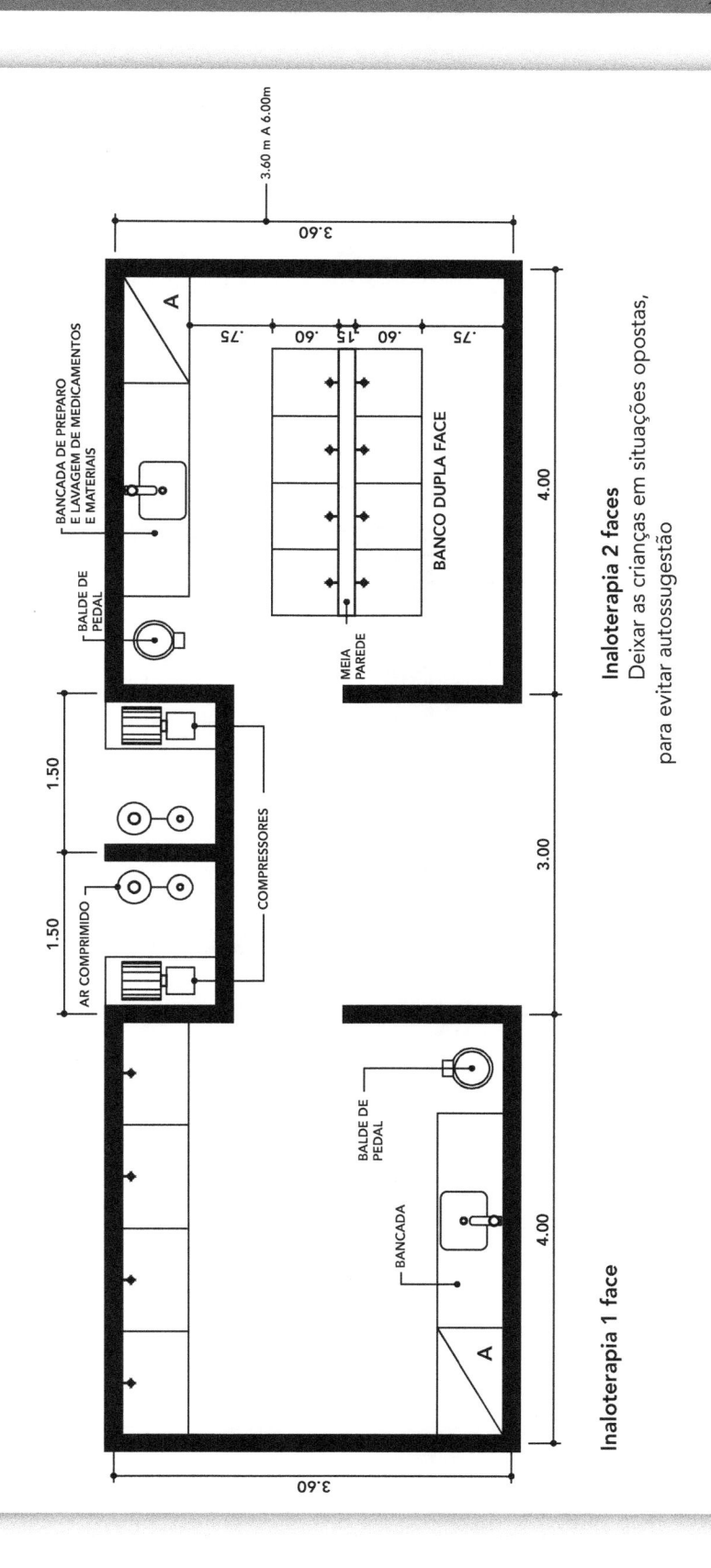

Inaloterapia 2 faces
Deixar as crianças em situações opostas,
para evitar autossugestão

Inaloterapia 1 face

Desenho 8

Eletroencefalografia

Clínicas/Ambulatório

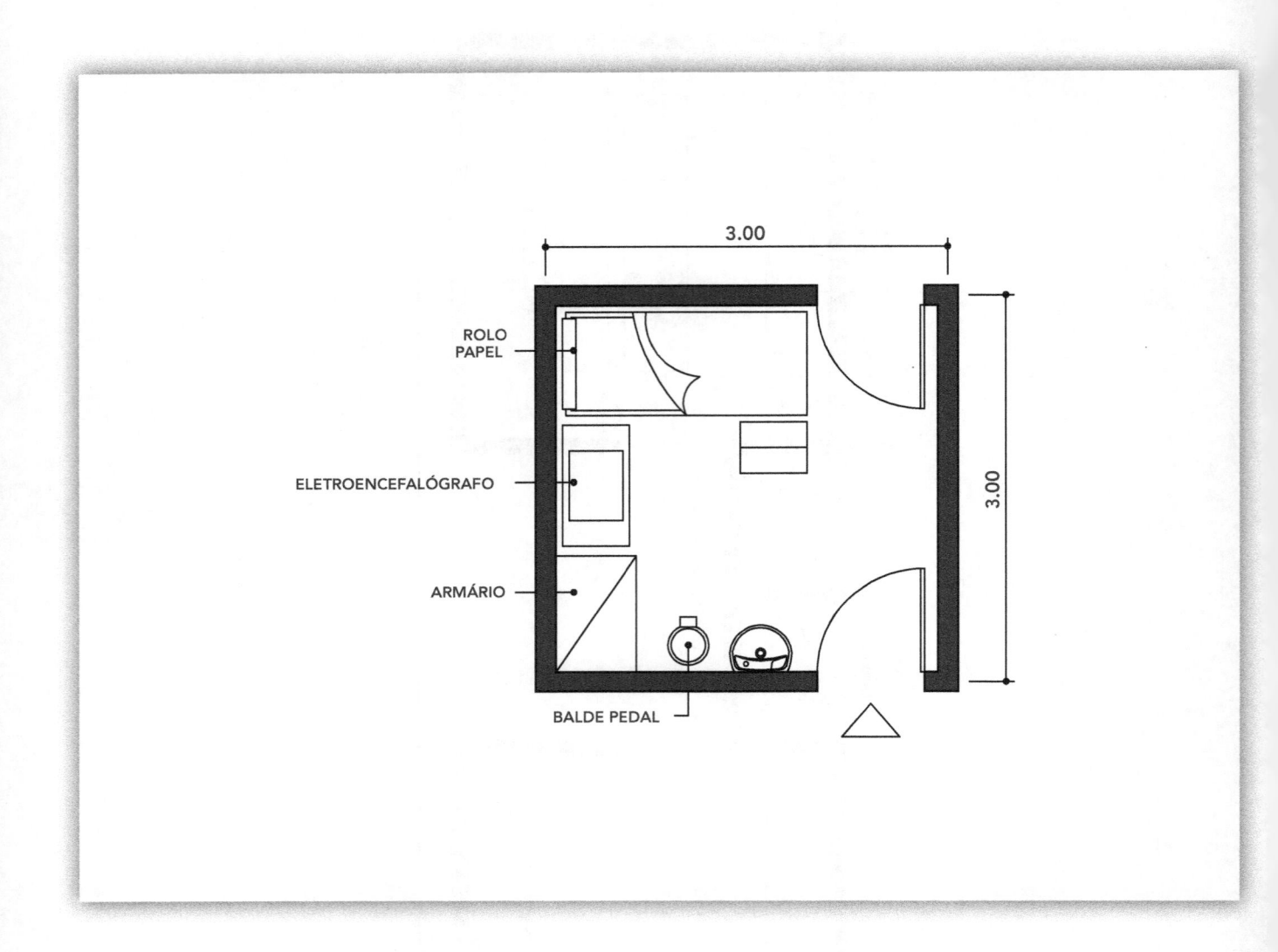

Desenho 9

Cabine de audiometria

Para Clínicas de Fisioterapia

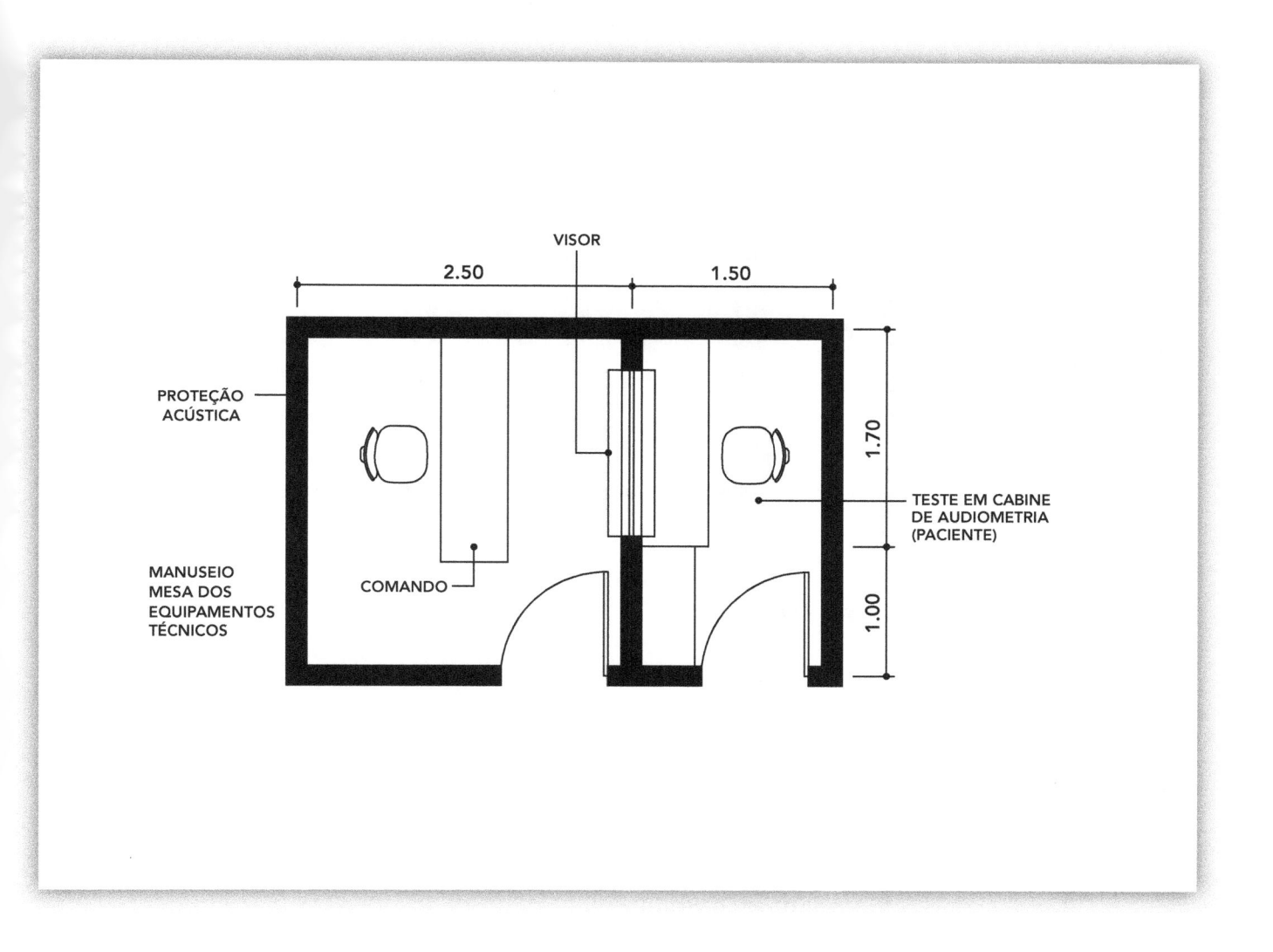

Desenho 10

Cabines para eletrocardiograma

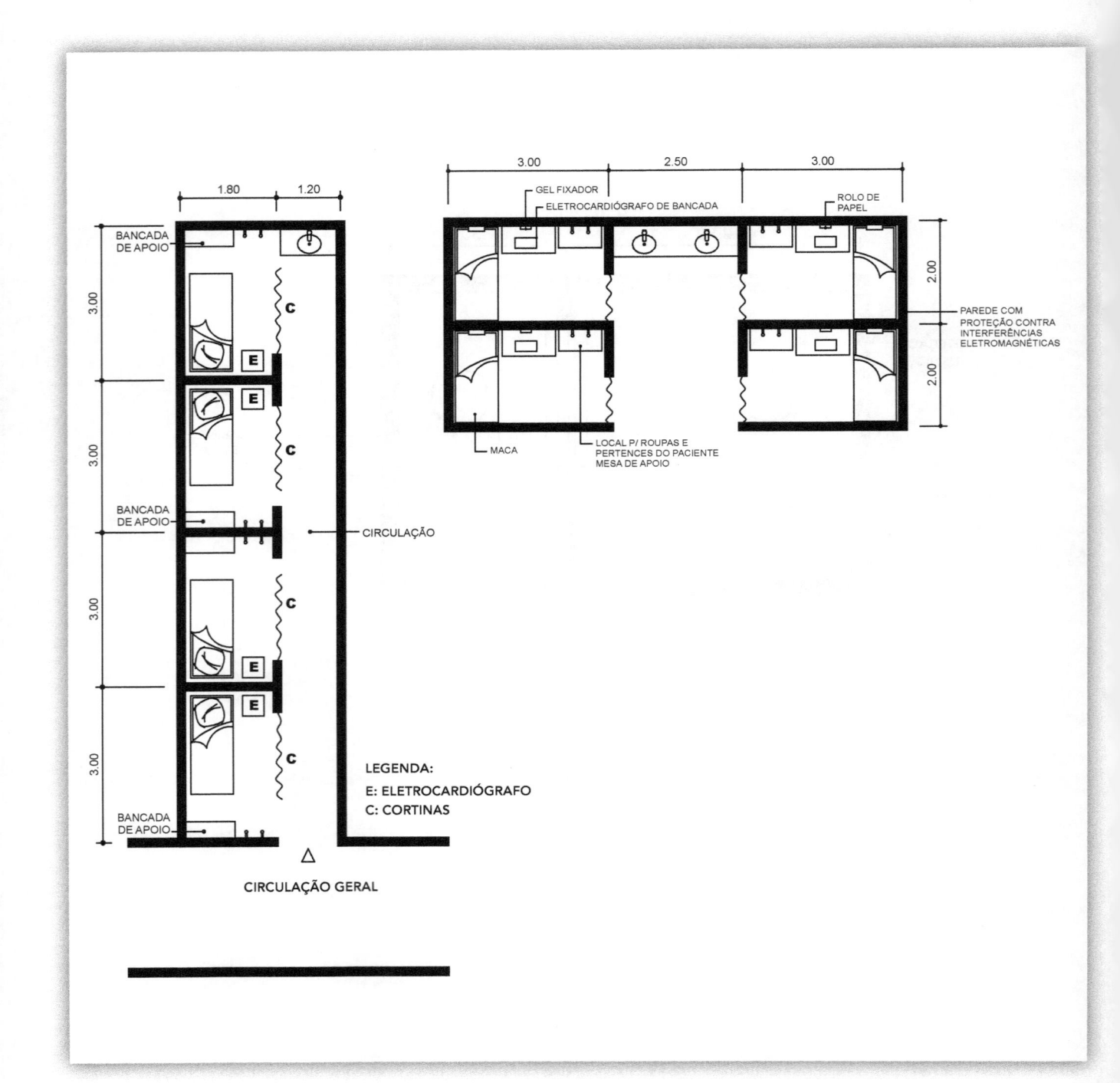

LEGENDA:
E: ELETROCARDIÓGRAFO
C: CORTINAS

Desenho 11

Módulo de avaliação cardiológica

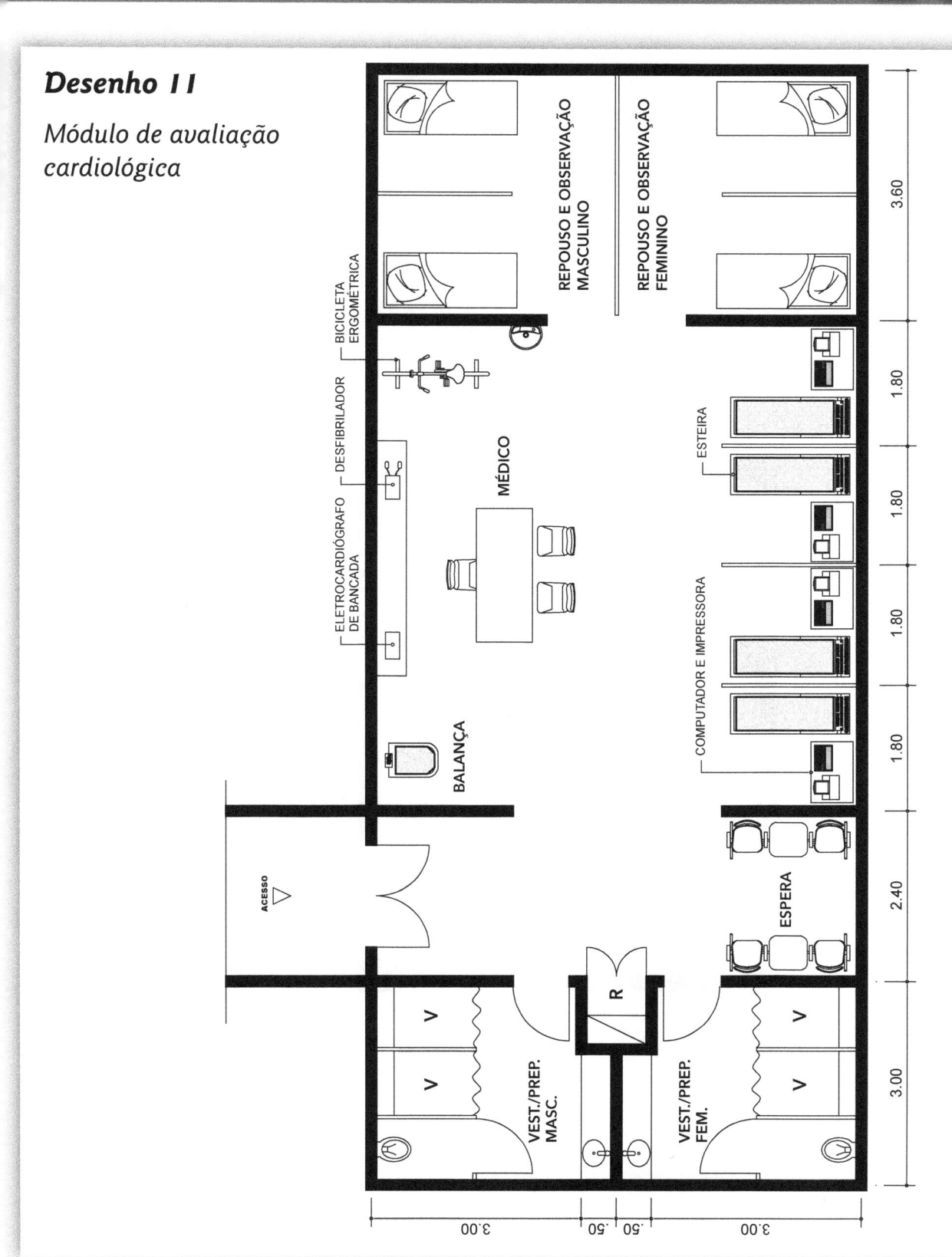

Desenho 12

Consultório indiferenciado

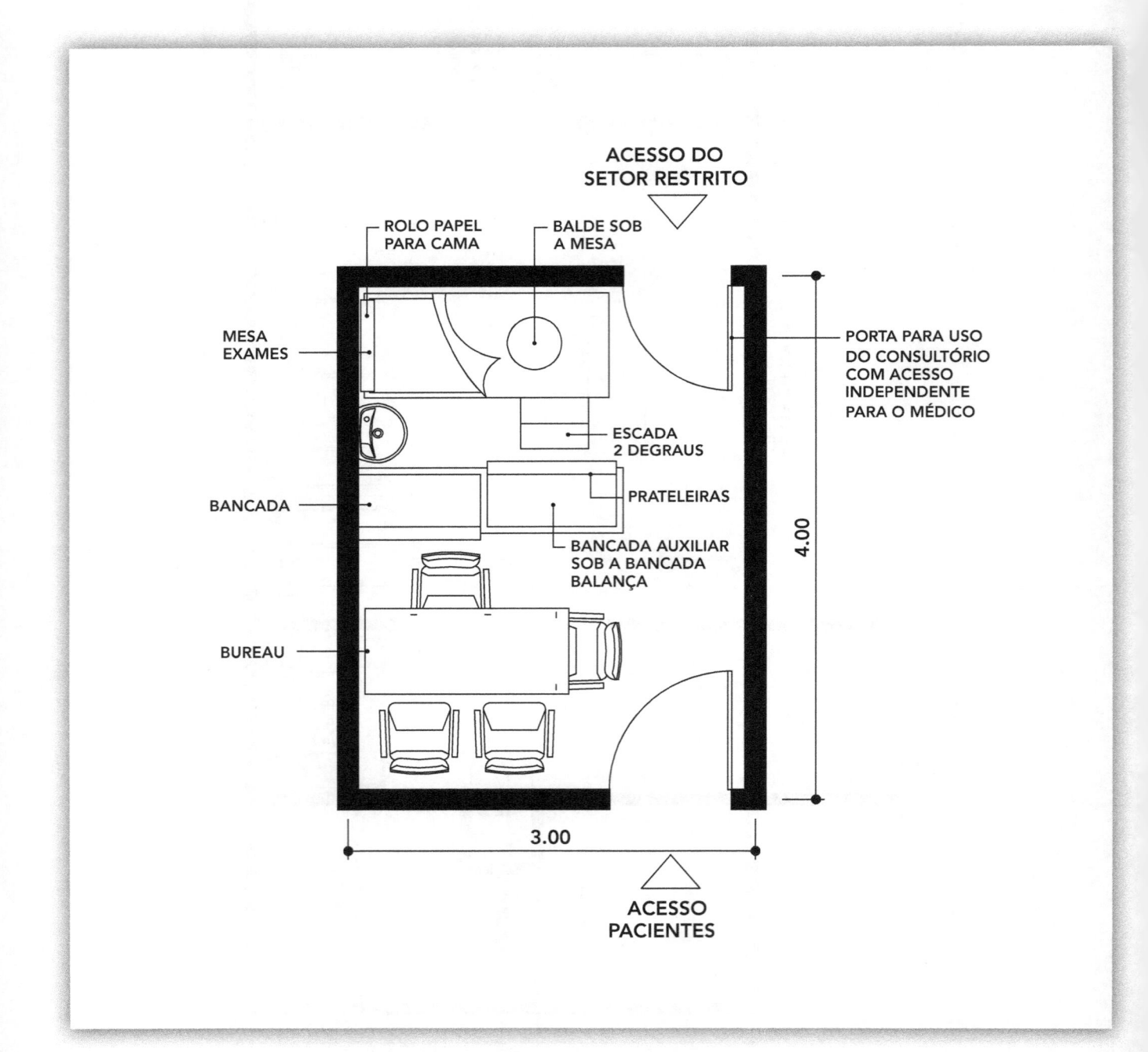

ACESSO DO
SETOR RESTRITO

ROLO PAPEL
PARA CAMA

BALDE SOB
A MESA

MESA
EXAMES

PORTA PARA USO
DO CONSULTÓRIO
COM ACESSO
INDEPENDENTE
PARA O MÉDICO

ESCADA
2 DEGRAUS

PRATELEIRAS

BANCADA

4.00

BANCADA AUXILIAR
SOB A BANCADA
BALANÇA

BUREAU

3.00

ACESSO
PACIENTES

Desenho 13

Consultório de otorrinolaringologia

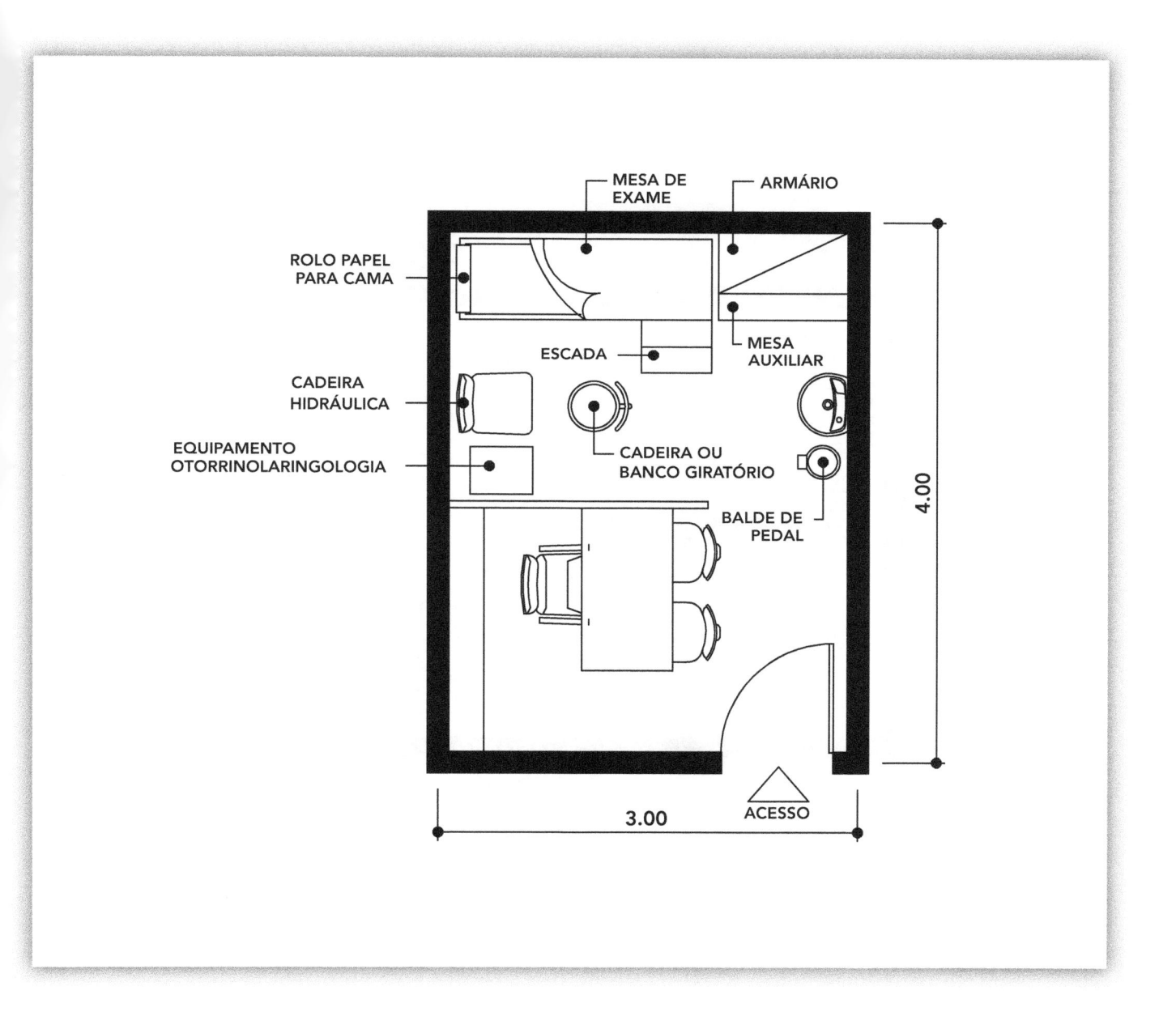

Desenho 14

Consultório oftalmológico

Layout e equipamentos básicos

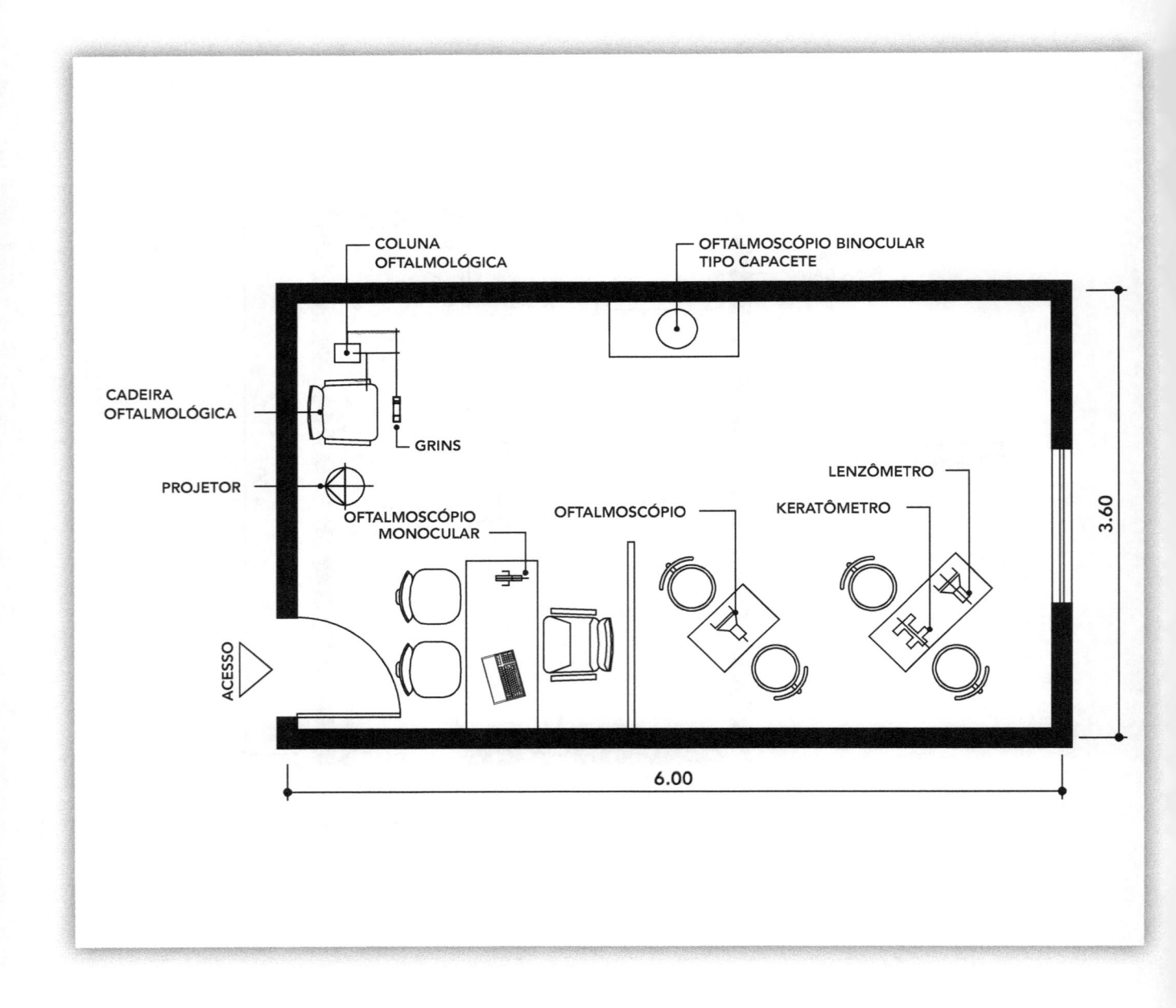

Desenho 15

Consultório oftalmológico

Sala de exames

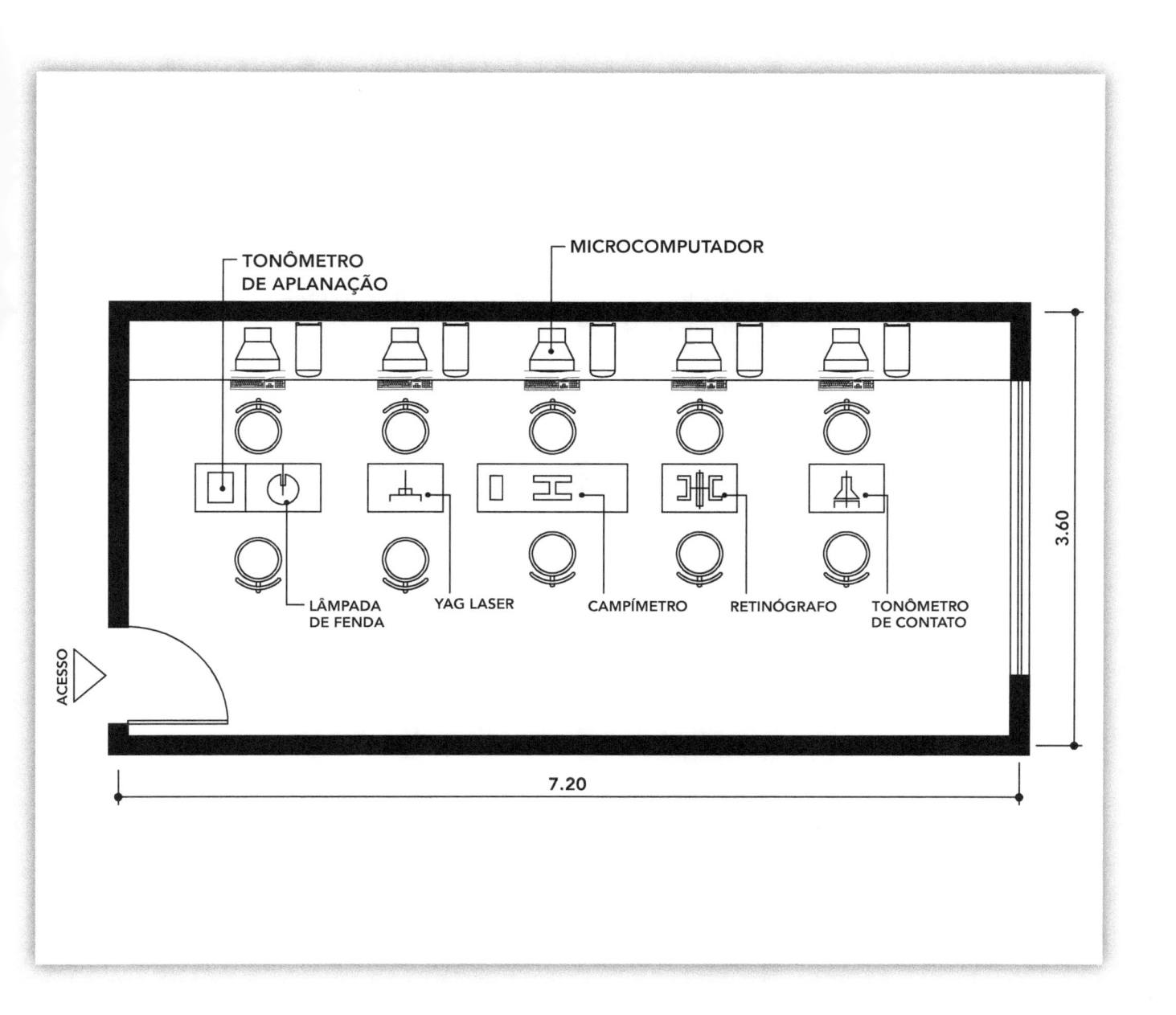

TONÔMETRO
DE APLANAÇÃO

MICROCOMPUTADOR

LÂMPADA
DE FENDA

YAG LASER

CAMPÍMETRO

RETINÓGRAFO

TONÔMETRO
DE CONTATO

ACESSO

3.60

7.20

Desenho 16

Sala de cirurgia ambulatorial

Desenho 17

Expurgo

Para Posto de Saúde, Clínica e Ambulatório

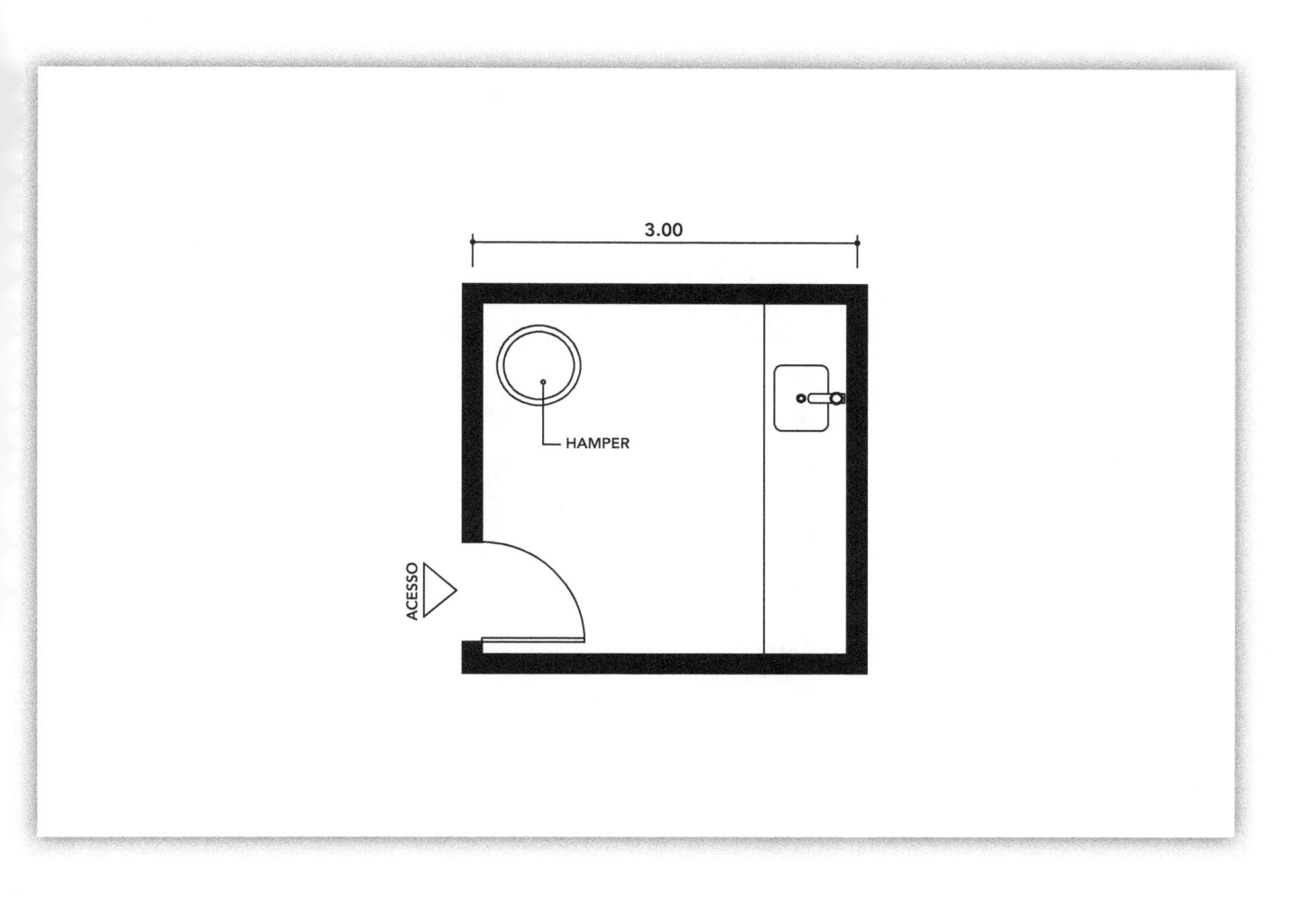

Desenho 18

Centro de material esterilizado

Clínicas e Centros Cirúrgicos Ambulatoriais

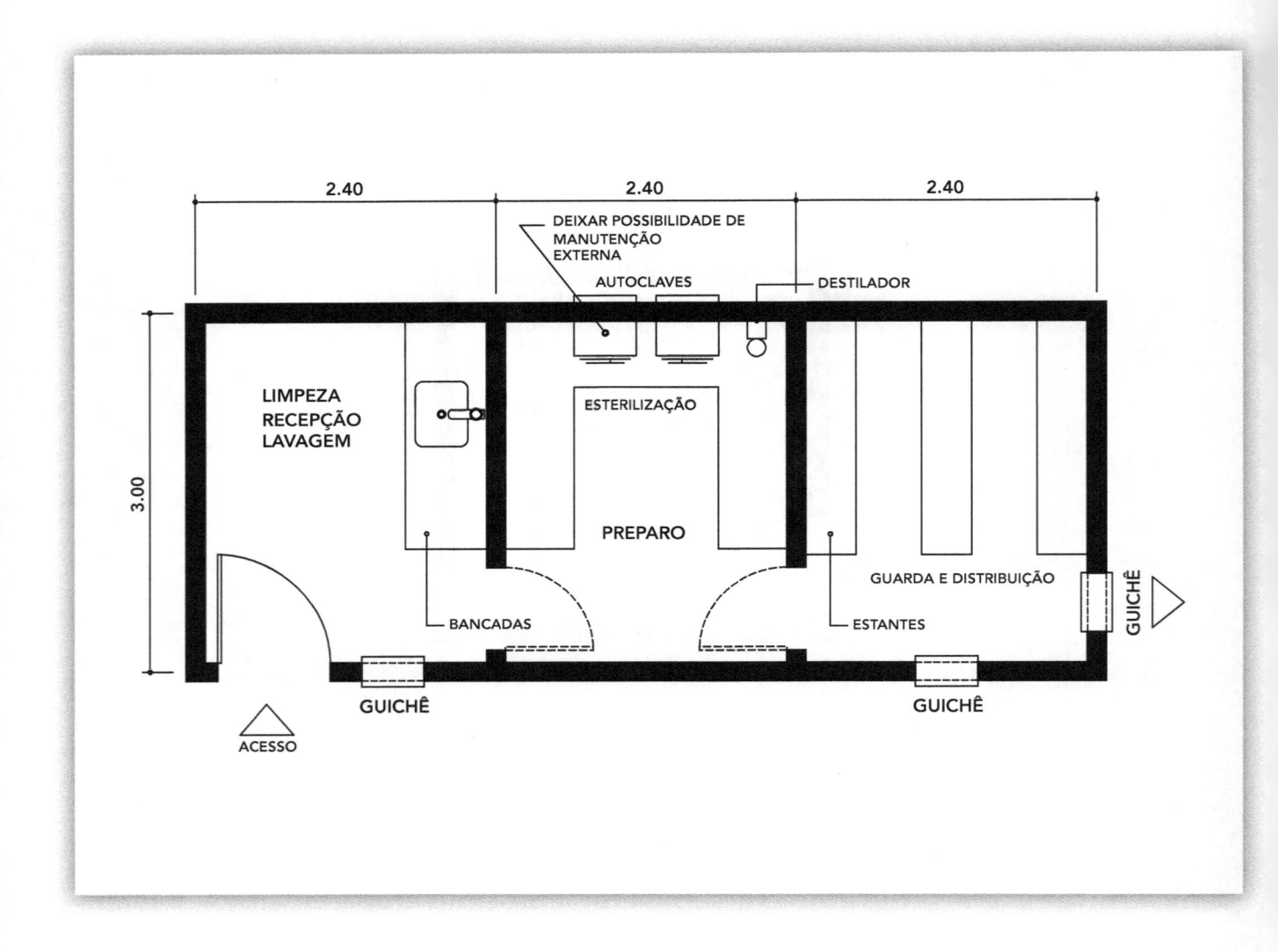

Desenho 19

Farmácia

Ambulatórios e Pequenos
Hospitais

Legenda

1 Administração/gerência
2 armazenamento
3 Apoio
4 Reuniões
5 Depósito de controlados

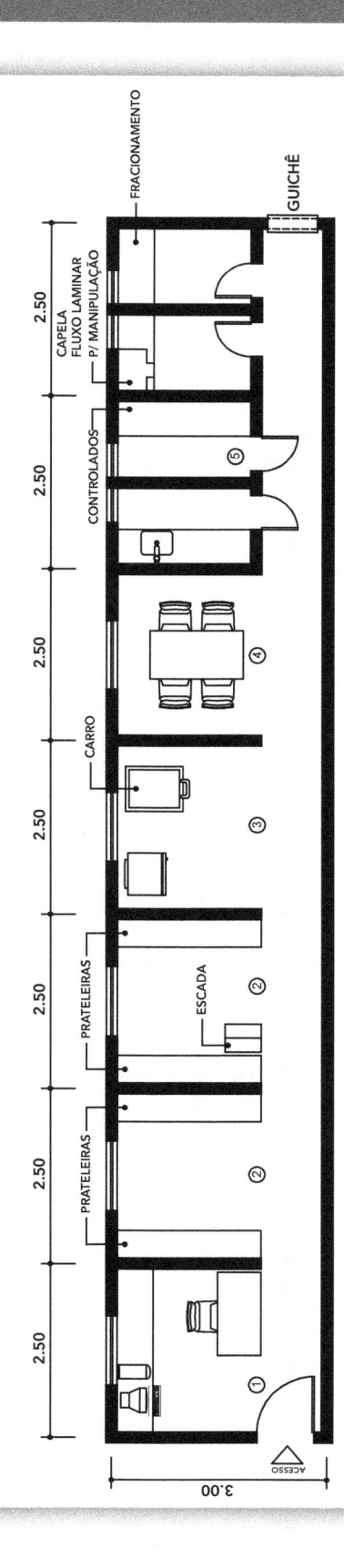

Desenho 20

Clínica de cirurgia plástica

Ronald de Góes – Arquiteto
Planta baixa subsolo

Desenho 21

Clínica de cirurgia plástica

Ronald de Góes – Arquiteto
Planta baixa térreo

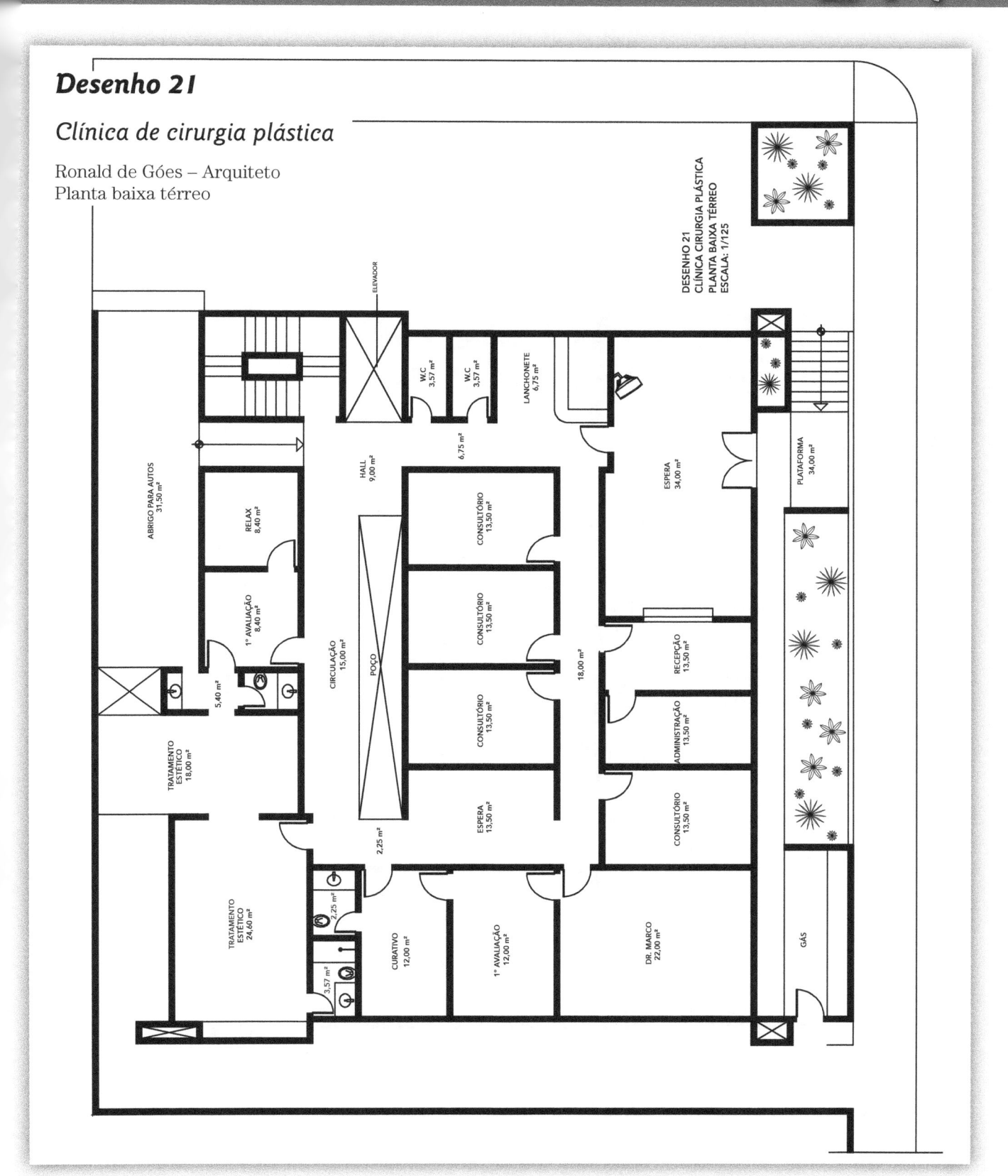

Desenho 22

Clínica de cirurgia plástica

Ronald de Góes – Arquiteto
Planta baixa 1.º pavimento

DESENHO 22
CLÍNICA CIRURGIA PLÁSTICA
PLANTA BAIXA 1° PAVIMENTO
ESCALA: 1/125

W.C
4,00 m²

ELEVADOR

VEST. M
6,00 m²

VEST. F
6,00 m²

CONFORTO CLÍNICO
16,20 m²

MARQUISE

SALA ESPERA
9,45 m²

14,85 m²

TROCA MACAS
8,10 m²

C.R.O.
22,50 m²

APTO.
10,80 m²

W.C

W.C

EXPURGO
7,20 m²

18,00 m²

POÇO

ESTERILIZAÇÃO
8,00 m²

DEPÓSITO DE MAT. ESTERILIZADO
9,00 m²

CIRCULAÇÃO
26,00 m²

SALA DE CIRURGIA 2
31,50 m²

APTO.
19,25 m²

POSTO
9,00 m²

6,00 m²

6,75 m²

LAV.

MAT.

TRATAMENTO ESTÉTICO
21,60 m²

B.W.C

B.W.C

ENFERMARIA
2 LEITOS
17,20 m²

SALA DE CIRURGIA 1
26,00 m²

Desenho 23

Clínica de cirurgia plástica

Ronald de Góes – Arquiteto
Planta baixa 2.º pavimento

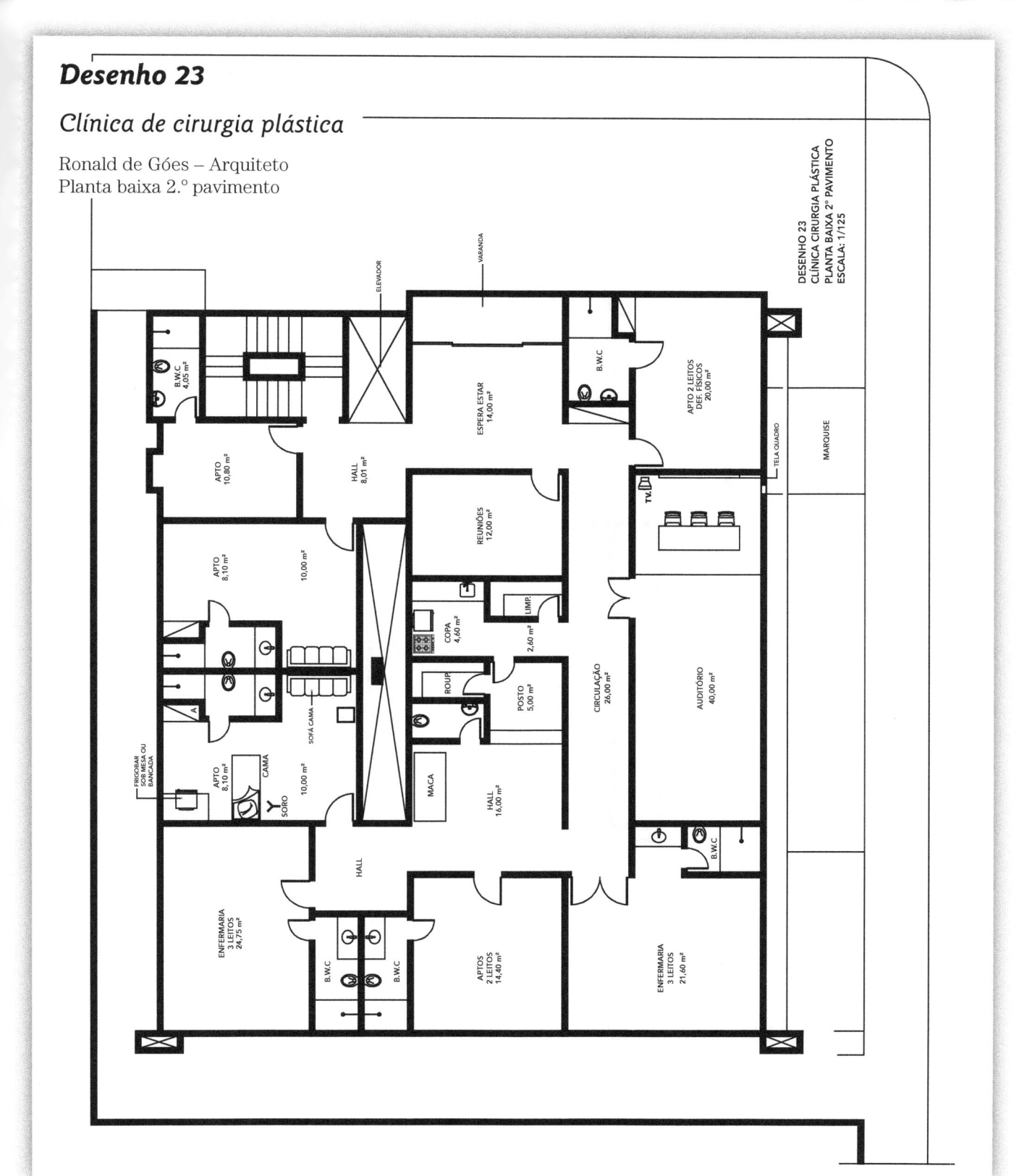

DESENHO 23
CLÍNICA CIRURGIA PLÁSTICA
PLANTA BAIXA 2° PAVIMENTO
ESCALA: 1/125

Desenho 24

Clínica de cirurgia plástica

Ronald de Góes – Arquiteto
Planta baixa da coberta

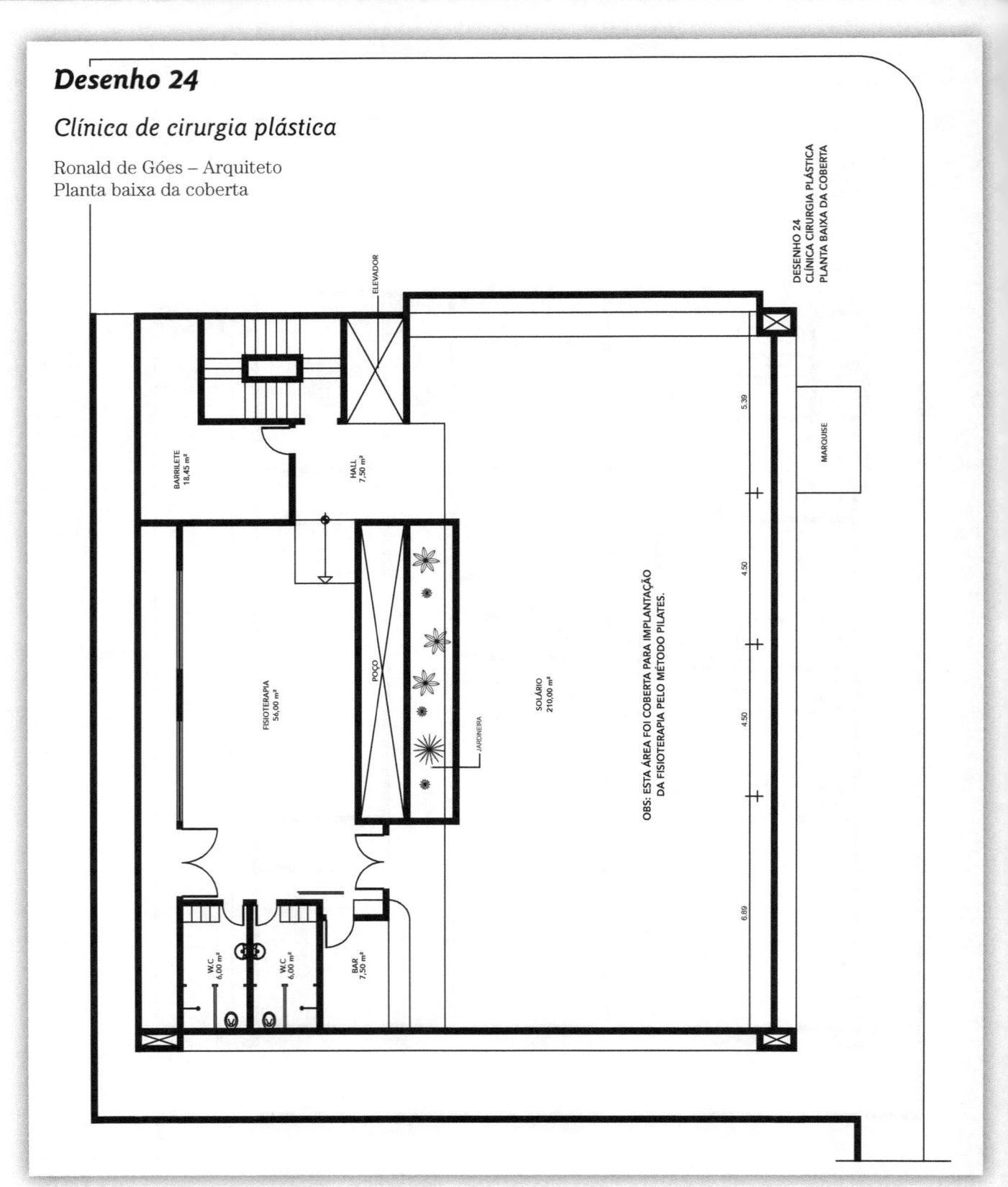

ELEVADOR

BARRILETE
18,45 m²

HALL
7,50 m²

FISIOTERAPIA
56,00 m²

POÇO

JARDINEIRA

SOLÁRIO
210,00 m²

W.C
6,00 m²

W.C
6,00 m²

BAR
7,50 m²

OBS: ESTA ÁREA FOI COBERTA PARA IMPLANTAÇÃO
DA FISIOTERAPIA PELO MÉTODO PILATES.

5.39

4.50

4.50

6.89

MARQUISE

DESENHO 24
CLÍNICA CIRURGIA PLÁSTICA
PLANTA BAIXA DA COBERTA

Desenho 25

Eletroterapia

Módulo 1

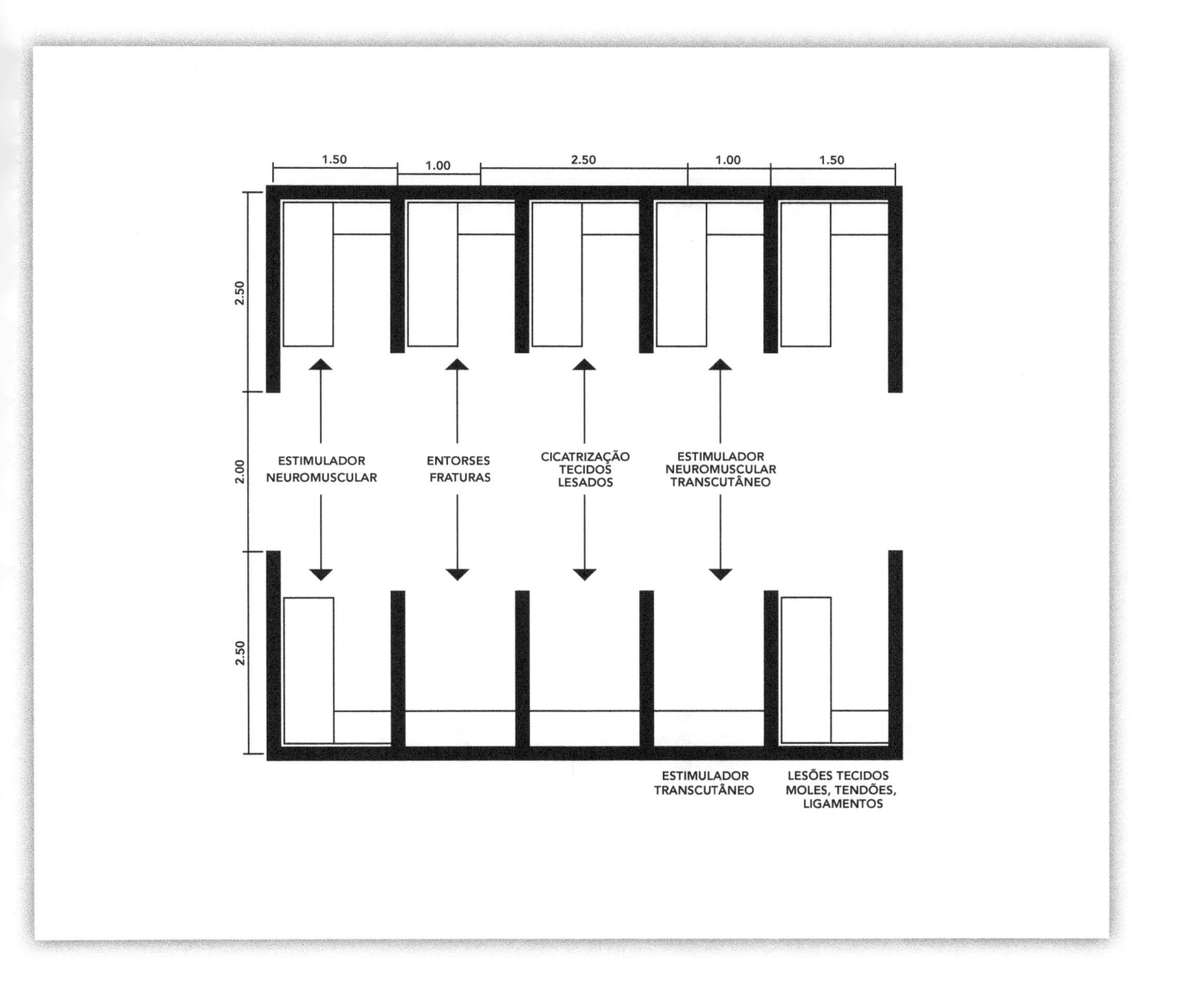

Desenho 26

Hidroterapia

Módulo 3

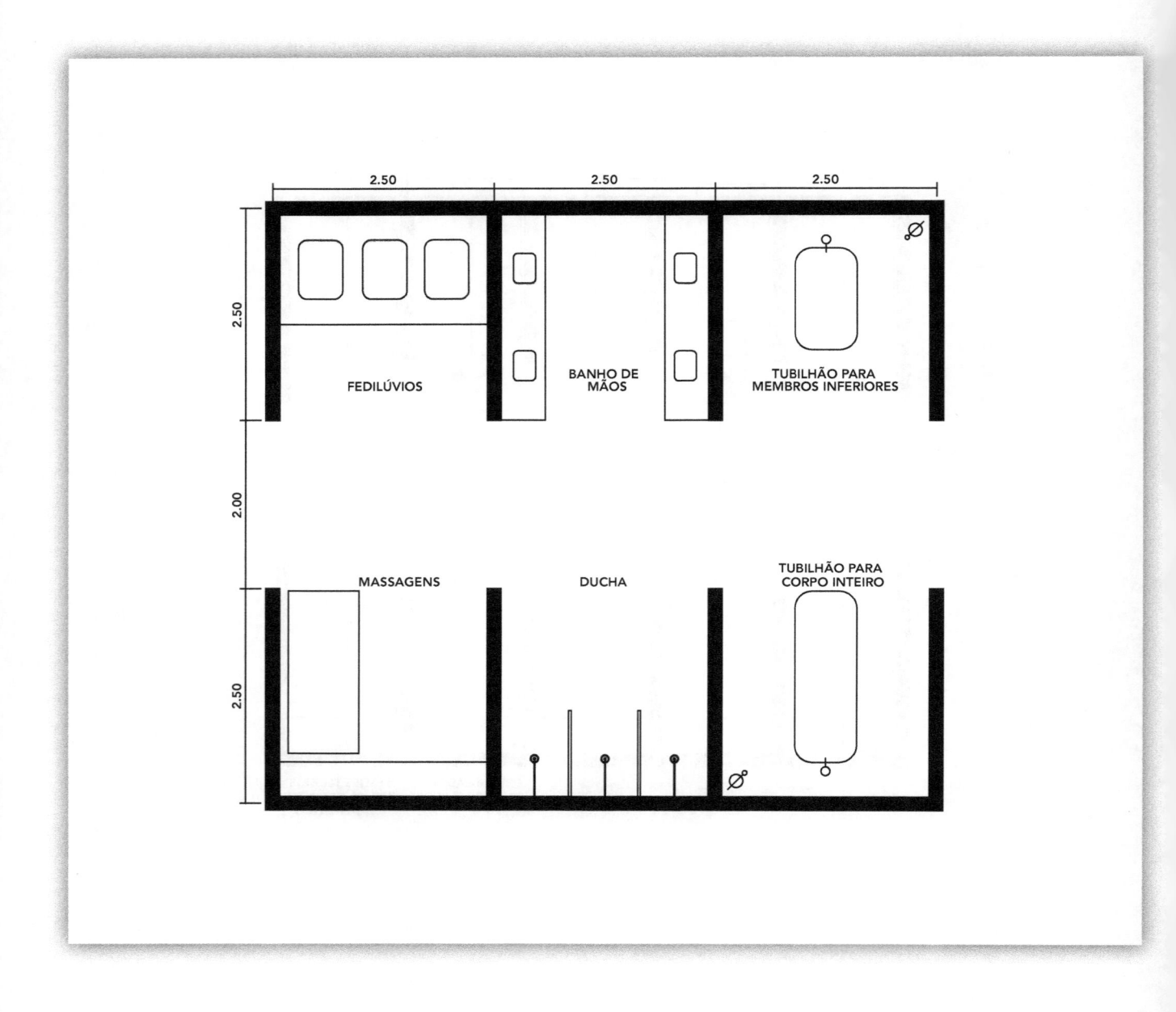

Desenho 27

Hidroterapia

Módulo 4

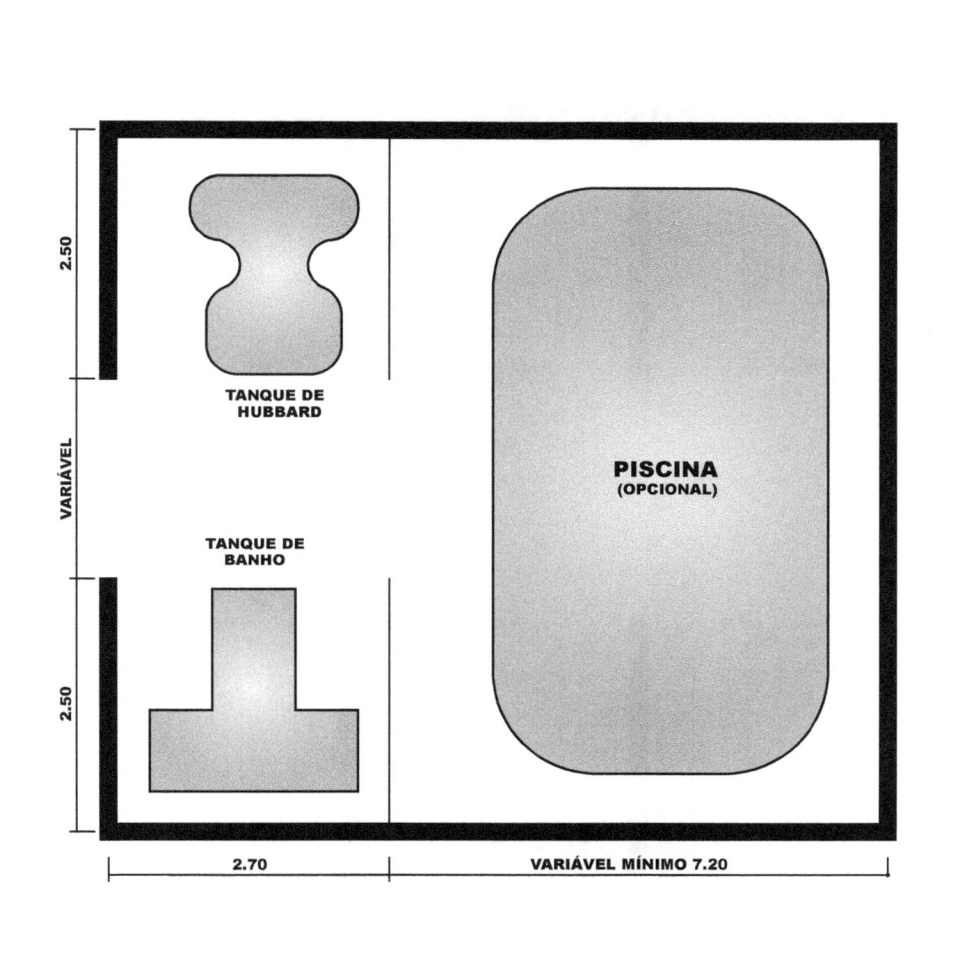

Desenho 28

Termoterapia

Módulo 2

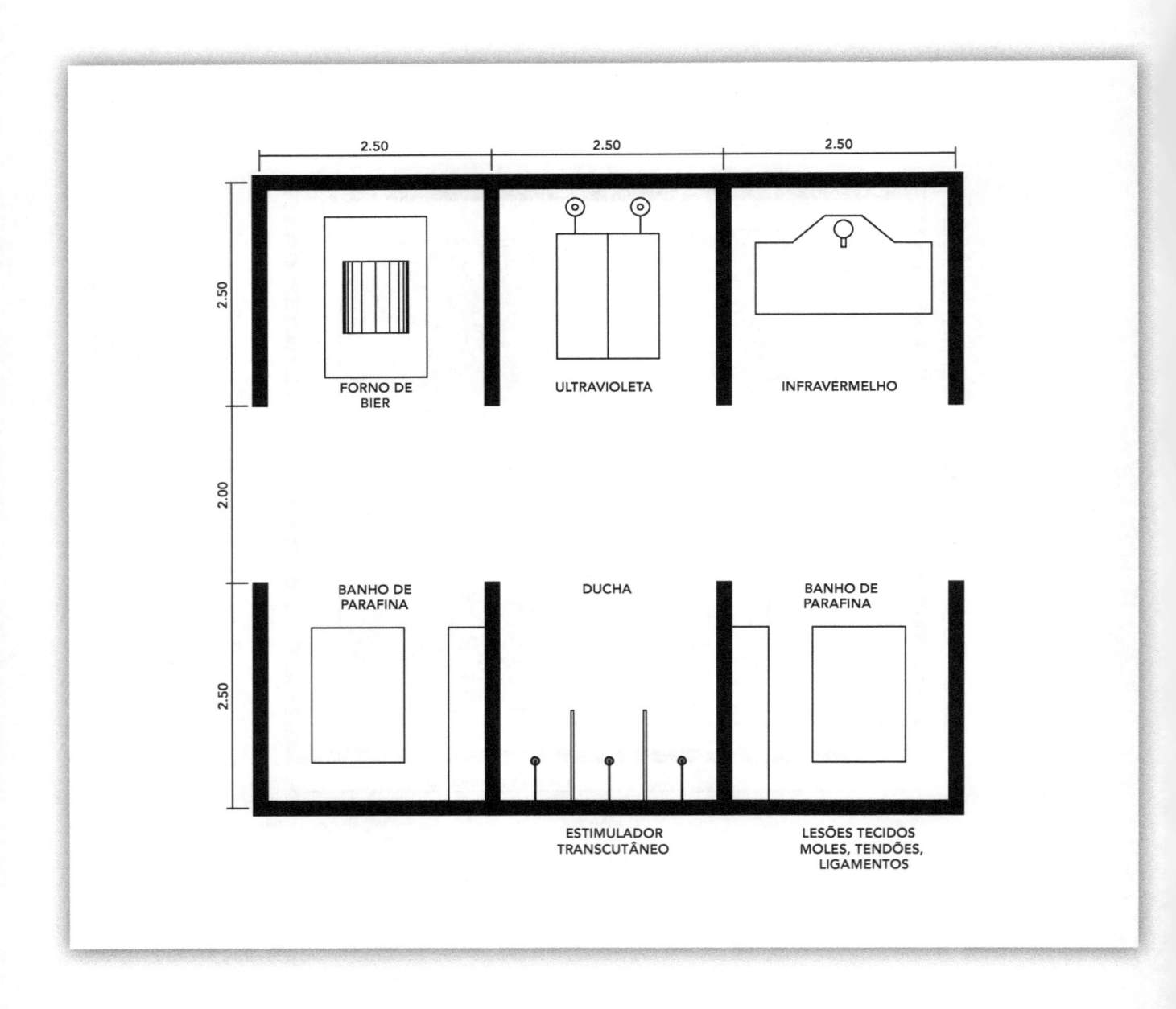

Desenho 29

Mecanoterapia

Módulo 5

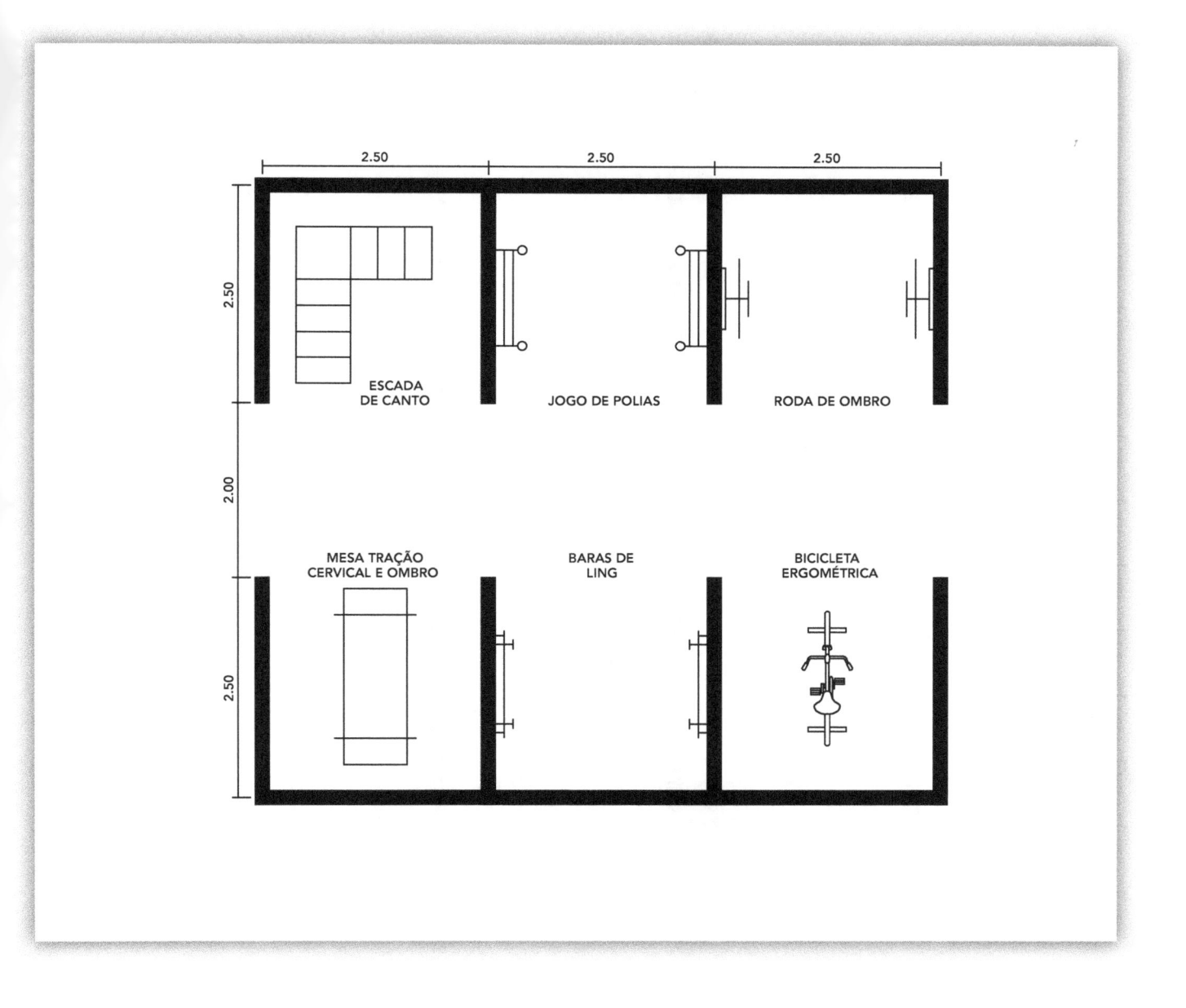

Desenho 30

Mecanoterapia

Módulo 6

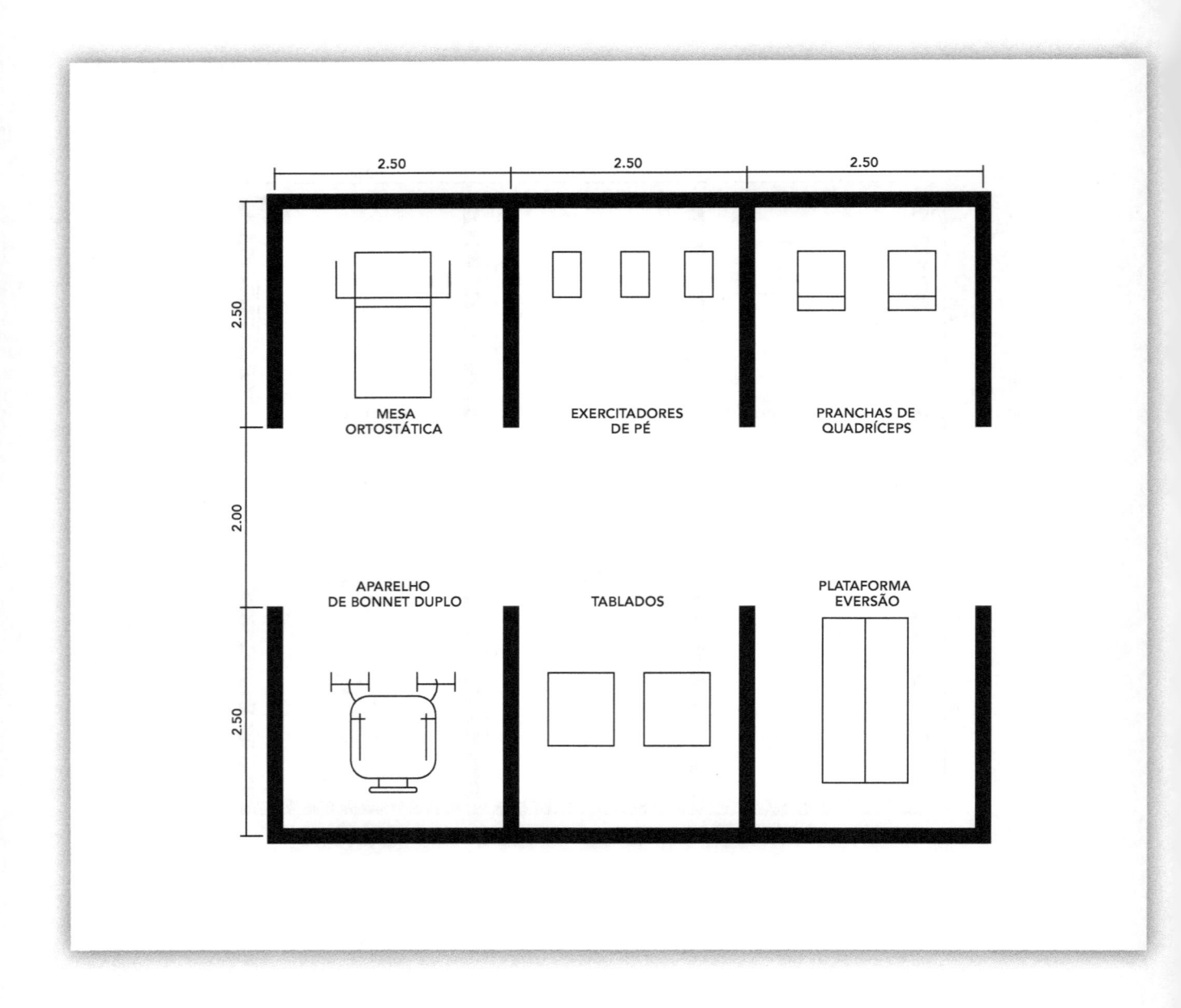

Desenho 31

Mobilização

Módulo 7

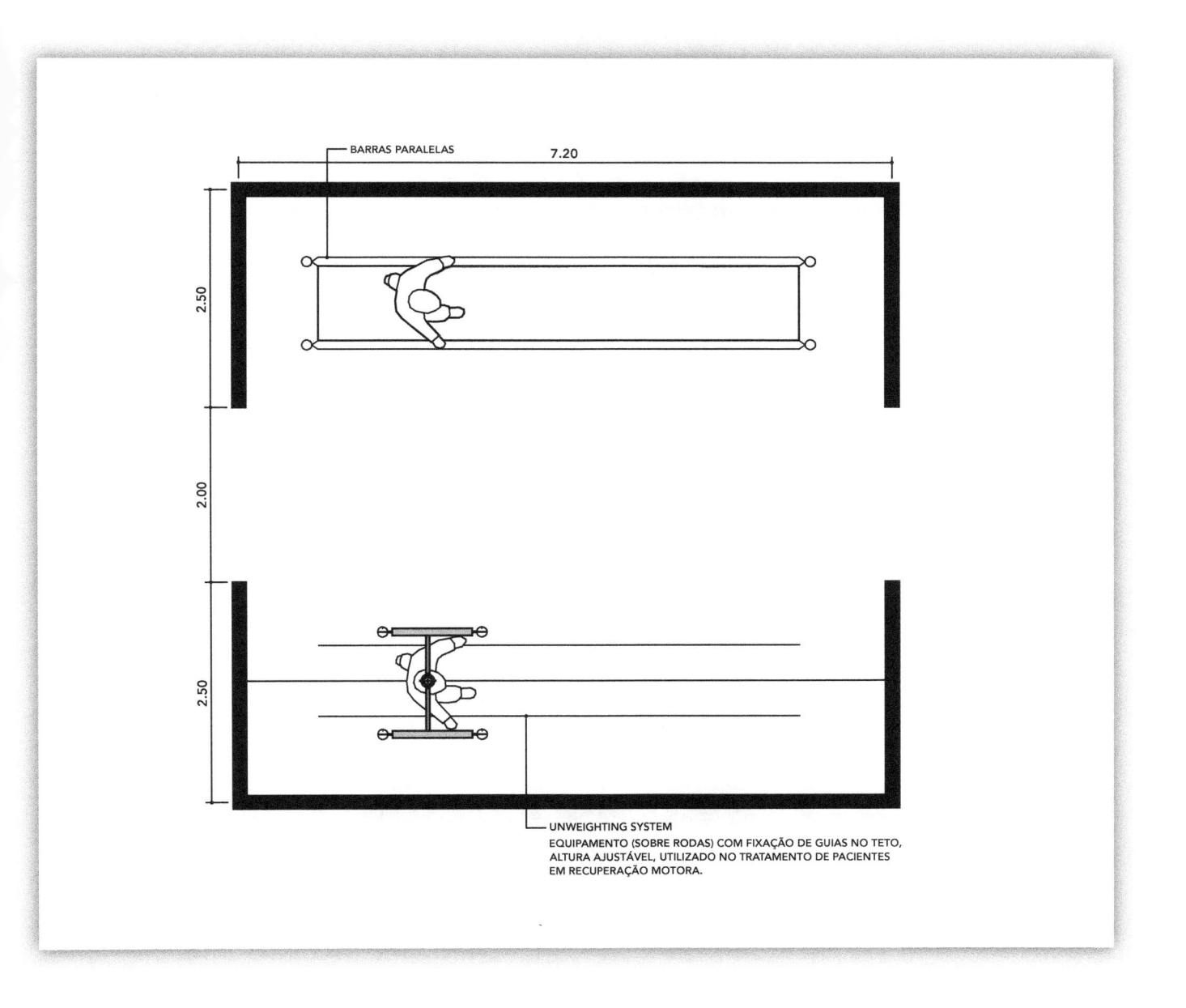

Desenho 32

Mobilização (método Pilates)

Módulo 8

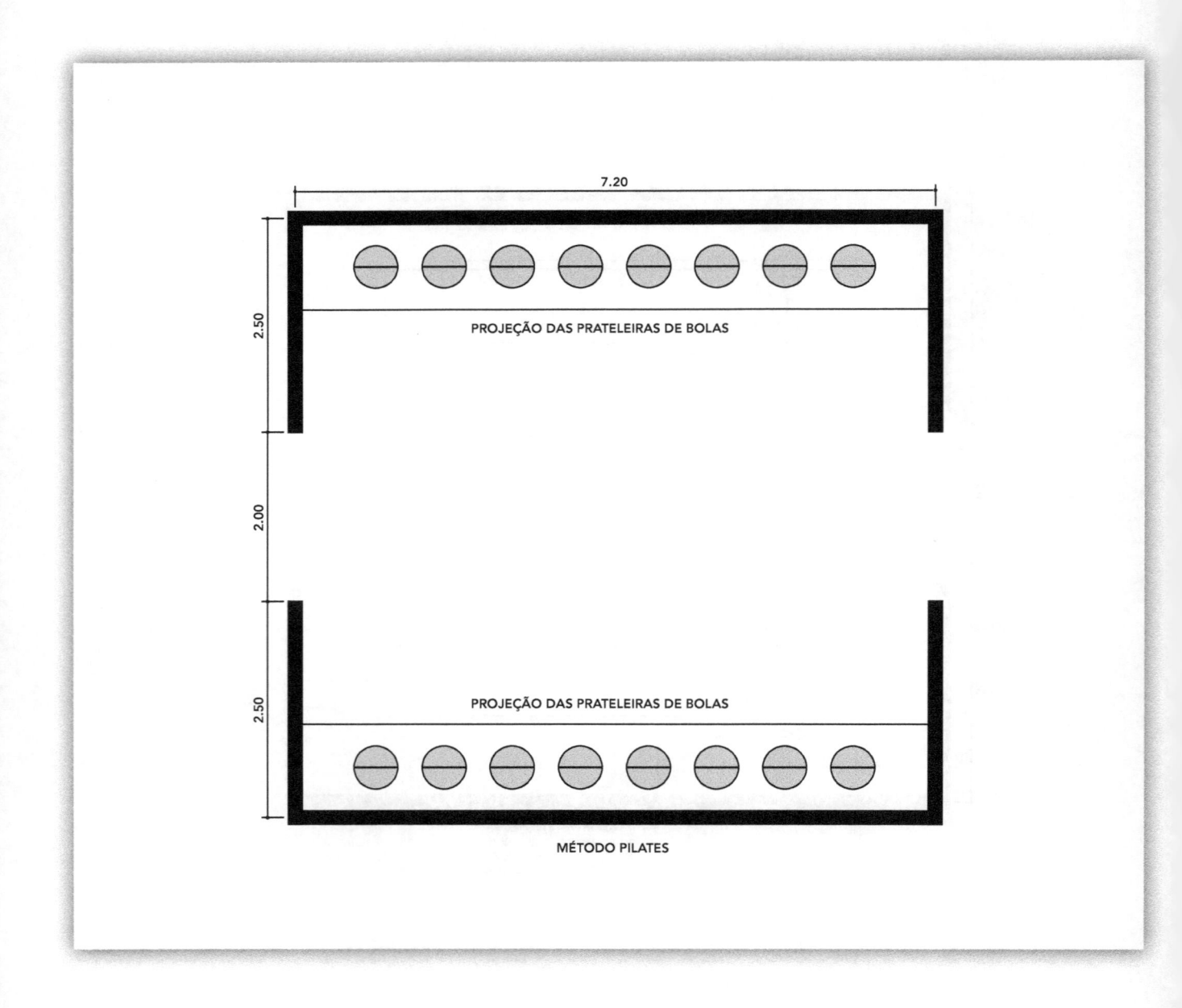

Desenho 33

Consultório ginecológico

Colposcópio: Exame ginecológico

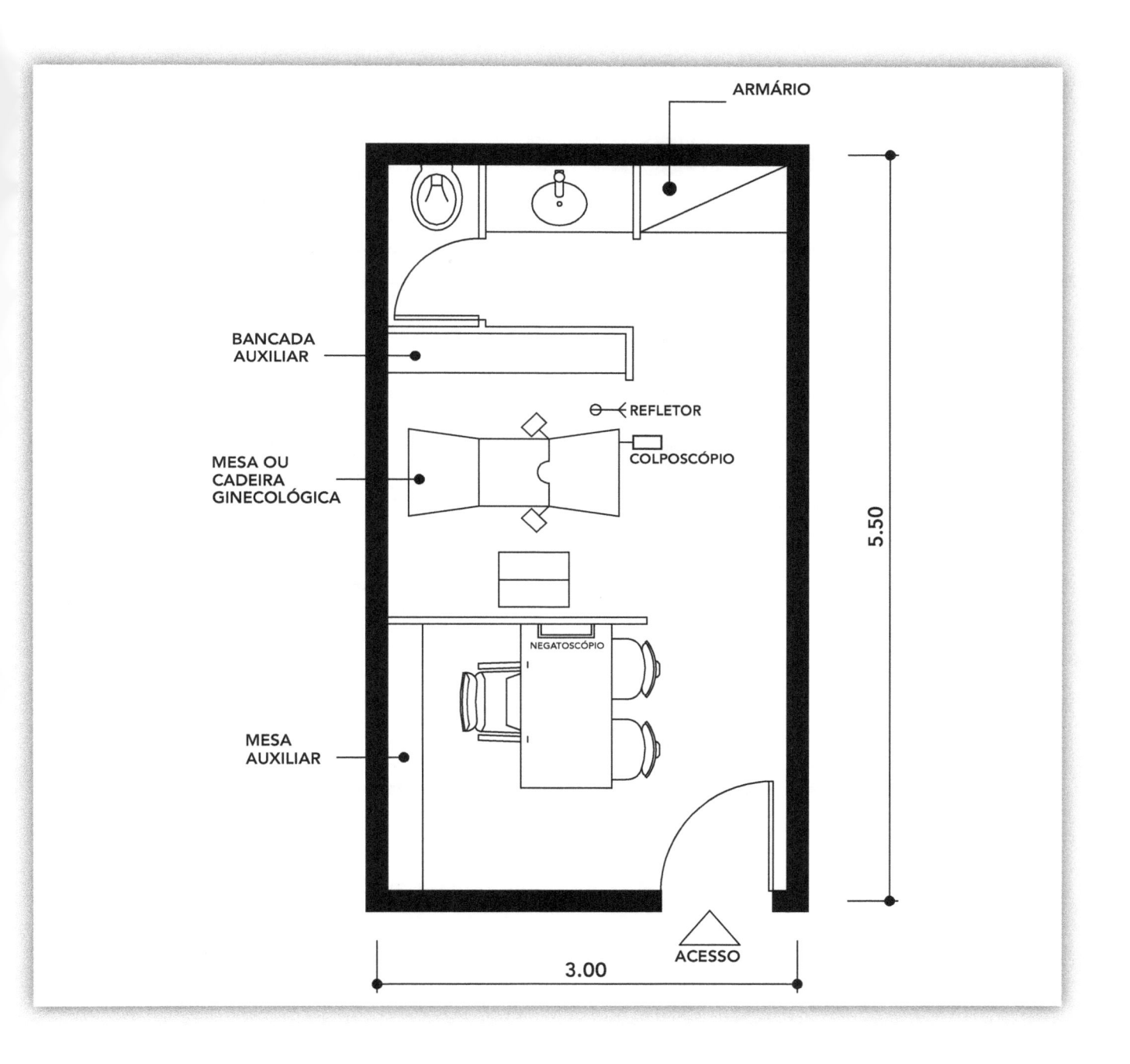

Desenho 34

Posto de enfermagem e prescrição

Para unidades de grande porte

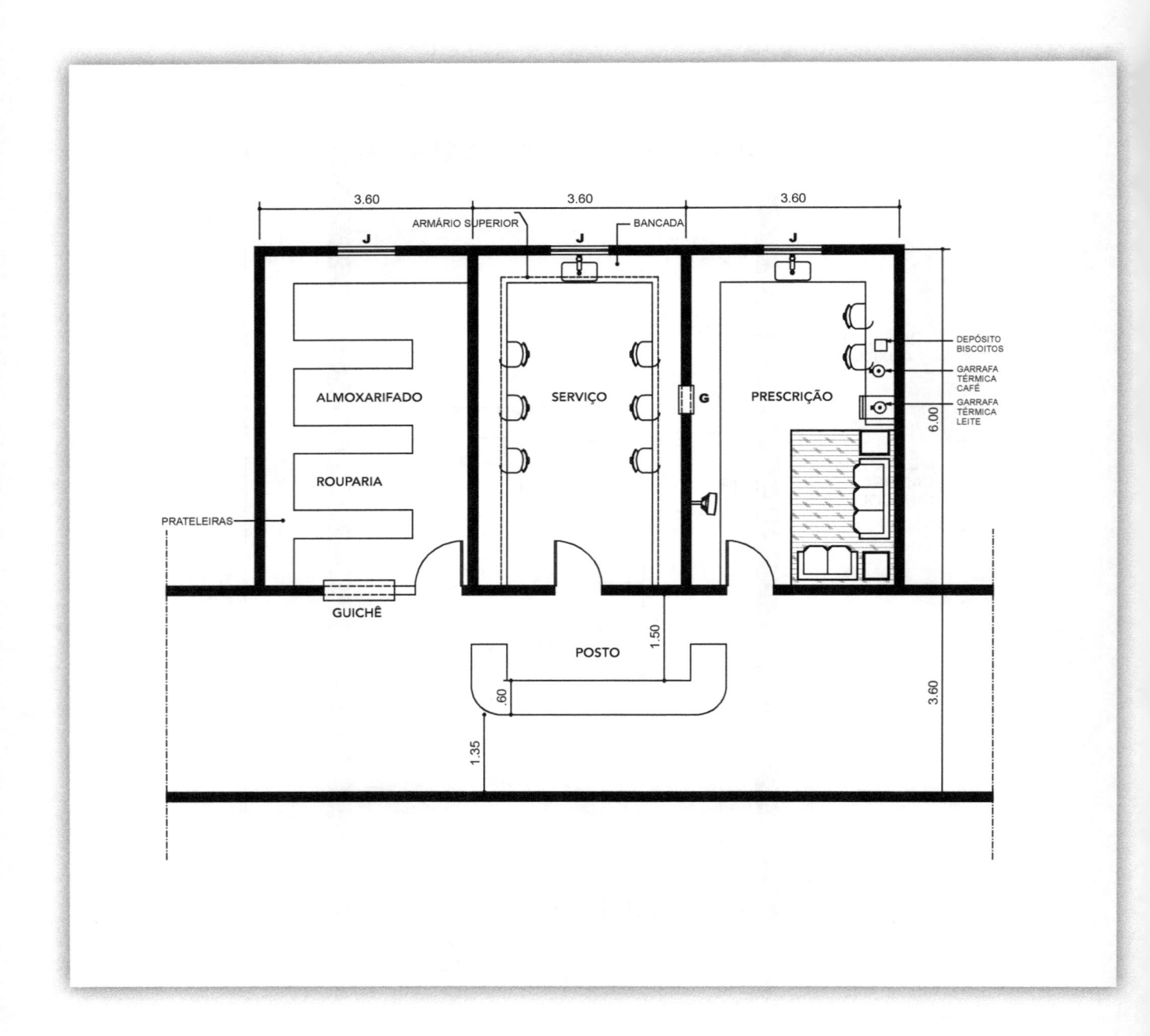

Arquitetos: **JARBAS KARMAN**
DOMINGOS FIORENTINI
Hospital Albert Einstein — São Paulo - SP

Desenho 35

Conforto e repouso clínico

Para unidades de grande porte

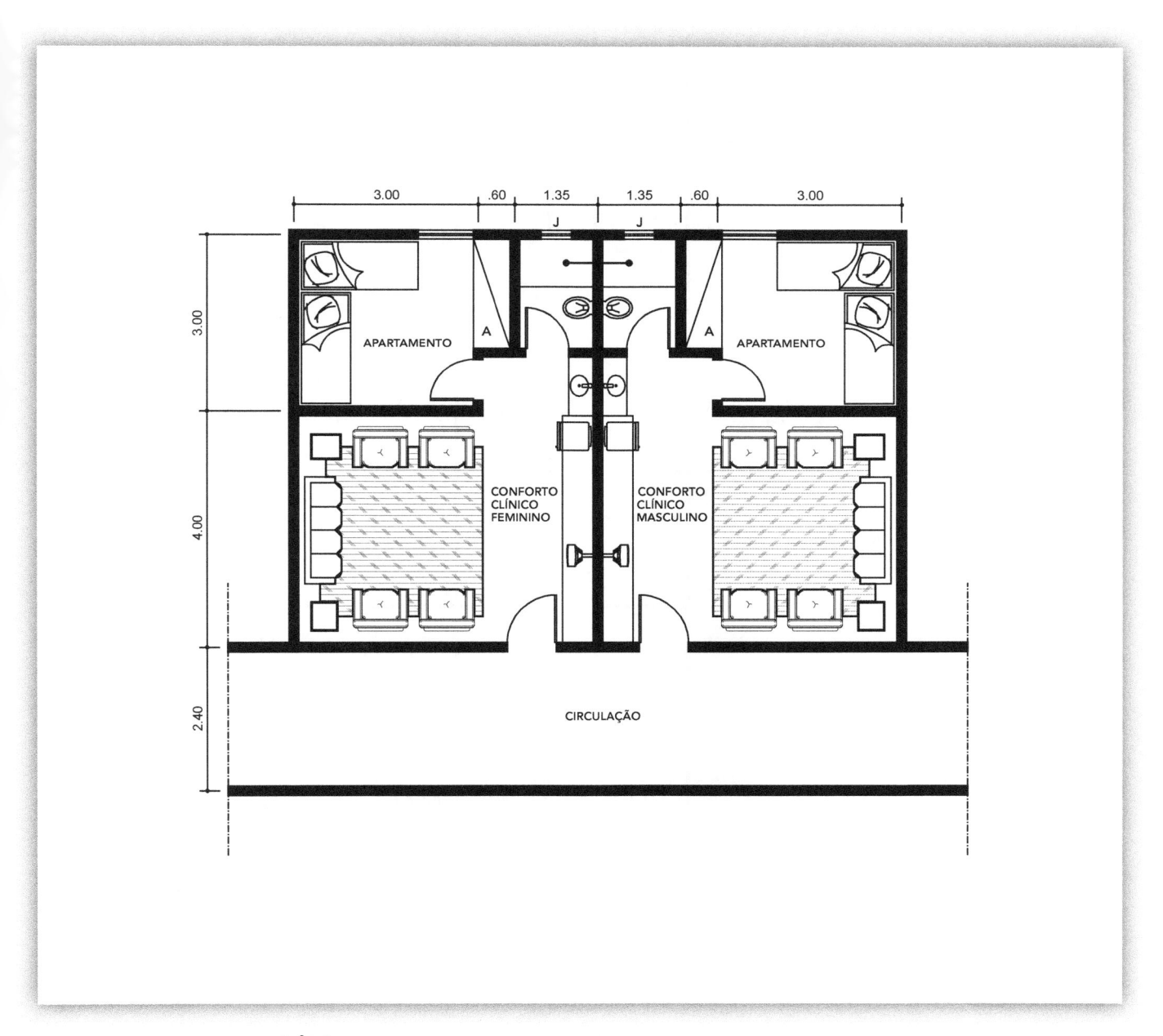

Arquitetos: **RONALD DE GÓES**
Hospital dos Servidores — Natal - RN
Obs.: Em hospitais menores que 100 leitos, o conforto clínico pode ser unificado, mantendo-se a separação de sanitários e apartamentos.

Desenho 36

Clínica de Hemodiálise

Ronald de Góes - Arquiteto
30 postos

1 Macas e cadeiras de rodas
2 Staff médico
3 Sanitários
4 Espera
5 Administração
6 Secretaria
7 Recepção
8 Auditório
9 Apoio
10 Treinamento
11 Reservatório de tratamento de água
12 Exame
13 Gabinete de enfermeira
14 Local de estar e repouso
15 Copa
16 Bancada para instalações
17 Preparo de soluções dialíticas
18 Equipamentos e medicamentos
19 Assistente social
20 1.ª avaliação
21 Nutrição
22 Sanitário pessoal
23 Leitos
24 Lavagem de capilares em reúso
25 Posto
26 Utilidades
27 DML
28 DPI
29 DPAC
30 HBsAg⁺
31 AIDs

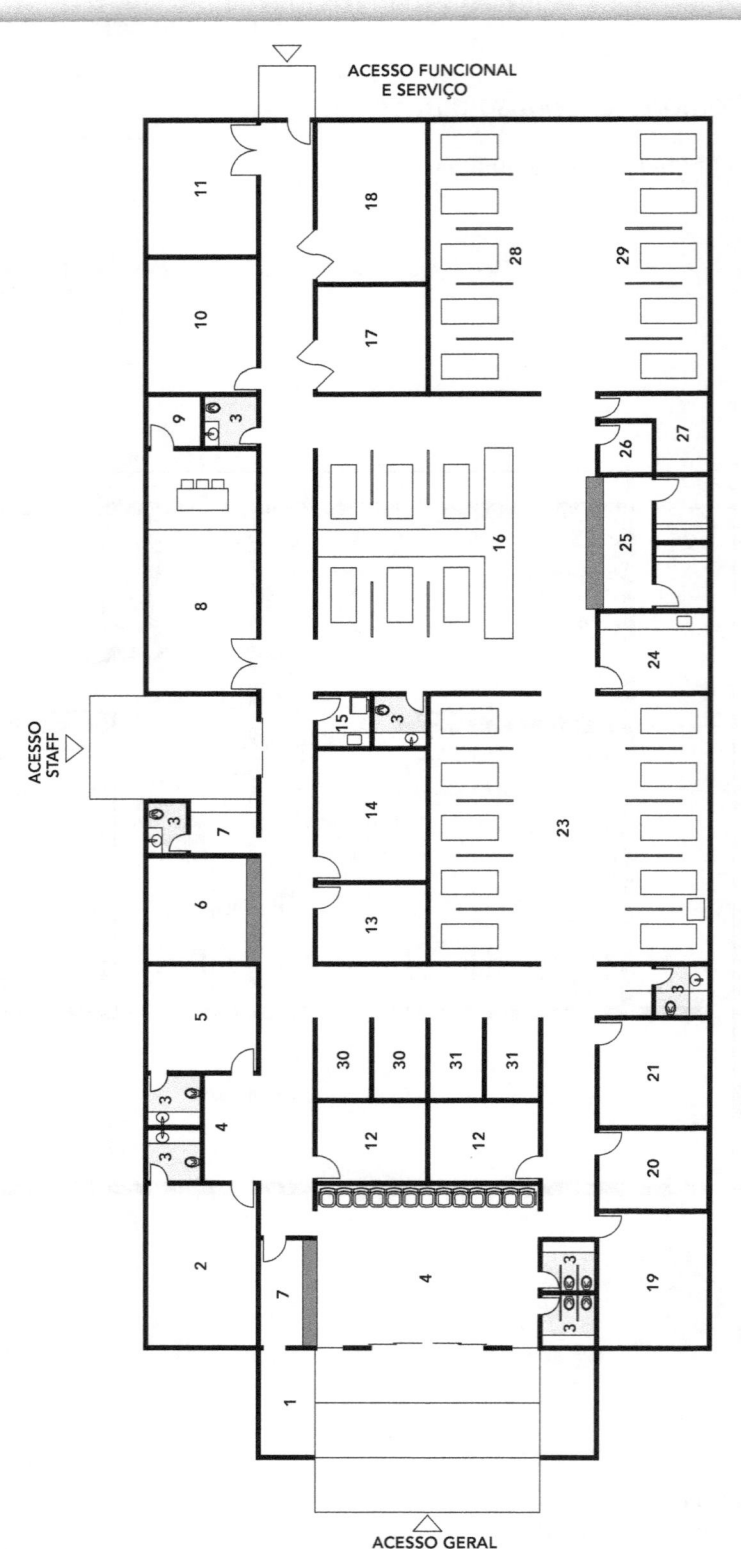

HBsAg⁺: pacientes contaminados com hepatite
AIDs: pacientes contaminados com AIDs
DPI: Diálise peritonial intermitente
DPAC: Diálise peritonal ambulatorial contínua

ACESSO FUNCIONAL E SERVIÇO

ACESSO STAFF

ACESSO GERAL PACIENTES

Desenho 37

Detalhes de clínica de hemodiálise

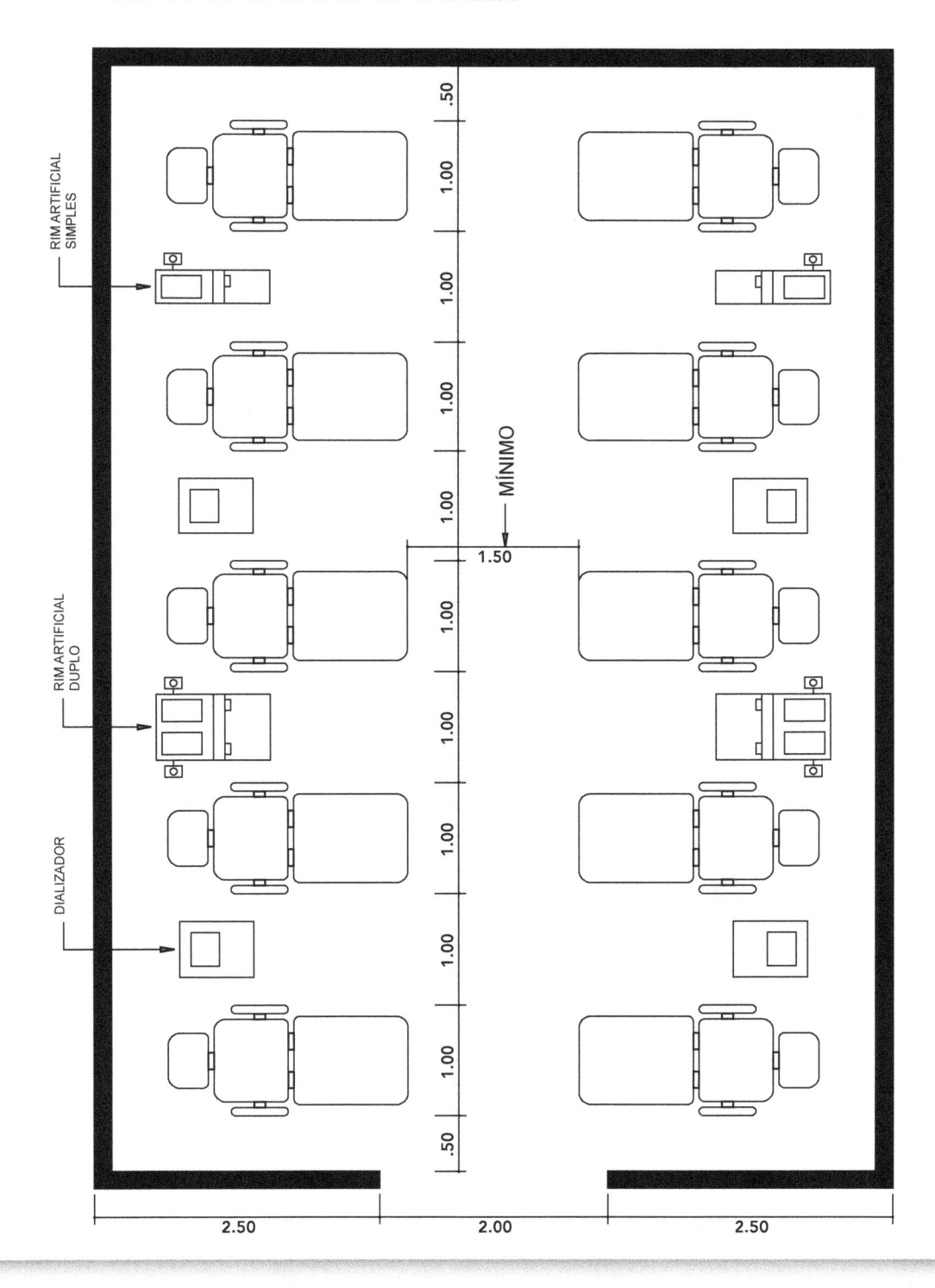

Desenho 38

Modelo de estação

Tipo 1

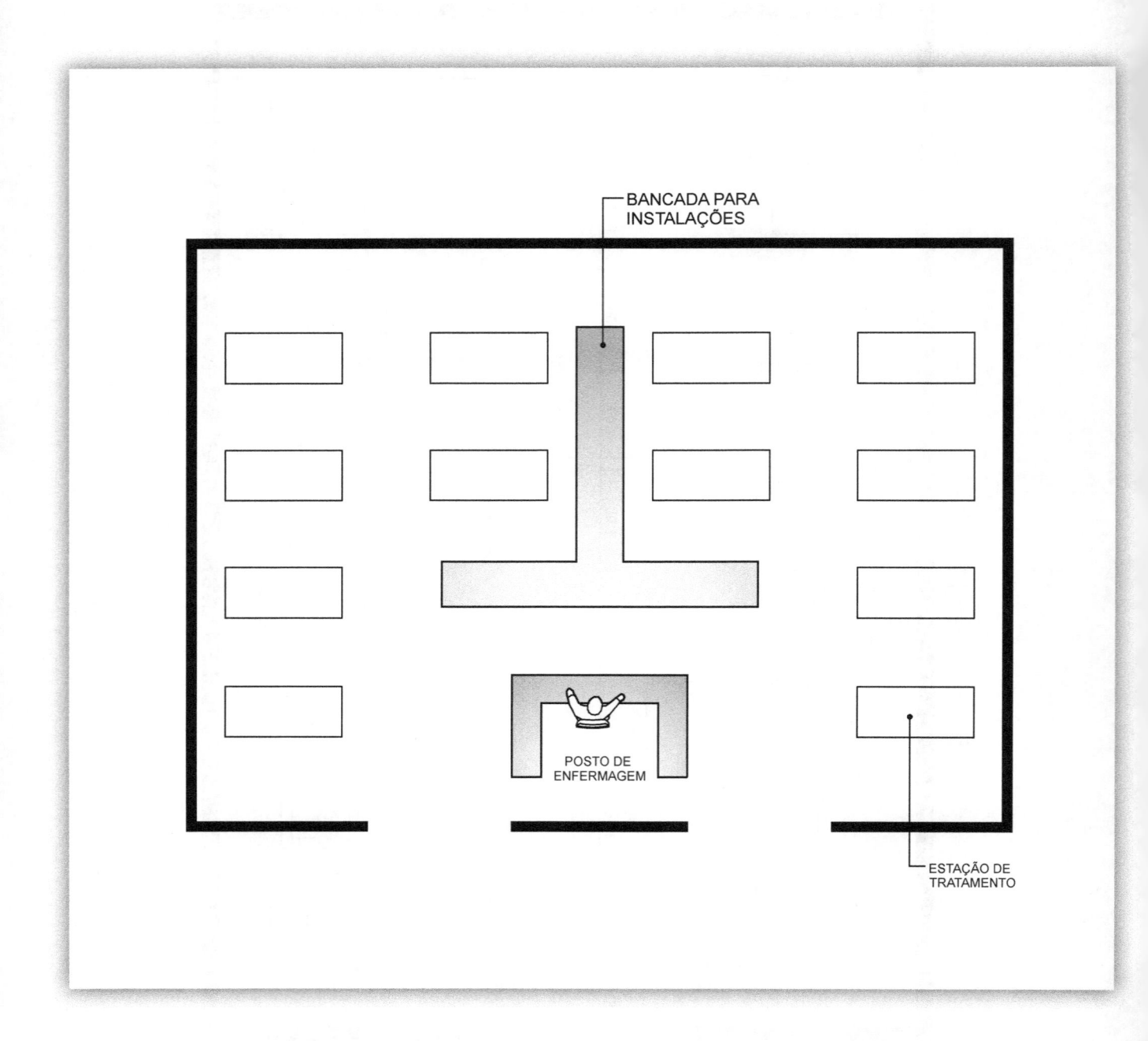

Desenho 39

Modelo de estação

Tipo 2

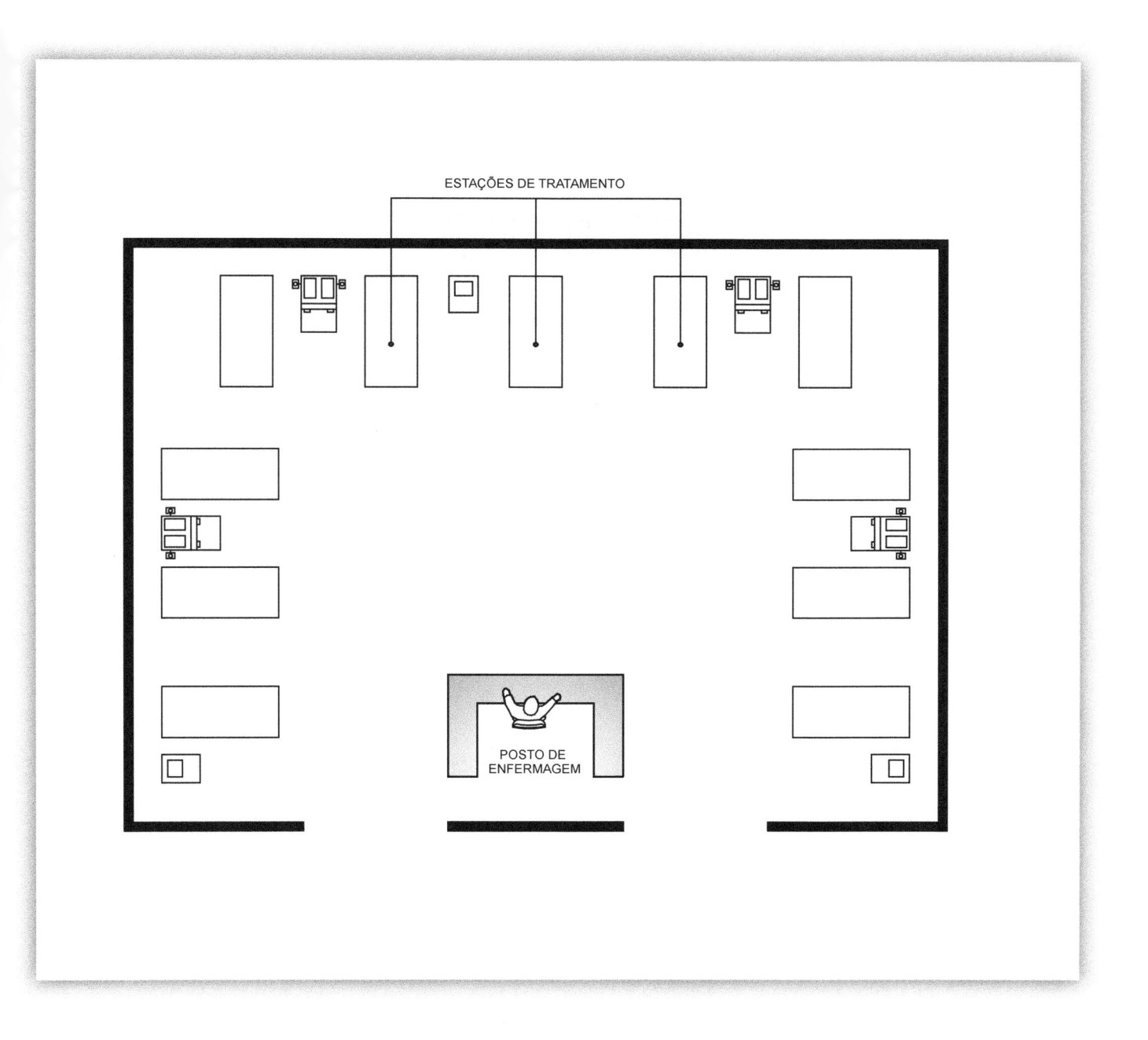

Desenho 40

Modelo de estação

Tipo 3

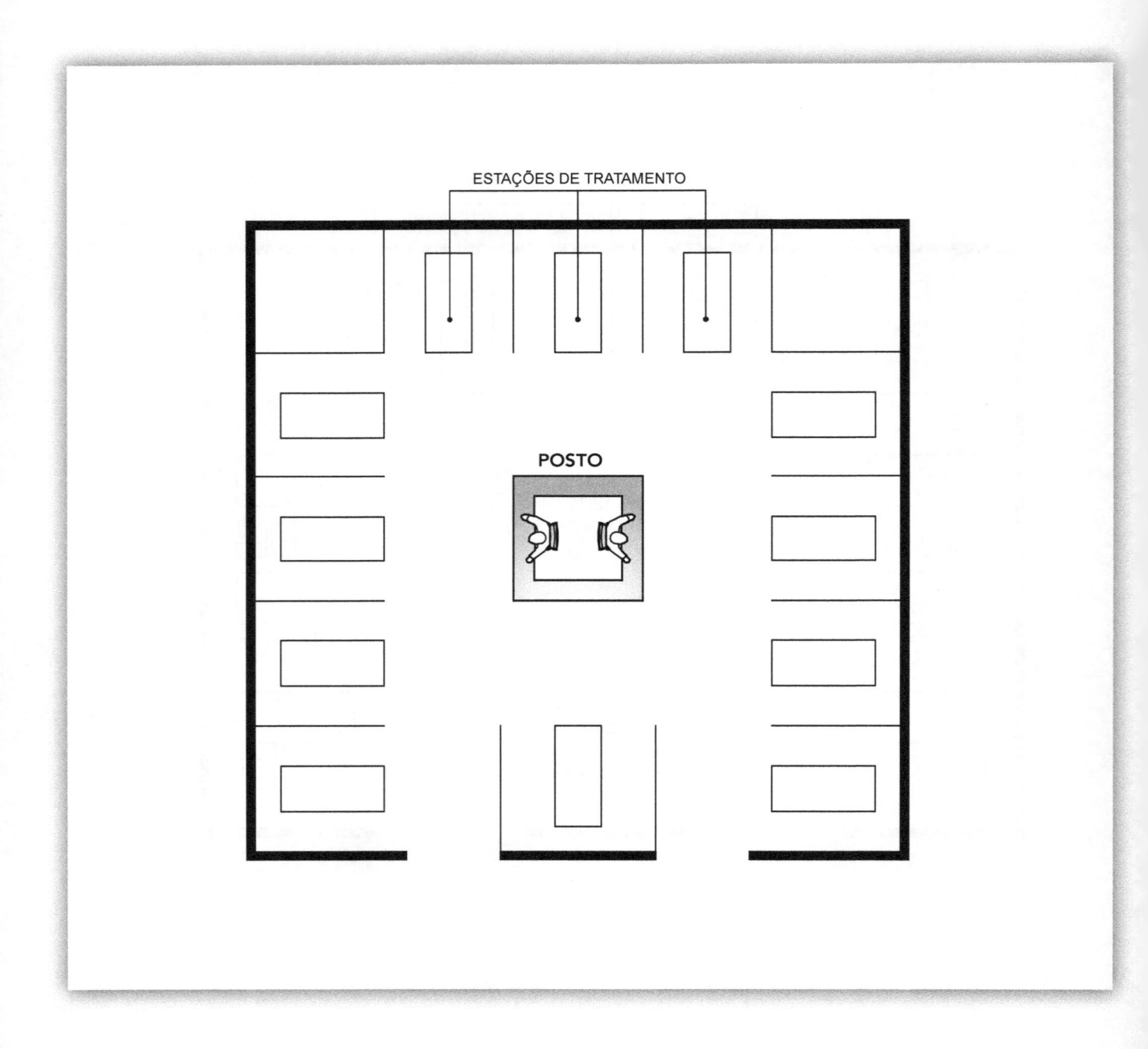

Desenho 41

Modelo de estação

Tipo 4

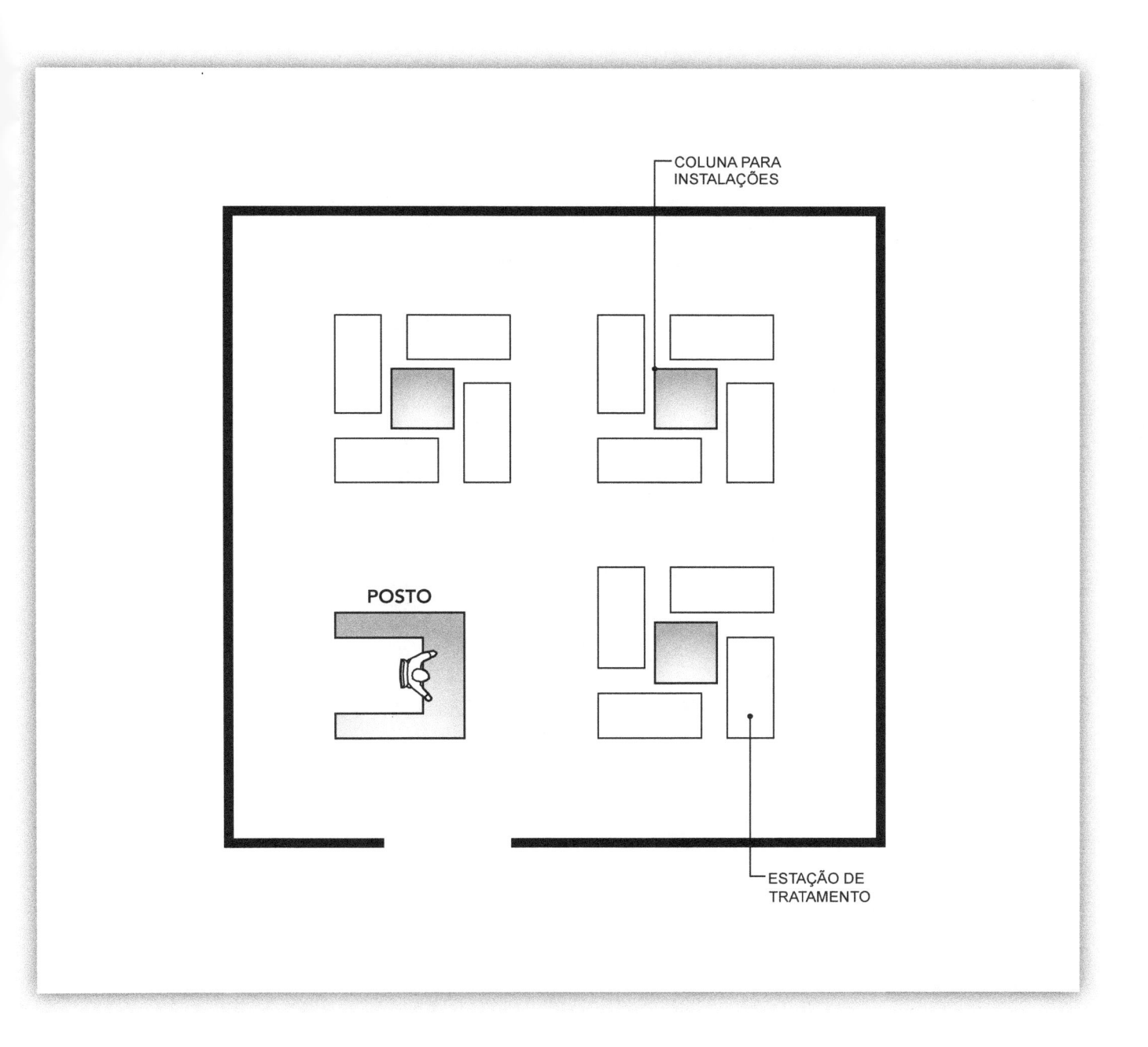

Desenho 42

Consultório odontológico individual

Posto de Saúde/Ambulatório/Clínica

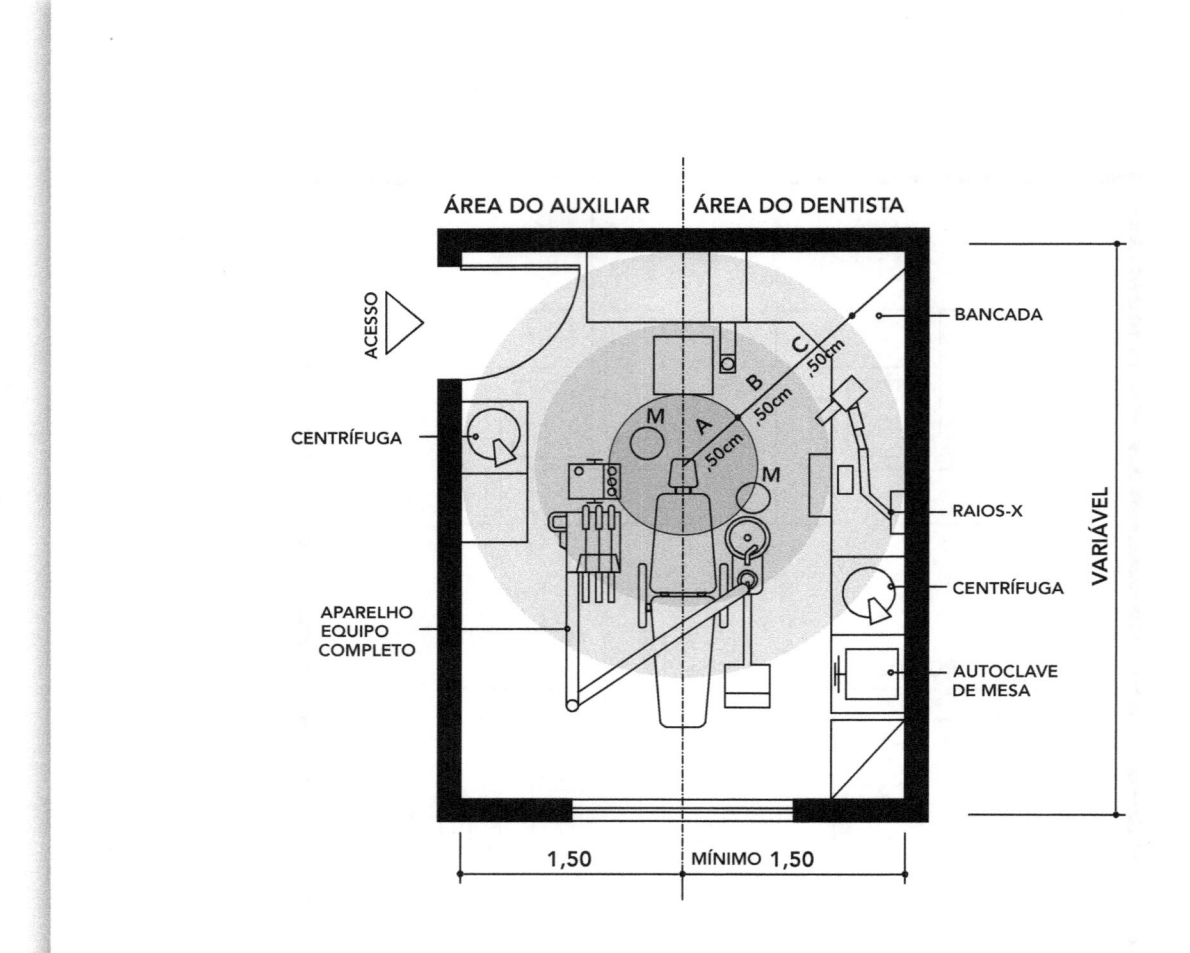

CÍRCULO A:
Área da "zona de transferência" é onde tudo se transfere à boca do paciente. Devem estar situados os instrumentos, as pontas do equipo e da unidade auxiliar. Também todos os mochos.

CÍRCULO B:
Espaço máximo de pega, pode ser alcançado com o braço esticado. Aqui devendo ficar o corpo do equipo, da unidade auxiliar (mesa), gavetas e armários fixos quando abertos.

CÍRCULO C:
Limite total do consultório. Para ser ergonômico, deve ter no máximo de 3 m. Nesta área devem estar localizados as pias e os armários fixos.

Desenho 43

Consultório odontológico coletivo

Posto de Saúde/Ambulatório/Clínica

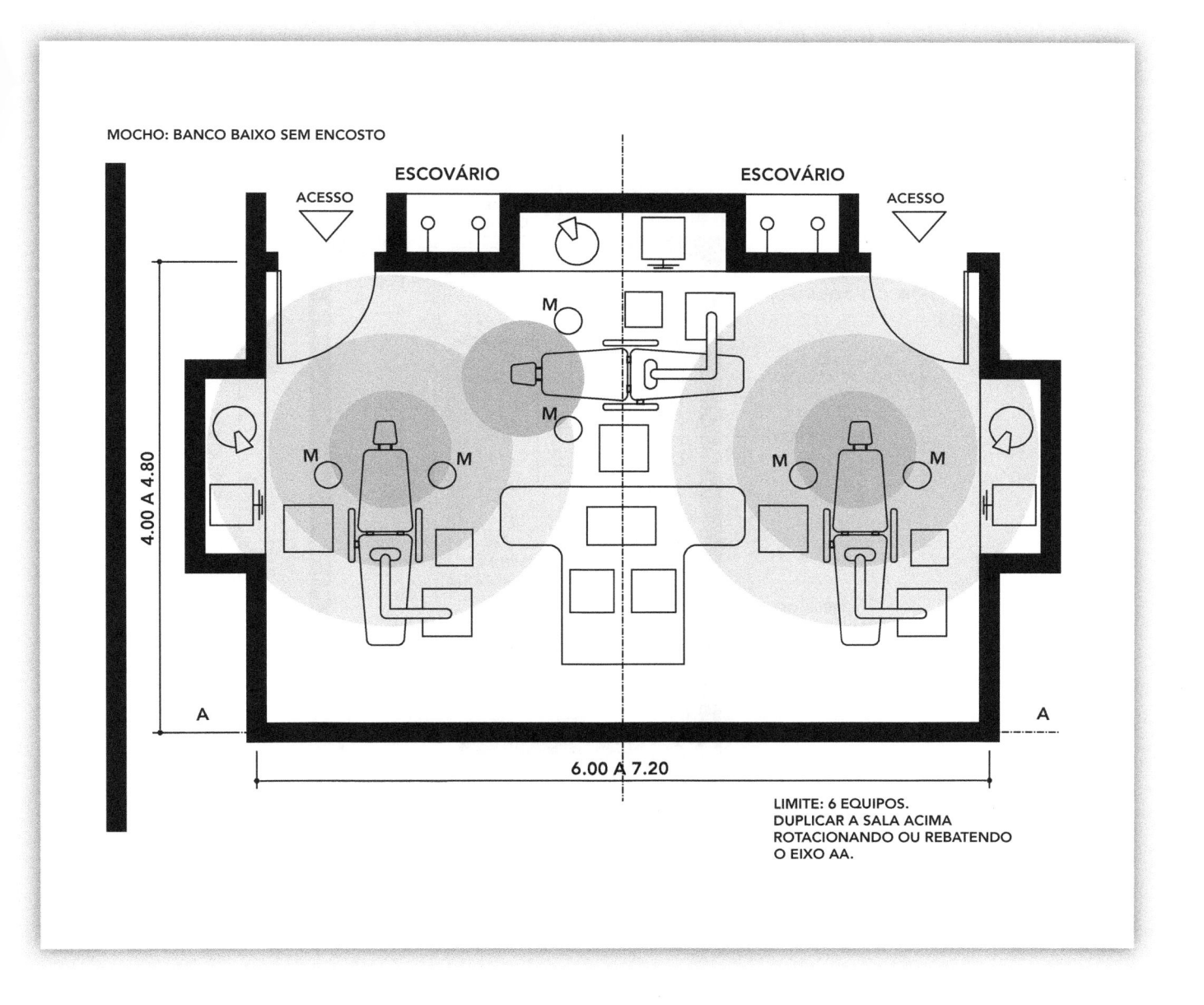

MOCHO: BANCO BAIXO SEM ENCOSTO

ESCOVÁRIO   ESCOVÁRIO

ACESSO   ACESSO

4.00 A 4.80

A   A

6.00 A 7.20

LIMITE: 6 EQUIPOS.
DUPLICAR A SALA ACIMA
ROTACIONANDO OU REBATENDO
O EIXO AA.

Desenho 44

Manutenção da vida

1.º antendimento

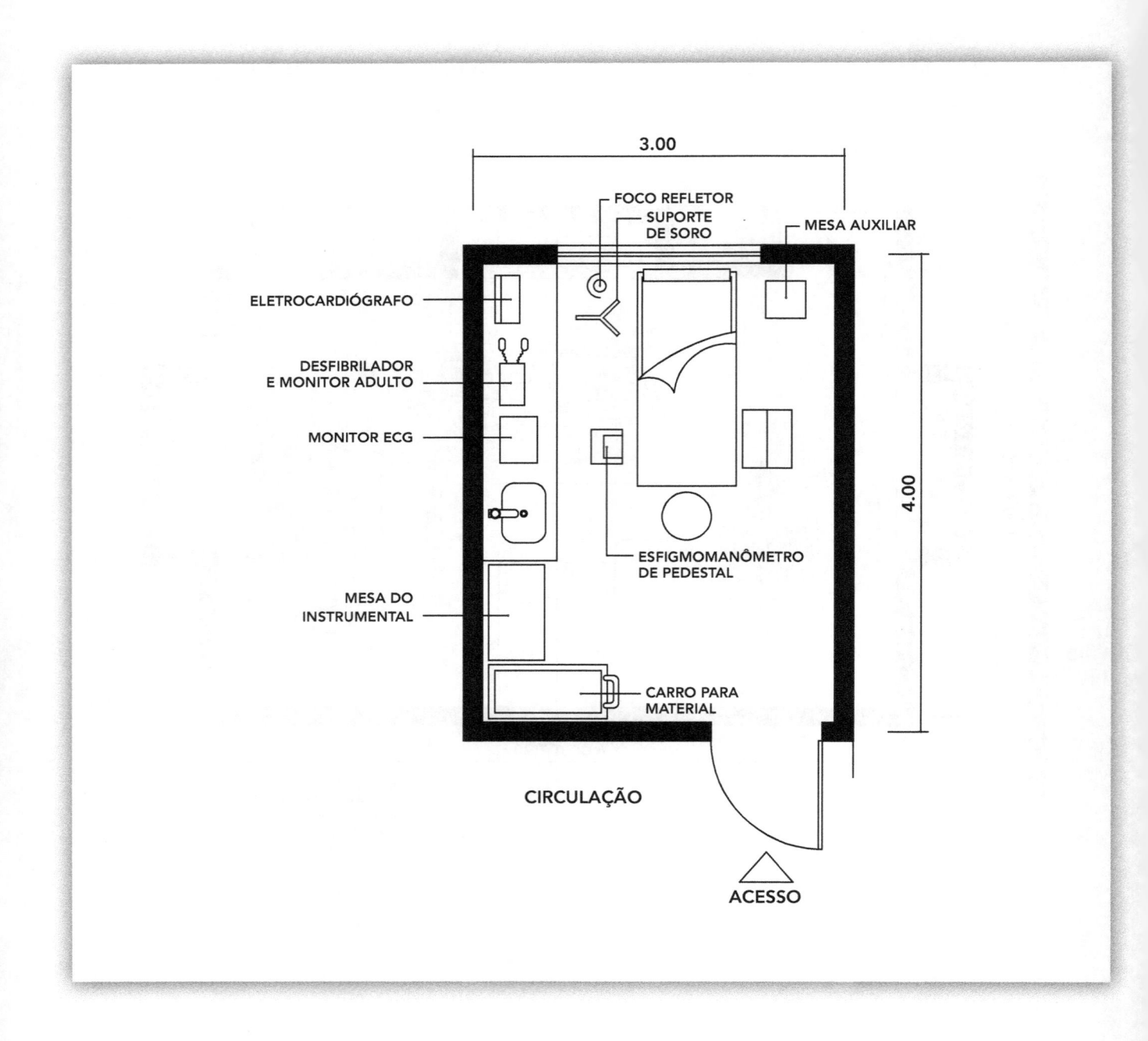

Desenho 45

Atendimento/consultório/psiquiatria

Consultório

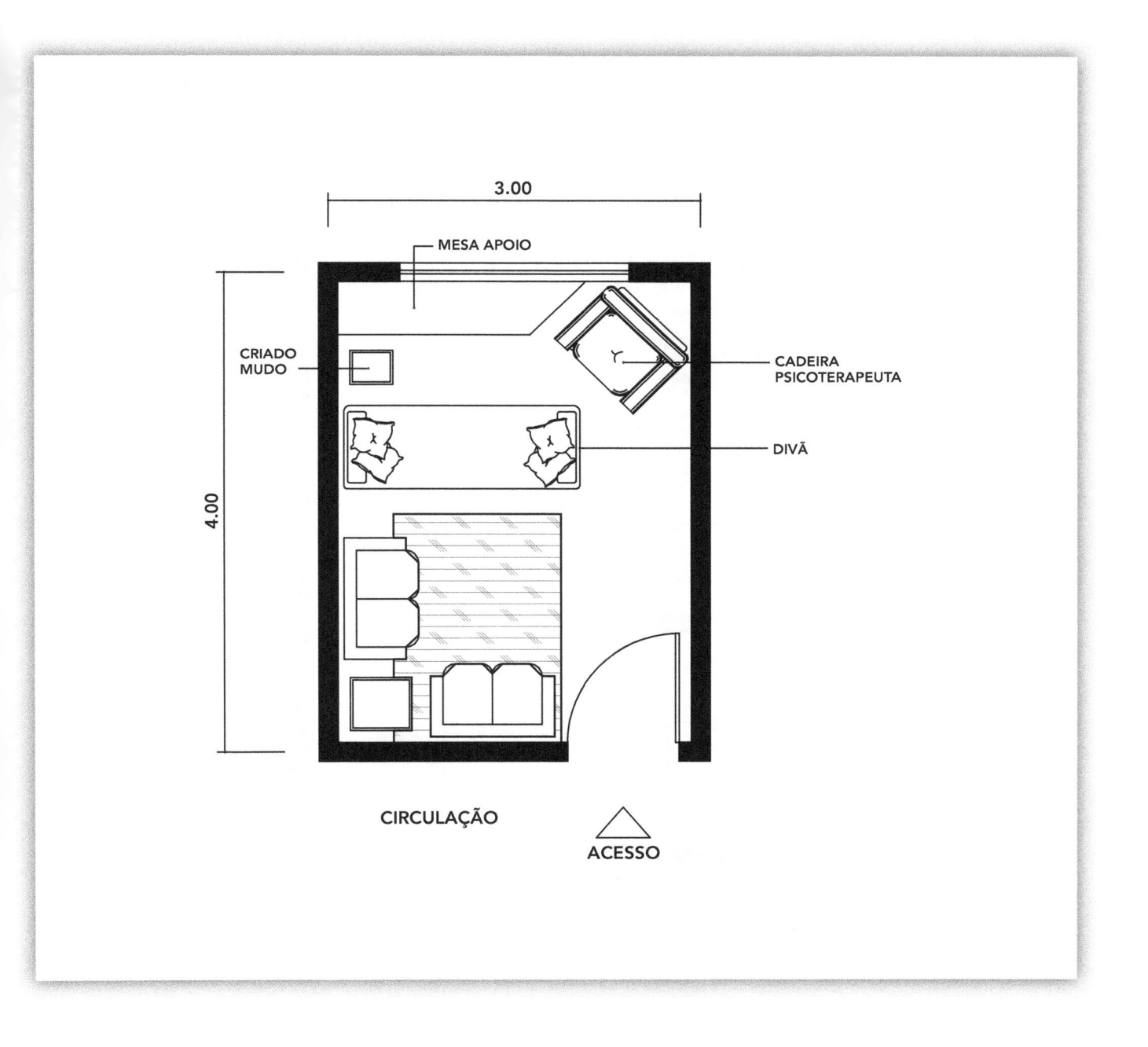

Desenho 46

Atendimento de clínica psiquiátrica

Apartamento

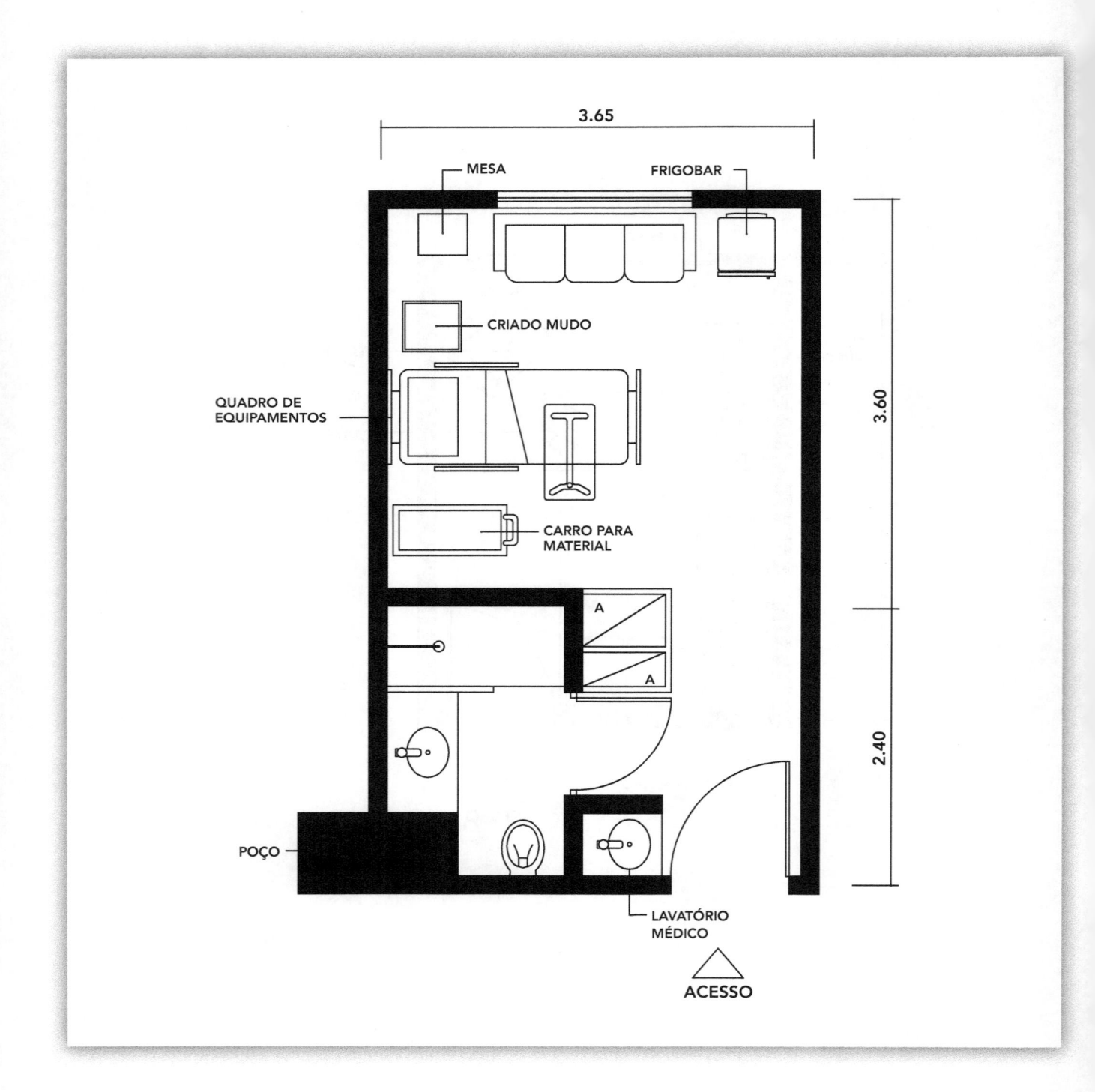

Desenho 47

Clínica/Centro de radiologia

Ronald de Góes
Arquiteto

 1 Reuniões
 2 Sanitários
 3 Café/água
 4 Tomógrafo
 5 Revelação
 6 Comando
 7 Rejeitos
 8 Área livre
 9 Raios X
10 Vestiário
11 Espera
12 Câmara clara
13 Câmara escura
14 Estar médico
15 Repouso/contraste
16 Posto
17 Ressonância magnética
18 Vestiário pessoal
19 Mamógrafo
20 Consultório
21 DML
22 Utilidades
23 Depósito
24 Componente
25 Componente
26 Cintilografia
27 Densitometria
28 Ultrassom
29 Espera exames
30 Circulação
31 Laudos
32 Diretor
33 Recepção
34 Marcação de consultas e exames
35 Secretaria
36 Espera
37 Copa

Desenho 48

Centro de radiologia

Detalhe

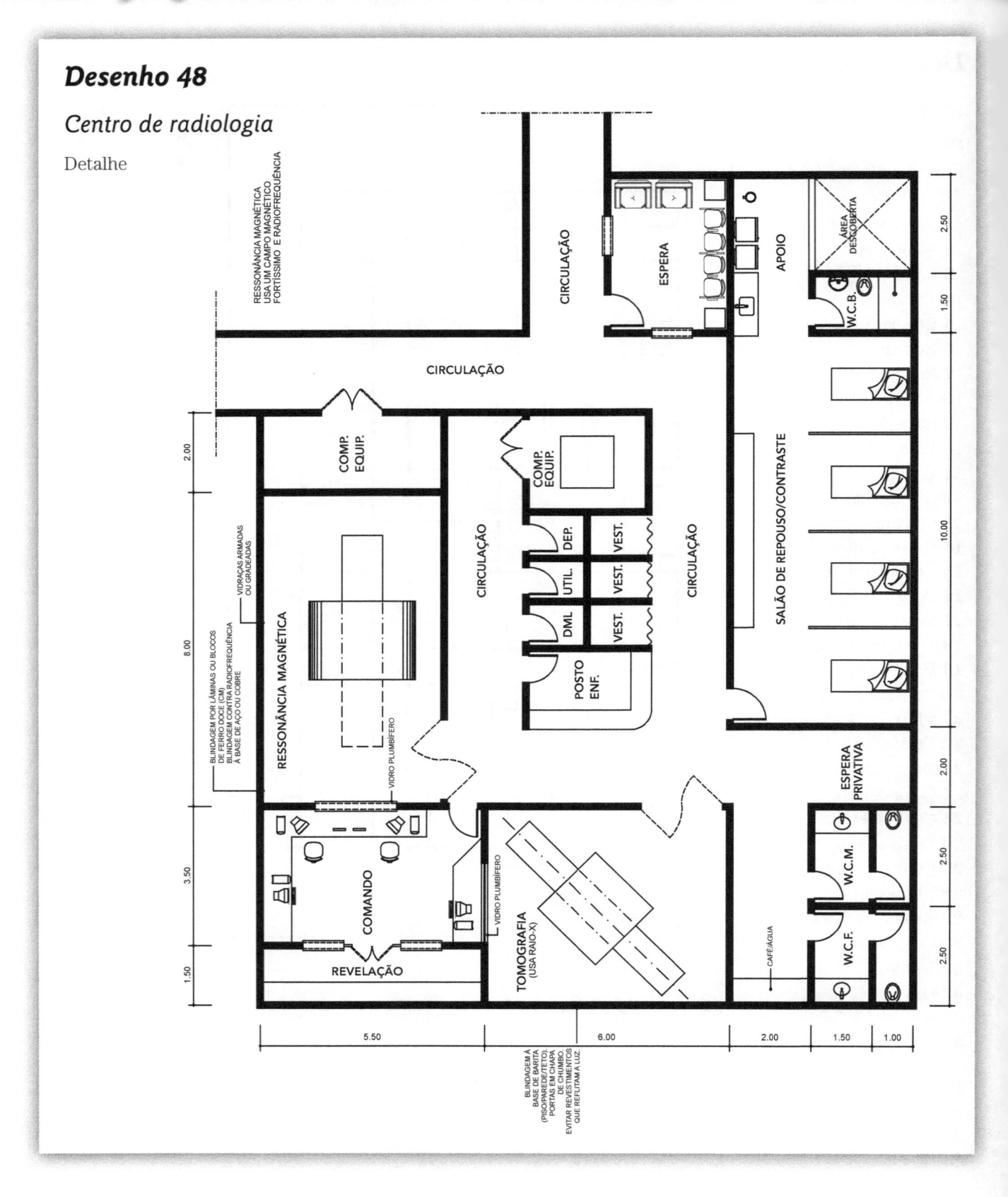

Desenho 49

Mamografia

ultrassonografia

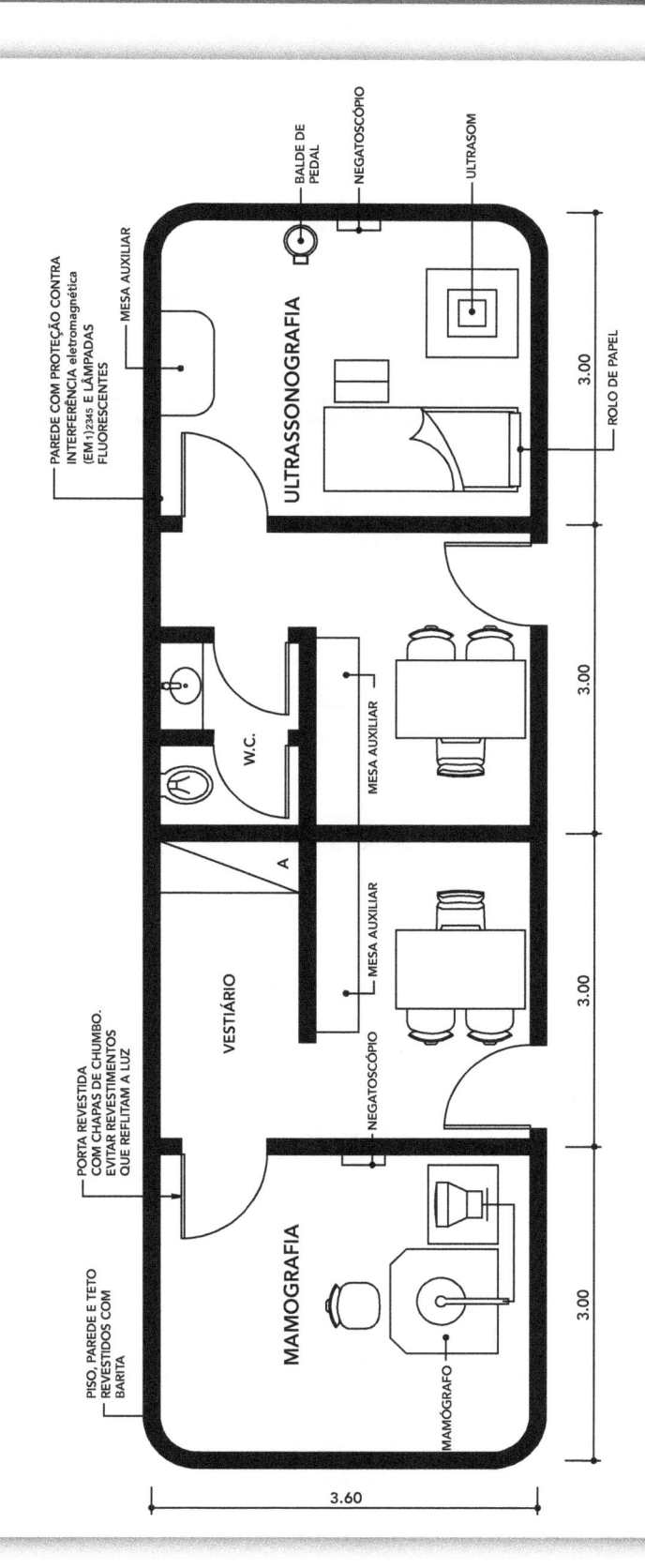

Desenho 50

Gama câmara

Planta de instalação

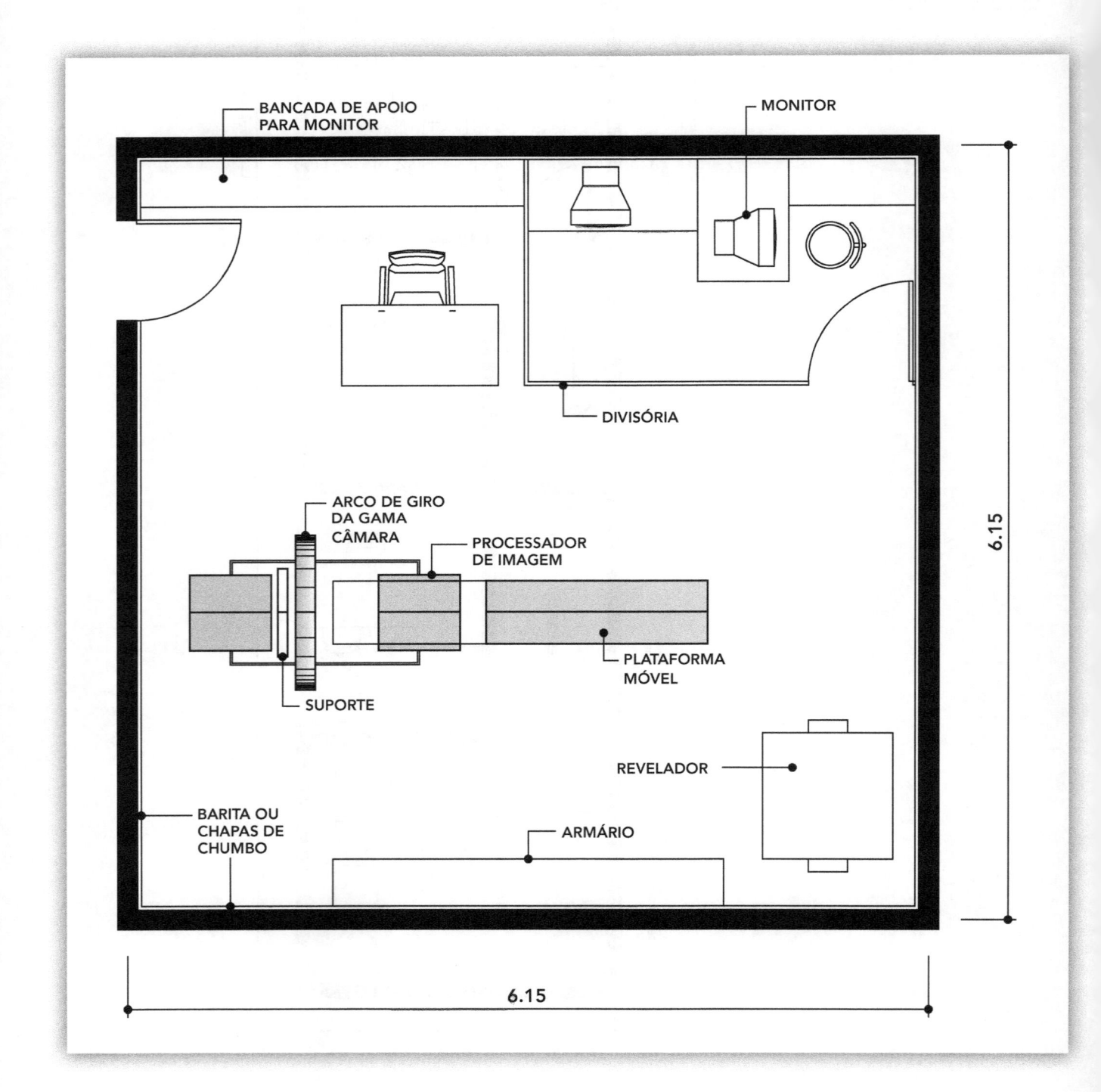

Desenho 51

Gama câmara

Corte transversal e corte longitudinal

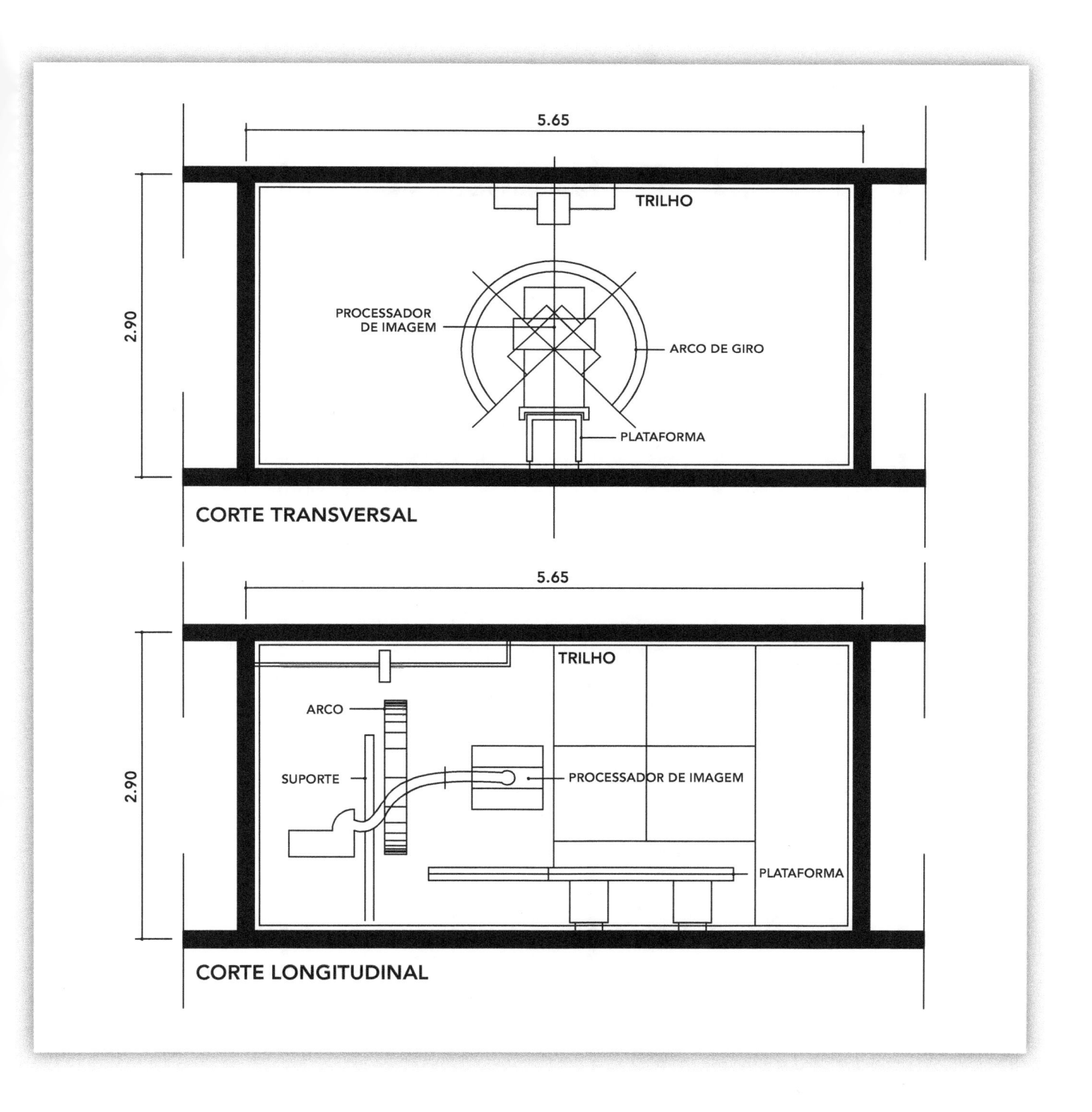

5.65

2.90

TRILHO

PROCESSADOR
DE IMAGEM

ARCO DE GIRO

PLATAFORMA

CORTE TRANSVERSAL

5.65

2.90

TRILHO

ARCO

SUPORTE

PROCESSADOR DE IMAGEM

PLATAFORMA

CORTE LONGITUDINAL

Desenho 52

Cintilógrafo

Planta baixa

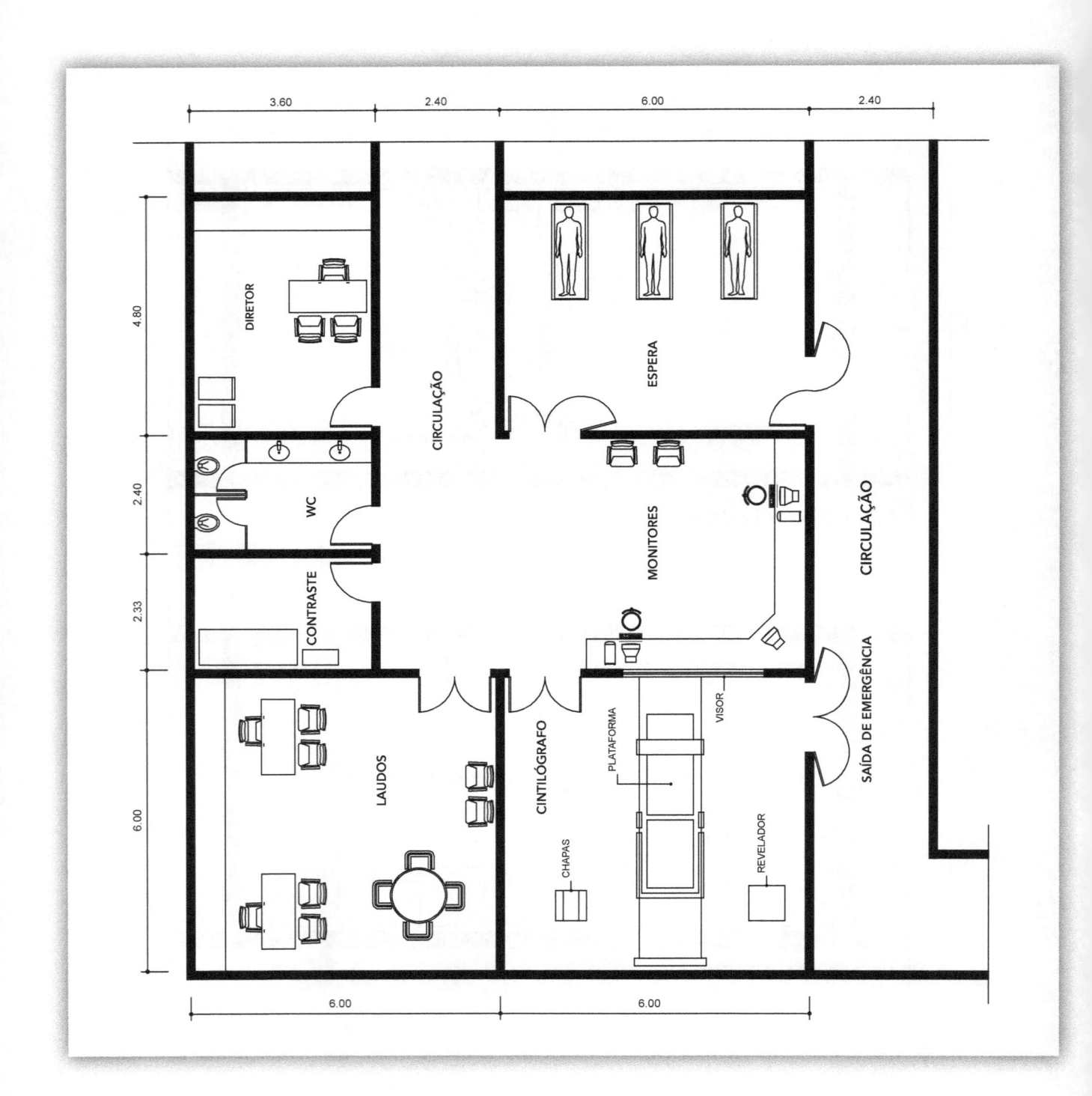

Desenho 52-a

Cintilógrafo

Corte transversal e corte longitudinal

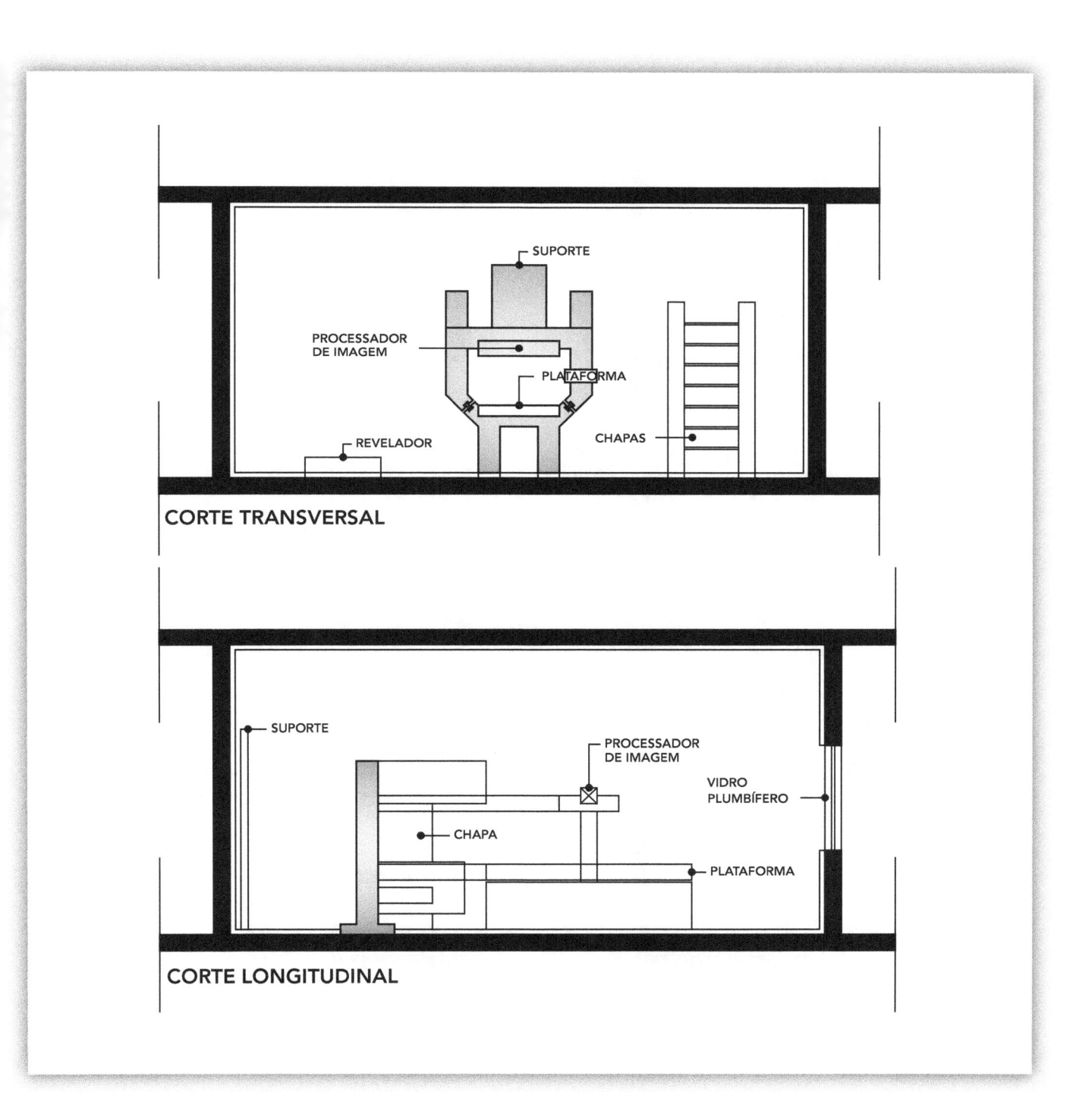

CORTE TRANSVERSAL

SUPORTE
PROCESSADOR DE IMAGEM
PLATAFORMA
REVELADOR
CHAPAS

CORTE LONGITUDINAL

SUPORTE
PROCESSADOR DE IMAGEM
VIDRO PLUMBÍFERO
CHAPA
PLATAFORMA

Desenho 53

Radiologia raios X

Posto de Saúde/Ambulatório;
Pequenos Hospitais
(até 50 leitos)

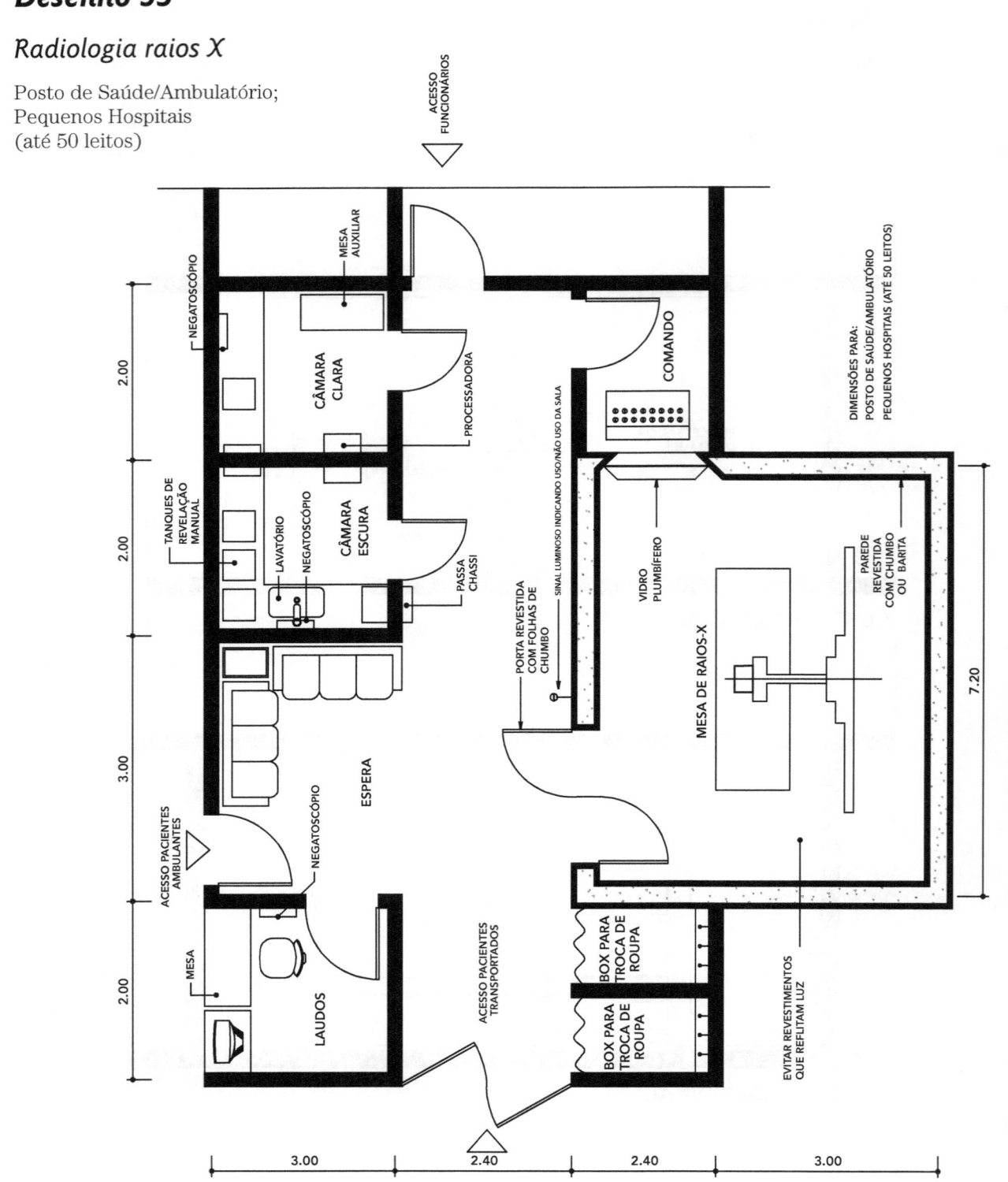

Desenho 54

Radioterapia/ Quimioterapia

1 Bomba de cobalto
2 Labirinto
3 Comando
4 Braquiterapia profunda
5 Espera
6 Simulação
7 Acelerador linear
8 Resíduos
9 Moldes e máscaras
10 Preparo de pacientes
11 Medicamentos
12 Posto
13 Prescrição
14 Sanitários
15 Câmara clara
16 Câmara escura
17 DML
18 Utilidades
19 Copa
20 Planejamento
21 Expurgo
22 Preparo
23 Esterilização
24 Lavabo
25 Distribuição
26 Sala de cirurgia
27 Vestiário masculino
28 Vestiário feminino
29 Repouso
30 Sala de administração
31 Sanitário pessoal
32 Curativos
33 Consultório
34 Espera consultório
35 Registro
36 Macas
37 Espera geral
38 Circulação geral
39 Masculino adulto
40 Feminino adulto
41 Infantil
42 Hall

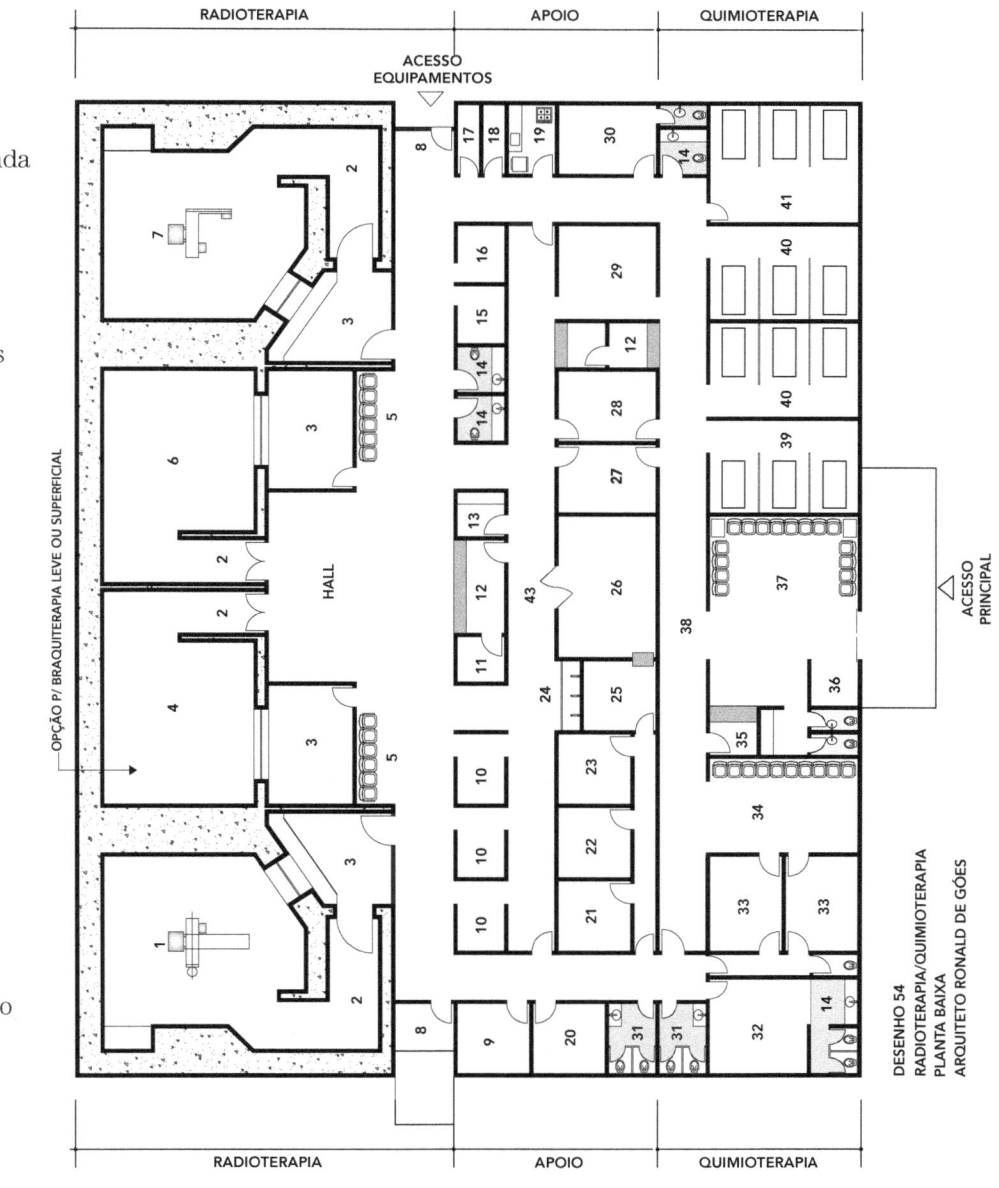

DESENHO 54
RADIOTERAPIA/QUIMIOTERAPIA
PLANTA BAIXA
ARQUITETO RONALD DE GÓES

Desenho 55

Acelerador linear

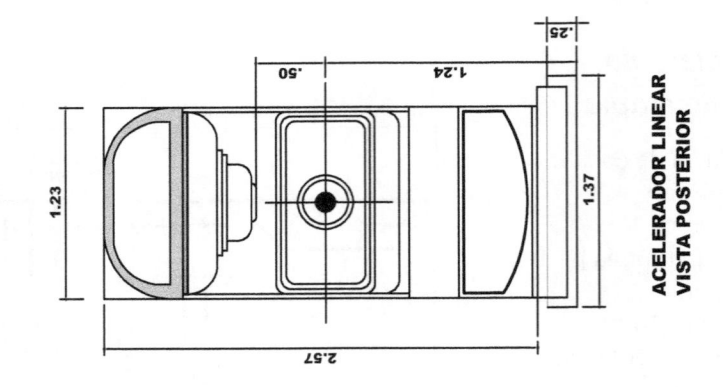

ACELERADOR LINEAR
VISTA POSTERIOR

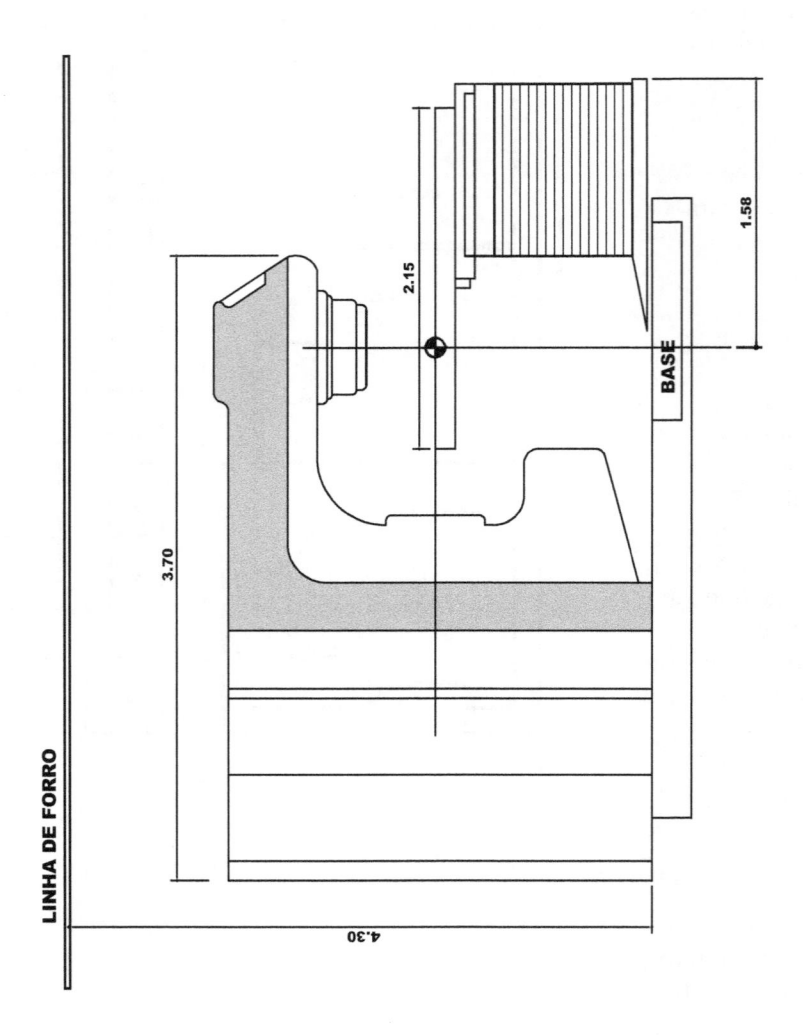

LINHA DE FORRO

BASE

Vista lateral

Obs.: Medidas anotadas para simples ilustração, pode existir variação de fabricante para fabricante.

Desenho 56

Acelerador linear

Planta baixa

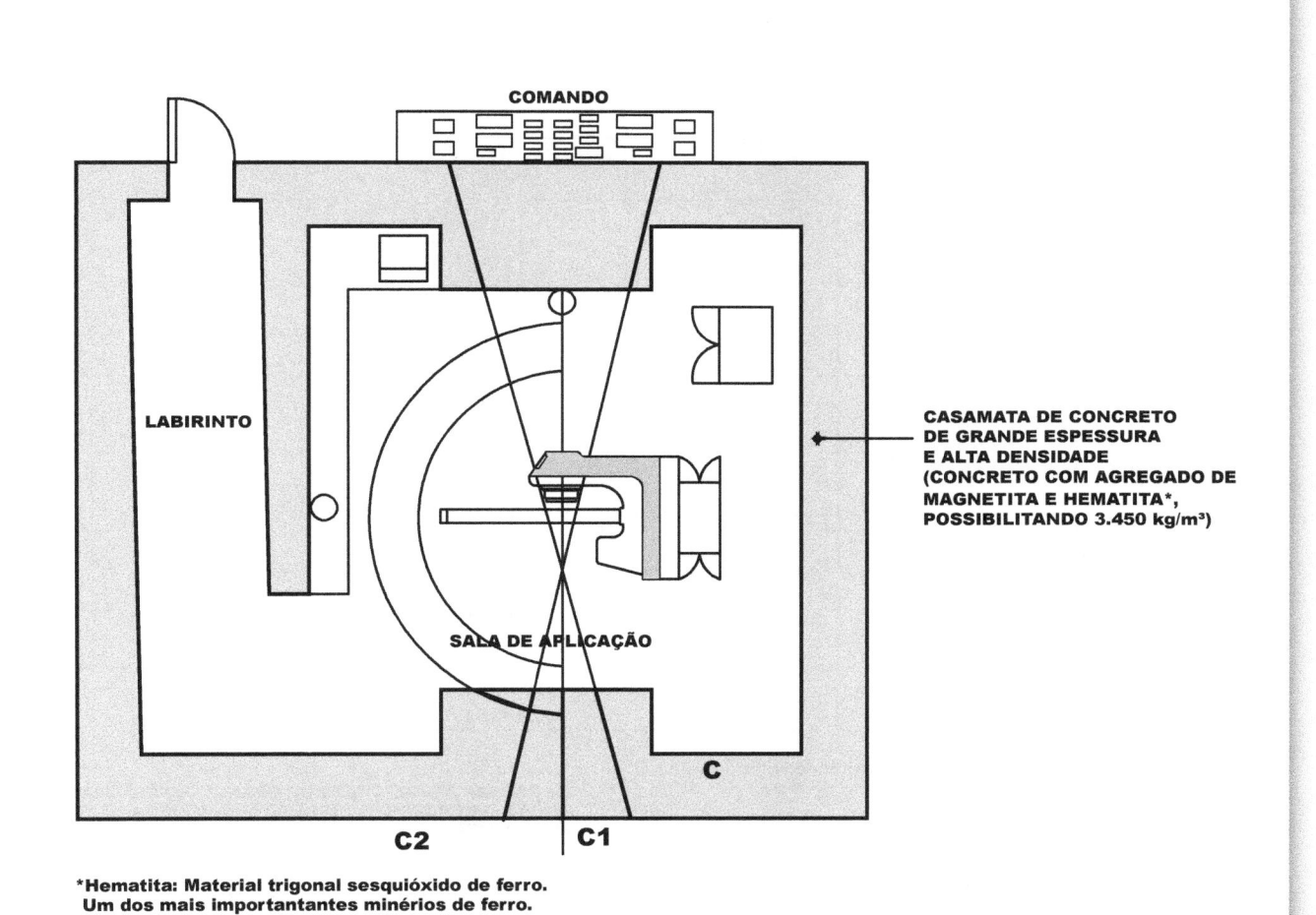

*Hematita: Material trigonal sesquióxido de ferro. Um dos mais importantes minérios de ferro.

Magnetita: Mineral monométrico. Óxido de ferro, fortemente magnético.

Desenho 57

Acelerador linear

Elevação lateral

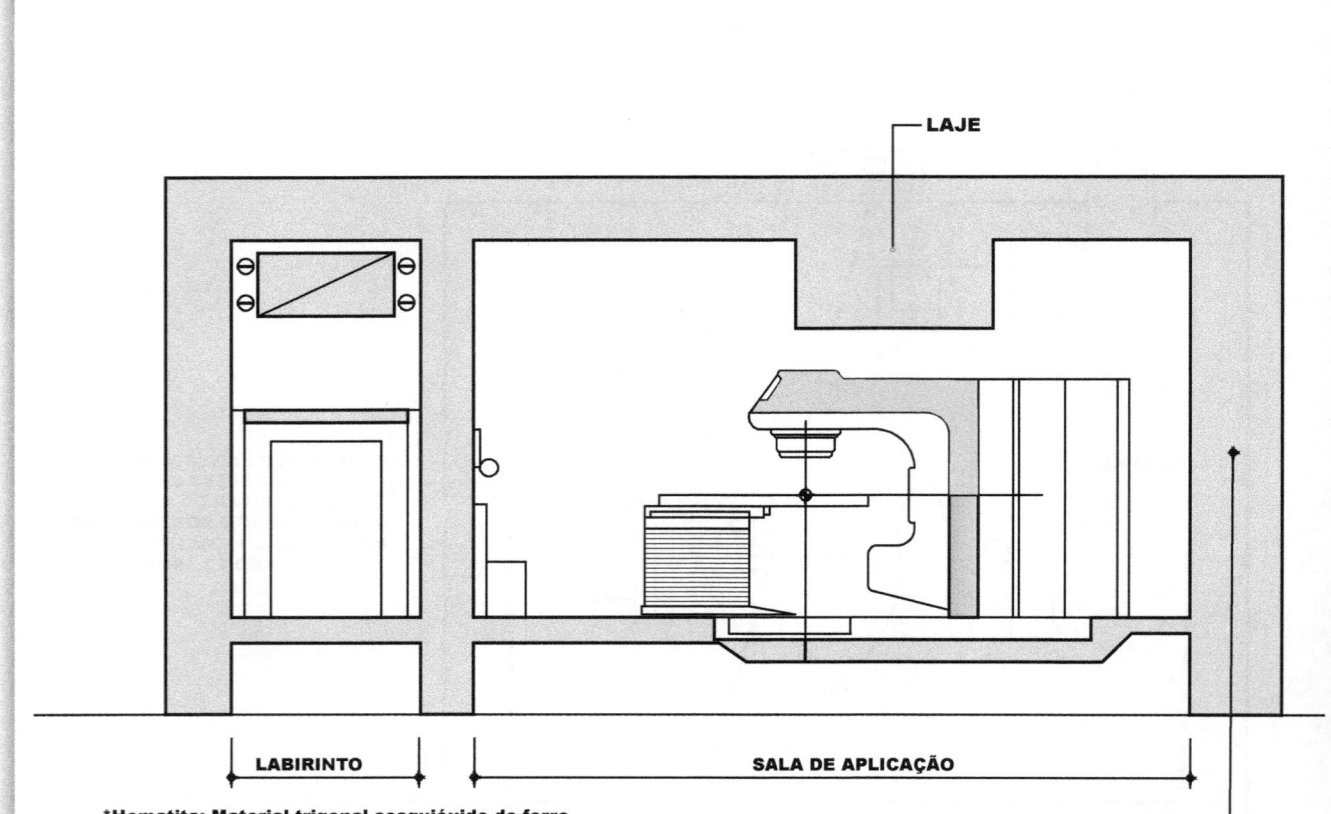

LAJE

LABIRINTO

SALA DE APLICAÇÃO

*Hematita: Material trigonal sesquióxido de ferro.
Um dos mais importantantes minérios de ferro.

Magnetita: Mineral monométrico. Óxido de ferro,
fortemente magnético.

CASAMATA DE CONCRETO DE GRANDE ESPESSURA
E ALTA DENSIDADE (CONCRETO COM AGREGADO DE
MAGNETITA E HEMATITA, POSSIBILITANDO 3.450 kg/m³)

Desenho 58

Clínica veterinária para cães
Dr. Luís Cadeh

Campina Grande – PB
Ronald de Góes – Arquiteto

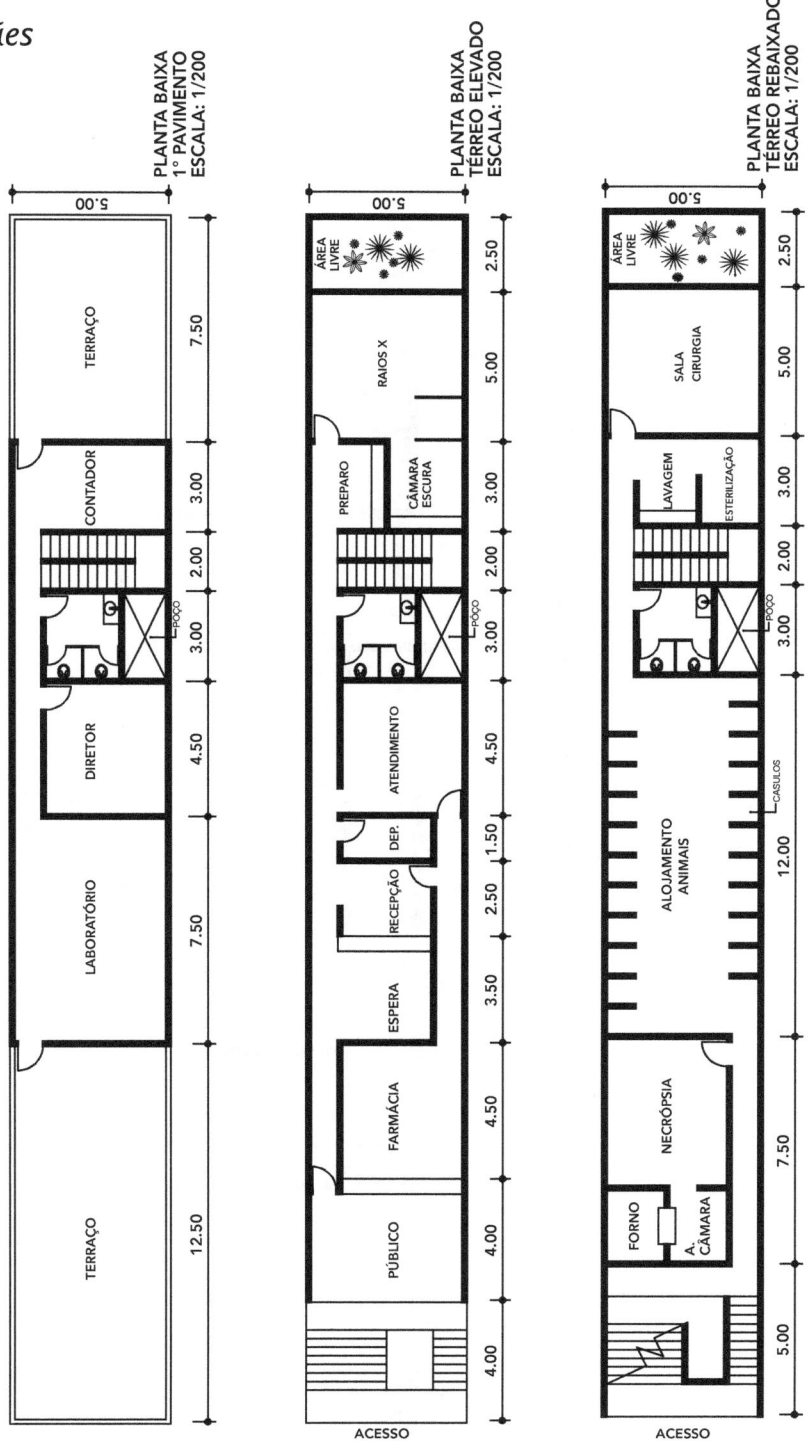

Desenho 59

Hemocentro

Natal – RN (Privado)

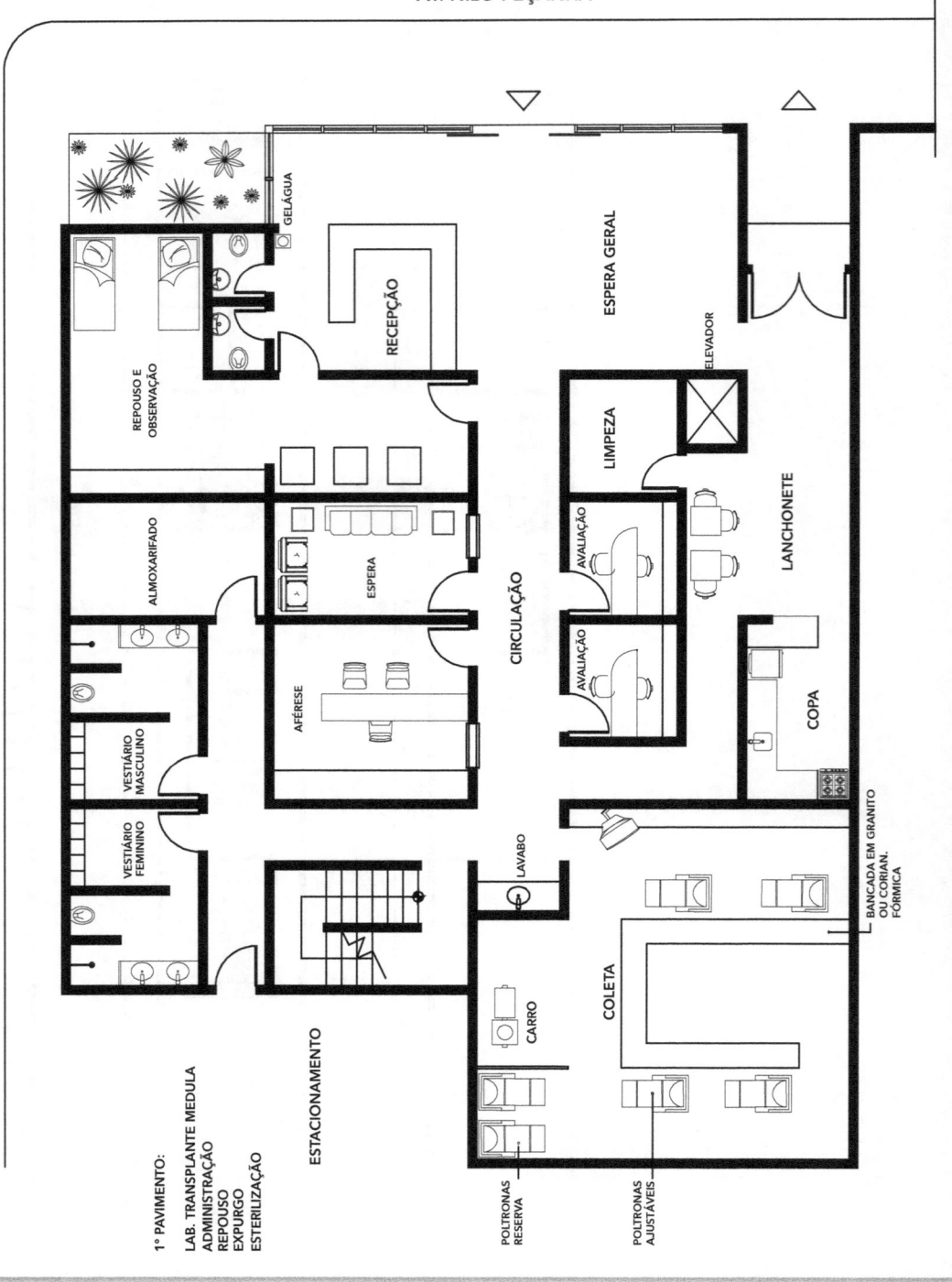

AV. NILO PEÇANHA

ESPERA GERAL

RECEPÇÃO

GELÁGUA

REPOUSO E OBSERVAÇÃO

ELEVADOR

LIMPEZA

LANCHONETE

ALMOXARIFADO

AVALIAÇÃO

AVALIAÇÃO

ESPERA

CIRCULAÇÃO

COPA

AFÉRESE

VESTIÁRIO MASCULINO

VESTIÁRIO FEMININO

BANCADA EM GRANITO OU CORIAN. FÓRMICA

LAVABO

COLETA

ESTACIONAMENTO

CARRO

POLTRONAS RESERVA

POLTRONAS AJUSTÁVEIS

1º PAVIMENTO:

LAB. TRANSPLANTE MEDULA
ADMINISTRAÇÃO
REPOUSO
EXPURGO
ESTERILIZAÇÃO

Desenho 60

Hemocentro

Natal – RN (Privado)
Planta baixa
1.º pavimento

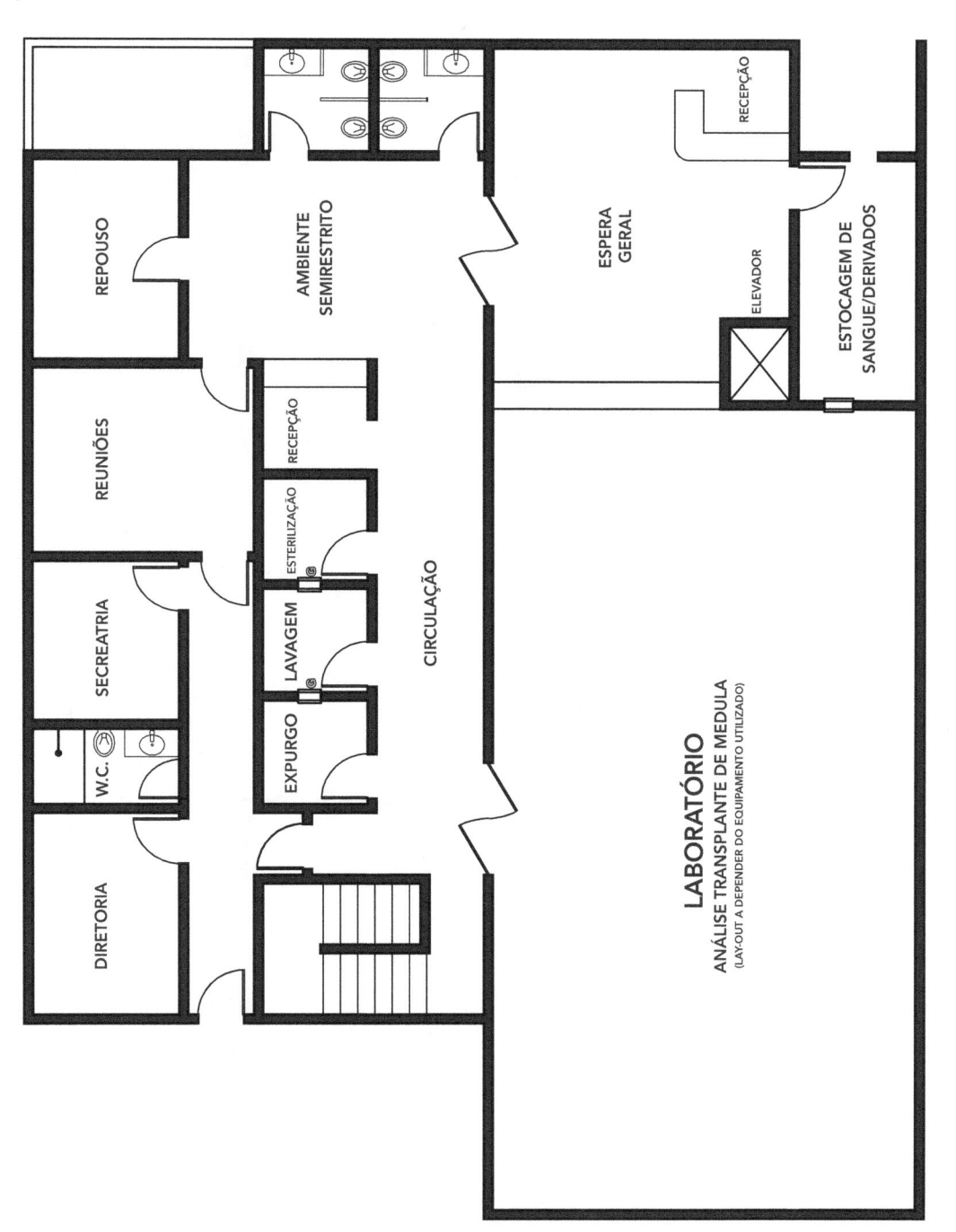

Desenho 61

*Laboratório de patologia clínica
de pequeno porte*

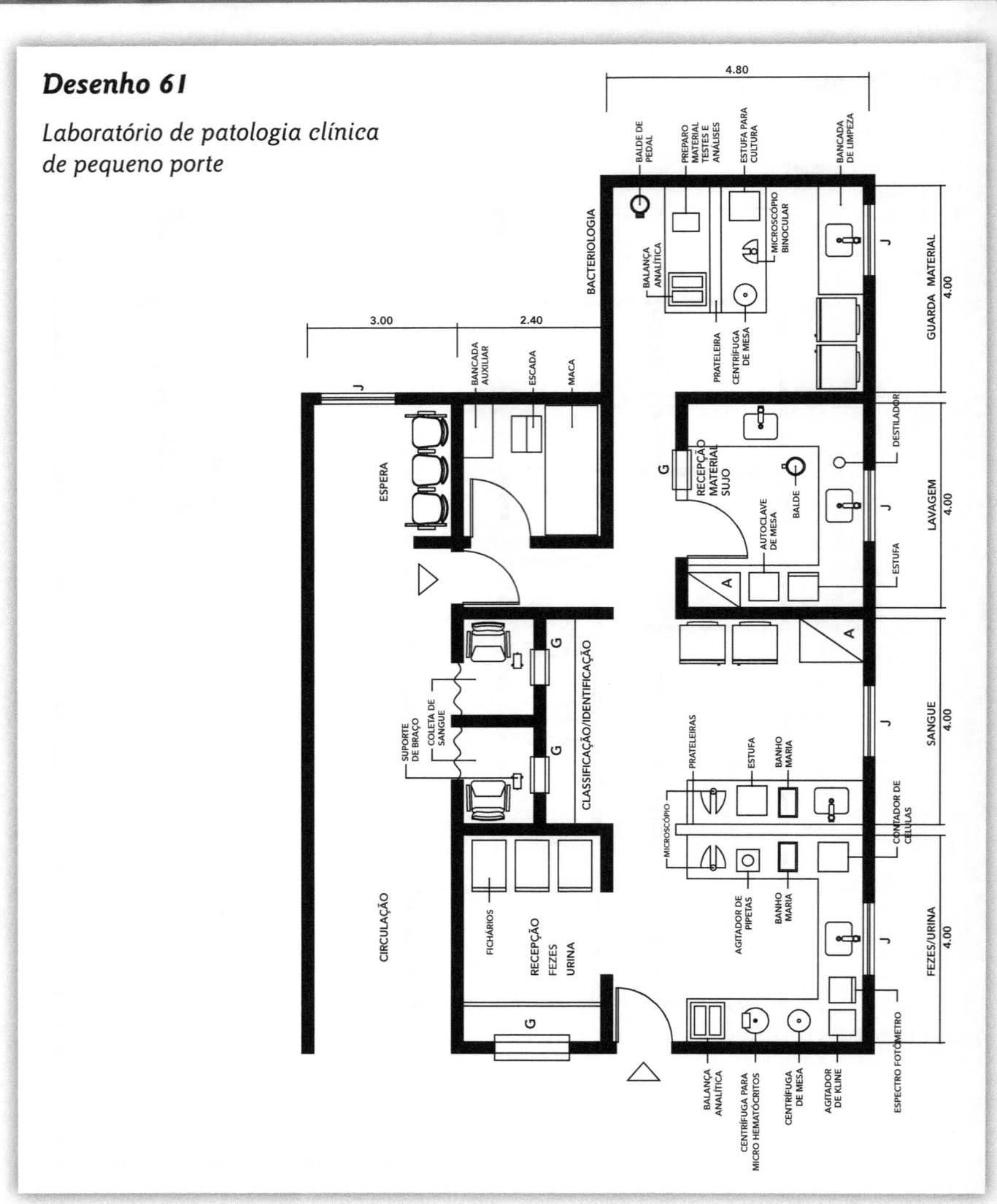

Desenho 62

Laboratório de patologia clínica

Módulo para bancadas - planta baixa

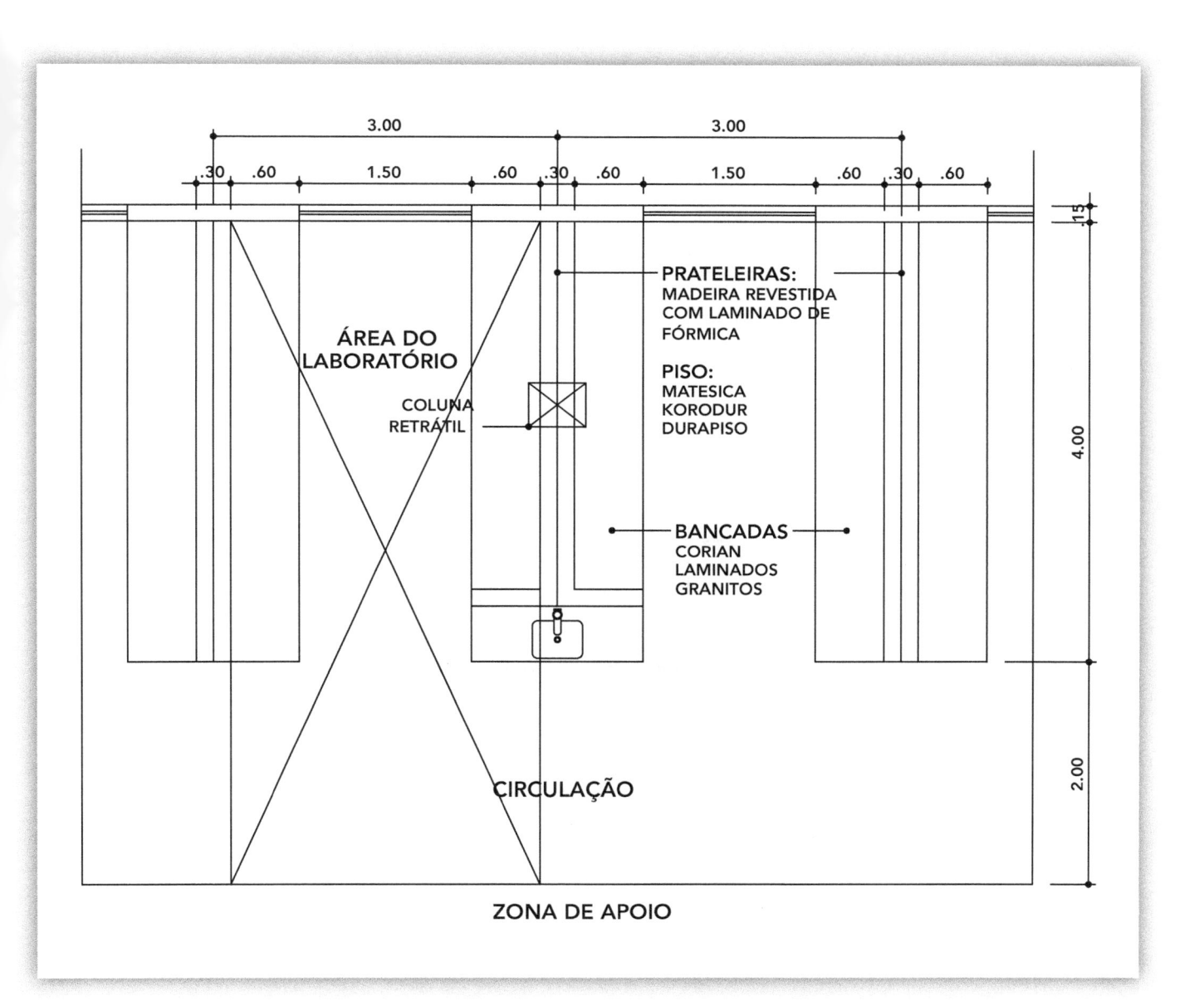

Desenho 63

Laboratório de patologia clínica

Módulo para bancadas - corte
Opção: usar alturas diferenciadas com cadeiras reguláveis

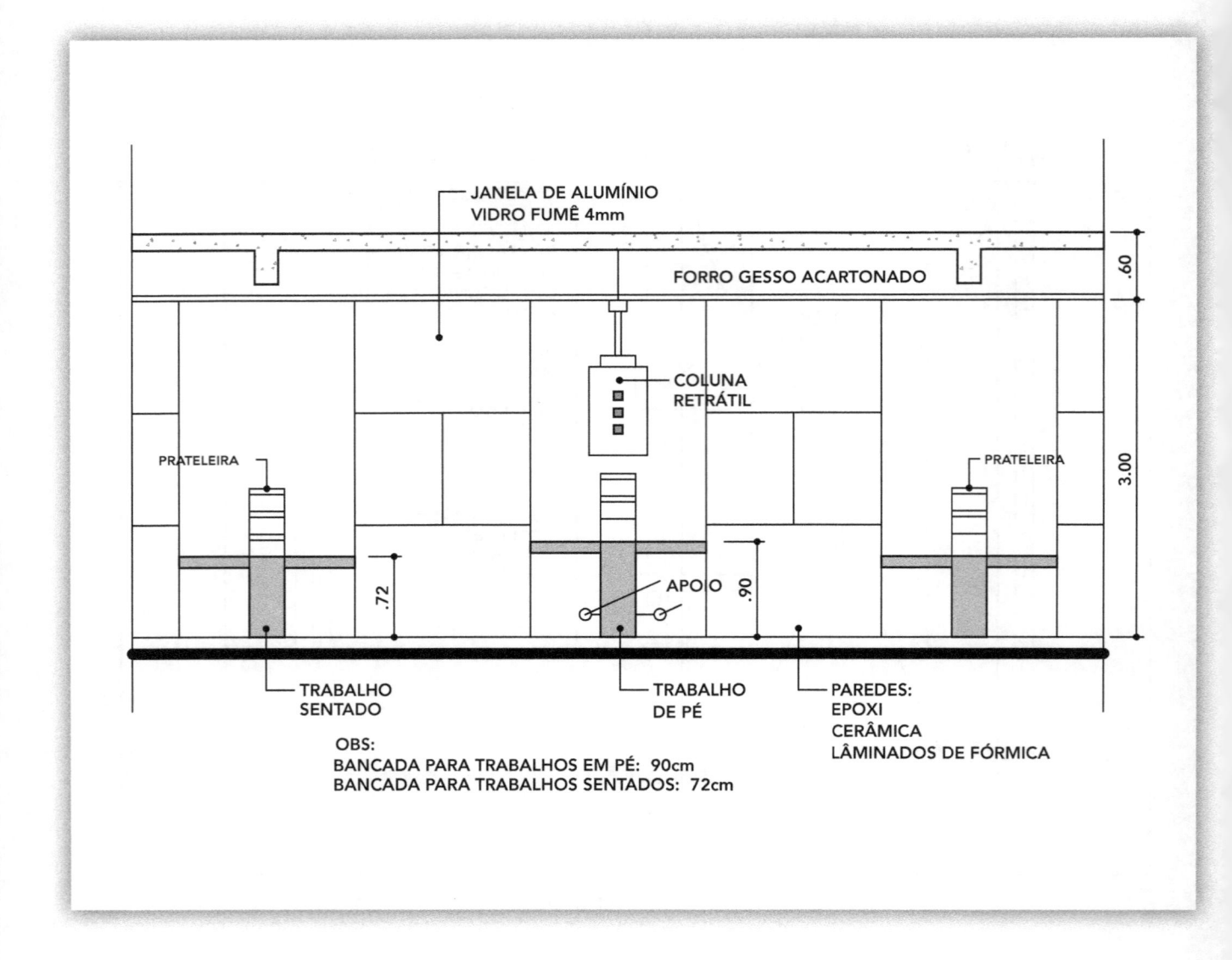

JANELA DE ALUMÍNIO
VIDRO FUMÊ 4mm

FORRO GESSO ACARTONADO

.60

COLUNA
RETRÁTIL

PRATELEIRA

PRATELEIRA

3.00

.72

APOIO

.90

TRABALHO
SENTADO

TRABALHO
DE PÉ

PAREDES:
EPOXI
CERÂMICA
LÂMINADOS DE FÓRMICA

OBS:
BANCADA PARA TRABALHOS EM PÉ: 90cm
BANCADA PARA TRABALHOS SENTADOS: 72cm

Desenho 64

Modelo esquemático para laboratório

				LABORATÓRIOS								6.00
				CORREDOR								2.00
				SUPORTE								6.00
				APOIO								6.00
				CORREDOR								2.00
				LABORATÓRIOS								6.00

6.00 · 6.00 · 6.00 · 6.00 · 6.00 · 6.00 · 6.00 · 6.00 · 6.00 · 6.00 · 6.00 · 6.00

				LABORATÓRIOS								6.00
				SUPORTE								6.00
				CORREDOR								2.00
				SUPORTE								6.00
				LABORATÓRIOS								6.00

6.00 · 6.00 · 6.00 · 6.00 · 6.00 · 6.00 · 6.00 · 6.00 · 6.00 · 6.00 · 6.00 · 6.00

			CIRCULAÇÃO PARA OS LABORATÓRIOS									6.00
												6.00
			CIRCULAÇÃO PARA O PRÉDIO									2.00
												6.00
			CIRCULAÇÃO PARA OS LABORATÓRIOS									6.00

6.00 · 6.00 · 6.00 · 6.00 · 6.00 · 6.00 · 6.00 · 6.00 · 6.00 · 6.00 · 6.00 · 6.00

Desenho 65

Vestiário e sanitário pessoal

Masculino e feminino para clínicas até 20 funcionários

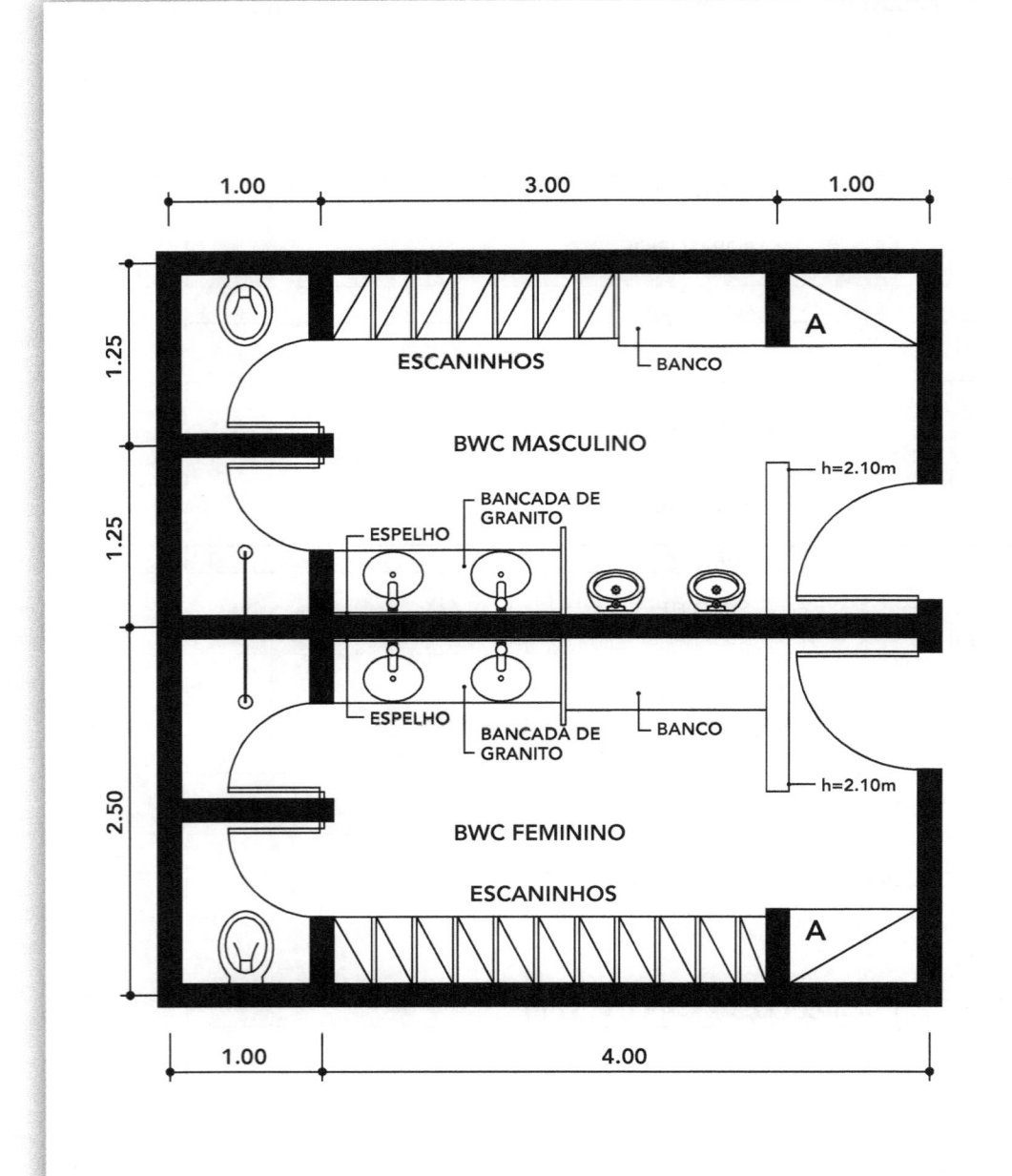

Desenho 66

Laboratório modelo

Certificação de alimentos
Ronald de Góes – Arquiteto

Bibliografia

ABNT. Normas Técnicas Brasileiras.

American Hospital Assoication. *Infeccion control in the hospital*. Chicago, USA, 1974.

BICHO, Galdino Guttman e VALLE, Benjamin. Guia 25 – ISO dos Laboratórios. Revista Banas Qualidade. São Paulo, n. 25, jun. de 1999.

BOEGER, Marcelo Assad. *Gestão em hotelaria hospitalar*. São Paulo, Atlas, 2003.

CARVALHO, Antonio Pedro Alves de. Anais II, Seminário de Arquitetura Hospitalar, Instituto de Saúde Coletiva, UFB, Ministério da Saúde, 2000.

_____. Temas de Arquitetura de Estabelecimentos Assistenciais de Saúde. Instituto de Saúde Coletiva, UFB, Ministério da Saúde, 2002.

_____. Arquitetura de Unidades Hospitalares. Instituto de Saúde Coletiva, UFB, Ministério da Saúde, 2004.

ESPINOSA, Ana Fernandes. *Guias práticos de enfermagem-psiquiatria*. Rio de Janeiro, McGraw Hill, 1998.

ESTADO DO PARANÁ – Secretaria do Estado da Saúde. Resolução 004/77 – Norma Operacional para Aprovação de Projetos de Estabelecimentos Hospitalares. Curitiba, 1977.

FUNDAÇÃO NACIONAL DE SAÚDE. Projetos Físicos de Laboratórios de Saúde Pública. Brasília, DF, 2004.

GÓES, Ronaldo de. Arquitetura e Energia. Publicação do Autor. Natal - RN, 2002.

_____. Lavanderia Industrial. Publicação do Autor. Natal - RN, 2002.

_____. Manual Prático de Arquitetura Hospitalar. São Paulo, Blücher – 2. Reimpressão, 2004.

_____. Materiais de Acabamentos para Hospitais. Publicação do Autor. Natal - RN, 2002.

_____. Nutrição e Dietética. Publicação do Autor. Natal - RN, 2002.

GRIFFIN, Brian. *Laboratory Design Guide*. Architectural Press – 2. ed., Grã Bretanha, Oxford, 2000.

INSTITUTO NACIONAL DO CÂNCER, CNEN. MINISTÉRIO DA SAÚDE. Programa de Qualidade em Radioterapia – Blindagem em Radioterapia - Técnicas e Normas. Rio de Janeiro.

ISO/IEC 17025: 1999 (E). General requeriments for the competence of testing and calibracion laboratories. Genebra, 1. ed., 1999.

KARMAN, Jarbas. *Manutenção Hospitalar Preditiva*. São Paulo, Pini, 1997.

LINA E. P. M. BARDI, Fundação. Coleção Grandes Arquitetos Brasileiros:

João Filgueiras Lima (Lelé). São Paulo, Blau, 1998.

LUSSARI, Wilson Roberto e SCHIMIDT, Ivone Tambelli. Gestão Hospitalar. São Paulo. Arte e Ciência, 2003.

MINISTÉRIO DA EDUCAÇÃO E CULTURA. Centro de Apoio Técnico à Educação. Programação arquitetônica de biotérios. Brasília, 1986.

MINISTÉRIO DA PREVIDÊNCIA E ASSISTÊNCIA SOCIAL. Central de Medicamentos. Almoxarifados Centrais de Medicamentos. Brasília, 1984.

MINISTÉRIO DA SAÚDE. Projetos e normas disciplinadoras de construções hospitalares. Rio de Janeiro, 1965.

MINISTÉRIO DA SAÚDE. Hospital geral de pequeno e médio portes: Equipamento e material. Brasília, 1980.

MINISTÉRIO DA SAÚDE. Equipamento e material para posto, centro de saúde e unidade mista. Brasília, 1985.

MINISTÉRIO DA SAÚDE. Rede de laboratório de saúde pública: estrutura básica. Brasília, 1980.

MINISTÉRIO DA SAÚDE. Hospital de oncologia. Brasília, 1986.

MINISTÉRIO DA SAÚDE. Normas para funcionamento de casas de repouso, clínicas geriátricas e outras instituições destinadas ao atendimento do idoso. Brasília, 1989.

MINISTÉRIO DA SAÚDE. Normas para implantação de unidades de hemoterapia e hematologia. Brasília, 1992.

MINISTÉRIO DA SAÚDE/ANVISA. Resolução da Diretoria Colegiada n. 50. Normas para o Planejamento Físico de Unidades de Saúde. Brasília, 2002.

OHBA, Nório. *Medical facilities new concepts in architecture and design*. Tóquio, Mesei Publications, 1995.

PEDROSA, Ismael. *Da cor à cor inexistente*. Rio de Janeiro, Leo Cristiano Editorial Ltda, 1997.

PREFEITURA DA CIDADE DO RIO DE JANEIRO – SECRETARIA MUNICIPAL DE URBANISMO. *Manual para elaboração de Projetos de Edifícios de Saúde*, 1996.

RAFENER, Fritz. *Consctrucion de edifícios em altura*. Editora Blume, 1967.

REVISTA USP n. 43. Psiquiatria e Saúde Mental. São Paulo, 1999.

SERVIÇO NACIONAL DE APRENDIZAGEM COMERCIAL-SENAC. Administração Regional do Estado de São Paulo. Segurança Aplicada às Instalações Hospitalares.

SANTANA, Crismara Janina da Rosa. Instalações Elétricas Hospitalares. EDIPUCRS. 2. ed., 1999.

T. T. Lie. Fire and building. Architectural science series. UK.

Ronald Lima de Góes

Natural de Mossoró, Rio Grande do Norte, iniciou seu curso de arquitetura na Universidade Federal de Pernambuco em 1969. Por sua atuação política no Diretório Acadêmico, foi perseguido nos "anos de chumbo" e obrigado a mudar-se para o Rio de Janeiro, onde continuou perseguido, sendo impedido de matricular-se na UFRJ. Terminou seu curso na primeira turma de arquitetura da Universidade Santa Úrsula, tendo estagiado com Rolf Werner Huther e Edison Musa, participando de diversos projetos importantes. Depois se especializou em sistemas de Saúde Pública pela Secretaria de Saúde do Estado da Guanabara. Por indicação de Luiz Paulo Conde, participou da equipe que projetou o prédio da Agência Nacional, hoje Radiobrás, em Brasília.

Ronald de Góes volta ao Rio Grande do Norte, em 1974, e a partir de 1975 passa a lecionar a disciplina de Projeto no curso de Arquitetura na Universidade Federal do seu estado. Fundou e foi o 1º Chefe do Departamento de Arquitetura da mesma Universidade. Ao mesmo tempo, inaugura seu escritório em Natal e Mossoró, onde desenvolve intensa atividade com projetos residenciais, escolares, industriais, hospitalares e comerciais. Nessa ocasião, também organiza o departamento do Instituto de Arquitetos do Brasil, no Rio Grande do Norte.

Além disso, Ronald de Góes liderou a luta contra o projeto original da Via Costeira, que ameaçava as dunas de Natal. Por sua atuação, em 1977, seu escritório foi destruído pela repressão, além de sofrer ameaças à sua integridade física.

Em 1978, organizou a reunião anual do Conselho Superior do Instituto de Arquitetos do Brasil, quando foi redigida a Carta da Cidade de Natal, exigindo abertura política, anistia e fim da tortura no Brasil.

Em 1983, obtém o título de Mestre em Arquitetura pela Universidade de São Paulo.

Sua participação política é contínua. Como presidente do Instituto Varela Barca, órgão de estudos do então MBD/RN, participou ativamente da luta pela democratização do país. Como Secretário de Transportes de Natal (1986 a 1988), coordenando uma equipe composta pelo STU, BNDES, BR Distribuidora, EBTU e Mercedes Benz do Brasil, implantou o Programa Pioneiro e o 1º Posto de Abastecimento de Gás Natural para veículos automotivos no país. Com João Filgueiras Lima (Lelé) estruturou, por meio de uma fábrica de argamassa armada, vasto programa para construção de equipamentos urbanos em Natal, tais como postos de Saúde, escolas, creches, etc. Posteriormente, no Instituto de Terras do Rio Grande do Norte, coordenou projetos ligados à reforma agrária no Estado.

Em 1998 realiza viagem de estudos à Europa, percorrendo 12 países e 82 cidades, observando obras públicas nas áreas de arquitetura e urbanismo.

Em 2001 e 2002, a convite dos Cursos PINI de atualização profissional, ministra cursos de arquitetura hospitalar em vários estados brasileiros. Em 2002 foi candidato ao governo de seu Estado pelo PDT. Embora não tenha sido eleito, obteve boa votação.

"É atualmente o Coordenador Técnico dos Projetos de Urbanização, Arquitetura, Paisagismo, Estudos Ambientais, Socioeconômicos e Instalações, do Projeto ORLAS para o Rio Grande do Norte. Programa nacional de revitalização e urbanização da orla marítima brasileira, realizado com recursos do BID, Banco do Nordeste do Brasil, Ministério do Turismo – PRODETUR II e Governo do Estado."

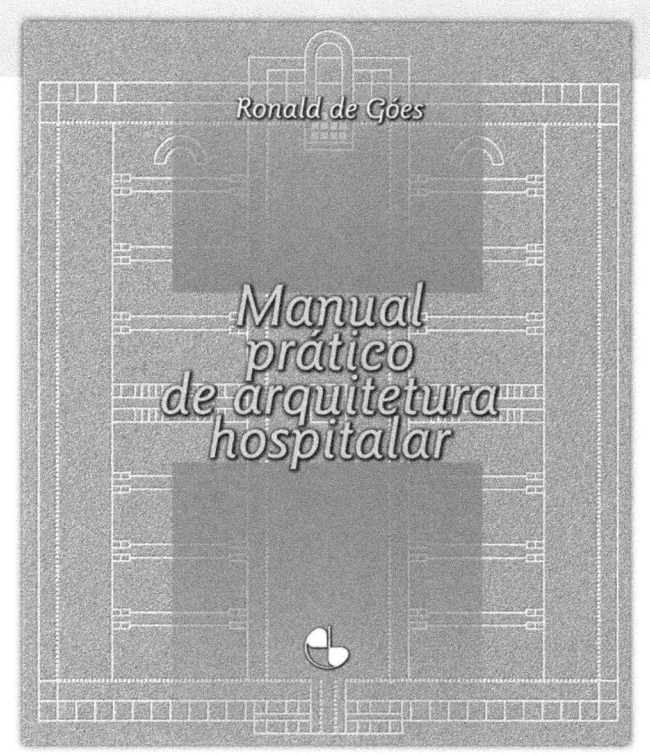

Conteúdo

Introdução
Conceito da saúde
Sistema de saúde no Brasil
1. Rede de atendimento de saúde no Brasil
2. O hospital
3. Planejamento do Hospital
4. Hospital: Arquitetura, construção e urbanismo
5. Critérios para projetos
6. Acreditação hospitalar
7. Anexos

ISBN: 978-85-212-0336-5
208 páginas
Ano de publicação: 2004
Formato: 20,5 × 25,5 cm
Peso: 0,546 kg

Manual prático de arquitetura hospitalar, de autoria do arquiteto norte-riograndense Ronald de Góes, é uma obra que atende à procura dos que se preocupam com as instalações de um hospital, quanto ao seu planejamento, projeto e execução.

Sem esquecer referenciais históricos, este livro focaliza a questão do planejamento, formas de financiamento, abordando estritamente a questão brasileira, inclusive quanto às normas do Ministério da Saúde que regulamentam as construções hospitalares.

Manual prático de arquitetura hospitalar é uma obra de referência para arquitetos, engenheiros civis, elétricos e especialistas em geral na área de instalações e equipamentos, médicos e paramédicos e para um público muito especial: estudantes de graduação e pós-graduação que pesquisam o tema, que abrange uma realidade complexa e apaixonante.

Neste momento histórico, de grande expectativa quanto às transformações socioeconômicas no país, este livro de Ronald de Góes é uma contribuição aos que se dedicam à tarefa de encontrar melhores dias para o povo brasileiro.